ナポレオンのエジプト

東方遠征に同行した科学者たちが遺したもの

ニナ・バーリー 著　竹内和世 訳

MIRAGE

Napoleon's Scientists and the Unveiling of Egypt

NINA BURLEIGH

白揚社

ジョゼフ・フーリエ[1768-1830]天才。初期の物理学者。波動エネルギーに関する彼の法則は今なお基礎微積分で履修される。帰還後は熱の性質について画期的な研究を開始。

エティエンヌ・ジョフロワ・サンティレール[1722-1844]動物学者で教授で動物園長。論争を呼んだ生物の統一性に関する理論が科学史上、進化論の発展に大きな役割を果たす。そのより神秘的な側面が彼をバルザックやジョルジュ・サンドらロマン派文学者のヒーローにした。

ジャン-バティスト・プロスペル・ジョロワ[1776-1842]遠征に同行した工科学生のひとり。彼らがエジプトの古代遺跡を計測しスケッチした厳密なやり方は、のちの考古学者たちの規範となった。

ガスパール・モンジュ、ペルーズ伯[1746-1818]ベルトレとともにサヴァン集団のリーダー。行商人の息子で数学者。彼の画法幾何学は空間図形を平面上で数学的に処理する新法で、産業革命時に動力供給機械の設計を可能にした。

マリ-ジュール・セザール・ルロルニュ・サヴィニー[1777-1851]植物学から動物学に転じる。昆虫の相似性に関する細密な研究は進化論の発展に小さいながら重要な役割を果たしたが、彼を失明させる結果となった。

古代の栄光の跡の発見を期待していたフランス人は、アレクサンドリアを一目見た瞬間に幻滅に襲われた。燃える太陽から逃れるために、兵士も学者もヤシの葉で作った間に合わせの小屋に避難した。

学者たちがやってきたとき、スフィンクスは顎まで砂が届いていた。砂の下にもっと埋まっていることはわかっていたが、それを掘る時間も機械もなかった。

フランス人たちは、カサス描くところのナイルの岸辺で水浴する美女を探したが、兵士の一人が文句を言ったように、「蝸牛みたいに汚く真っ黒い女たち」しか見つからなかった。

マムルークは儀式の際には絹の衣服を重ねて身にまとい、持っている財宝をすべて身に着けた。

最後のマムルーク・ベイ、ムラドは芸術を愛し、陰謀渦巻くカイロの宮廷よりもギザに近い宮殿で趣味にふけった。フランスの討伐軍をナイル川流域の無謀な追跡行におびき出し、ドノンはそこでエジプト最大の遺跡を目にすることになる。

フランス軍はカイロで、シタデルと呼ばれる中世の城塞に総司令部を置いた。

ナポレオンが居住用に接収したのは、エズベキヤ広場に面したカイロでもっとも豪華な宮殿のひとつだった。広場は毎年のナイルの洪水のあいだ、湖に変わった。

若い学生たちはカイロの街で、アルメーと呼ばれる踊り子たちの大胆な身振りと挑発的な歌にショックを受けた。

イスラム教の裸の修行者たち(フランス人はサントンと呼んだ)は街路で踊りつづけ、最後には倒れて、女性に信じられないような野放図な振る舞いをした。

モンジュとベルトレはカイロでもっとも壮麗な邸宅を占拠した。最近建てられたばかりで、持ち主のマムルークとその従者たちはカイロから逃げていた。

ベイの庭園は、「啓発の家」に変えられた。数人の学者とともに、ジョフロワ・サンティレールの動物園、印刷機、コンテの工房群がここに据え付けられた。

持ち主が逃亡して空き家になったハーレムの部屋で学者たちは会合を開き、論文を発表した。この絵では、会合に出席したナポレオンをモンジュが出迎えている。ジョフロワとベルトレが将軍のうしろに続いている。

クレベール将軍に後の指揮を任せてナポレオンがエジプトを去ると、彼は怒り狂った。「あのゲス野郎はわれわれを糞だらけの奴のズボンと一緒に捨てやがった。ヨーロッパに戻ったら奴の顔にこの糞を塗りつけてやるからな！」

主任外科軍医監ラレーは、彼が発明した機動救急車をラクダに合わせ改良した。

イスラム狂信者がカイロの庭園でクレベール将軍を刺殺。フランス軍は手を焼き切り全身を串刺しにする、彼らがイスラム式と考えるやり方で男を処罰した。

科学者たちは完全な形で残るデンデラの神殿に魅了されて、その黄道図に夢中になった。彼らは、これがエジプト古代文明の天文学知識への手がかりをもつものと信じた。

学者たちは時に自分たちを絵に潜り込ませた。これはテーベの廃墟での画家デュテルテルと従者と馬。

イギリスの風刺家たちは、フランスの学者たちがベドウィンとワニに追われ、命からがら「知識」をまき散らして逃げていくところをとことん笑いものにした。

風刺画家ジェイムズ・ギルレイ描く、怒ったエジプト人に囲まれ測定していた大列柱のてっぺんで立ち往生しているサヴァンたち。

動物学者のジョフロワはナイルのワニを解剖し、スケッチした。イギリスにはからかわれたが、実際にワニを慣らそうとしたことは一度もなかったと、息子は伝記のなかで主張している。

ジョフロワはこれらのエジプトマングースを捕え、そのうち少なくとも一頭をフランスに持ち帰った。

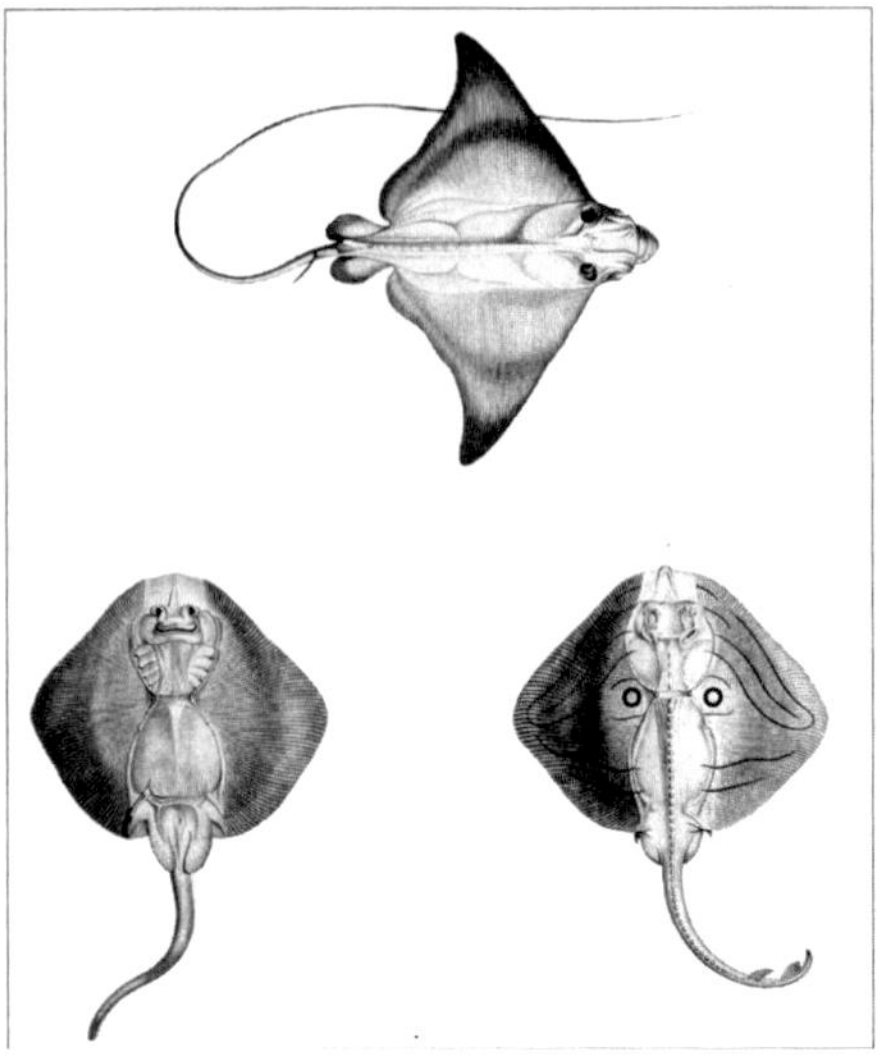

エイを解剖したとき、ジョフロワは確実に生物の統一理論発見に向かっていた。

コウモリは、暗い神殿や墓に降りていく学者たちを苦しめた。

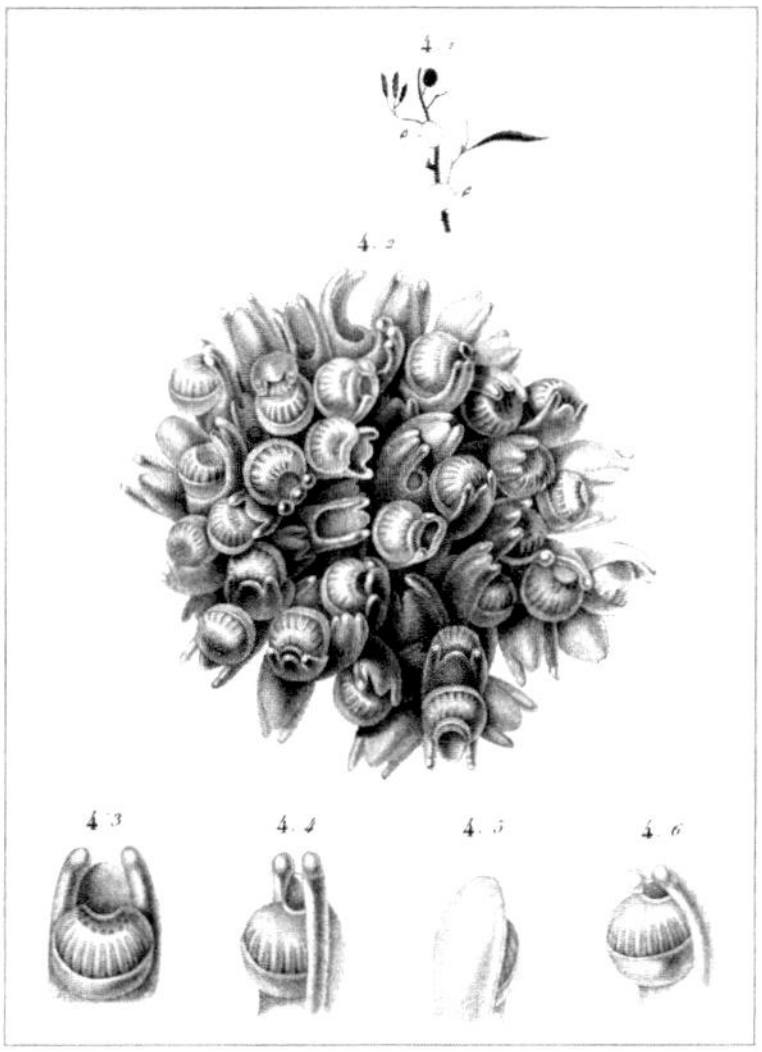

サヴィニ―は、紅海の海辺で彼の生物コレクションに最大の収穫を得た。

サヴィニ―の注意深い目には、どんな昆虫も小さすぎるということはなかった。彼は体全体のスケッチだけでなく、別に口、胴、足の各部を描いた。

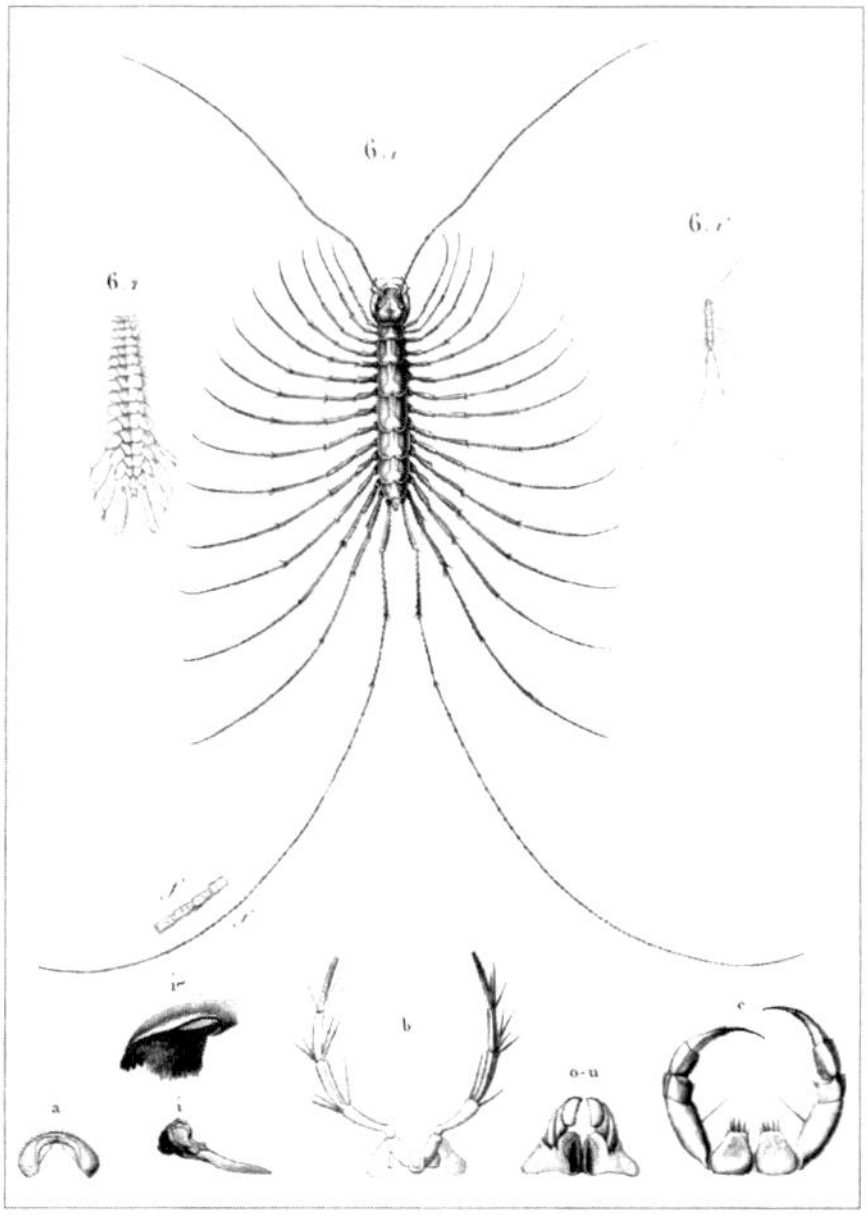

Carte Generale des Etats du Nord de l'Afrique 1828, New York Public Library Collection

はじめに

いまから二〇〇年と少し前の時代、ヨーロッパ人たちは中東のイスラム諸国を遠くから眺めては、貴重な絹と香料、ハーレム、そして黄金を想像した（黄色いゴールドである。現代の西欧世界がこの地域と結びつける地下のブラック・ゴールドの海ではない）。そこは西洋人にとってほとんど未踏の地であり、その歴史も住民も月の裏側のように闇に包まれていた。十字軍の時代から十八世紀末までのあいだ、予言者の土地を横ぎろうとするヨーロッパ人はよほど向こう見ずか、それとも気のふれた人間くらいのものだった。キリスト教とイスラム教の血なまぐさい戦いは、人々が共有する記憶のなかにいまだに不気味に立ちはだかっていた。三〇〇年にわたって、中央ヨーロッパのイスラム世界については串刺しの刑、斬首の刑、その他もろもろの残虐行為の話が語り継がれ、十七世紀末のオスマンによるウィーン包囲戦で絶頂に達した。たとえごくわずか、大胆な連中――ほぼ商人と著述家たち――がこの土地へ旅することを考えたとしても、そういう話にはその企てをやめさせるだけの強烈なインパクトがあった。中東の住民は無慈悲だと考えられており、気候が過酷であることも知られていた。当時はオリエントと呼ばれていたその土地にヨーロッパから向かう旅は困難であり、また長い月日を要した。船旅の場合、少なくとも三〇日、しばしばそれ以上かかった。

それにもかかわらず、人々はあいかわらず海のかなたのその土地を夢みつづけた。いま述べたような困難な状況は逆にその魅力を増すばかりだった。地中海をはさんですぐ向かい側にあるエジプトと、その絶滅した古代文明は、何世紀にもわたってヨーロッパの人々の気をもませ、じれったい思いをさせてきた。彼らは人類最古の文明の巨大な遺跡がナイル川に沿って集中しており、イスラムを信仰する当代の住民たちのまっただなか、二つの広大な砂漠にはさまれて、浸食され崩れつつあるのを知っていた。ヨーロッパ人たちは、その地にありったけの推理をめぐらしていた。自然法則の揺籃の地、文明の黄金時代の名残り、失われた魔術的知識の宝庫……。だが、実際にそれを知ろうと近づいた人はほとんどいなかった。

聖書の時代以来十八世紀末までには、これらの記念建造物は何なのか、だれが作ったのかという疑問がナイル渓谷に垂れこめていた。エジプト人自身、説明できなかった。巨大な壁や列柱にすきまなく彫られたヒエログリフの文字は、学者たちでさえ、それが音声を表すシンボルではなく、死者を蘇らせ、あるいは鉛を黄金に変えるための魔法の公式だと信じていたほどだった。ヨーロッパの医師たちは、ミイラをすり砕いた粉には薬効があると考えた。無知、欠陥のある学問、そして誤った記憶が、古代の遺跡の上に降り積もった——二つの砂漠に吹き寄せる砂の層とともに。

一七九八年にフランス人たちがエジプトに侵攻したのは、歴史の謎を解くためではなかった。近代世界経済の夜明けといえるこの時代、彼らは植民地支配と交易を求めてやって来たのである。ヨーロッパ諸国のあいだでは、地球の遠隔地での影響力をめぐる競争が進行中だった。ナポレオンが三万四〇〇〇人の将兵と一万六〇〇〇人の水兵・海兵を率いて地中海を横ぎり、遠い砂漠の国に向かったのは、その競争に大胆な（多くの人の言い方では気違いじみた）攻勢をかけるためだった。

一六〇〇年代以来、フランスとイギリスの両国はインドから北米、南洋にいたるまで、領土の経済的支配をめぐって競争していた。この経済的支配がもたらす利益はよく知られていた。とほうもない金を持った新しい富裕階級がイギリスやヨーロッパ大陸に大豪邸を建て、植民地貿易の儲けで生まれながらの貴族のように生活していた。イギリスはアメリカの植民地を失っていたが、いまだにインドの大部分を支配していた。そのインドは、ヨーロッパ人たちからアジアで手に入れられる最大の獲物と見られていた。

一七七四年から一七九八年までのフランス政府は、さまざまな外交官、政治家、商人たちからエジプト侵攻について、少なくとも一ダースもの提案を受けていた。あるフランスの外交官が悲運の国王ルイ十六世に助言したように、「エジプトはだれにも属しておりませぬ」というわけだ。だがそれを実行に移すべき時期は、これまでは熟していないように思われた——ようやくいま、「その人」が登場するまでは。

ナポレオンの先手作戦は臆面もなく無謀だったし、タイミングも悪かった。フランス国民は革命からようやく立ち直ったばかりだった。国の経済は破綻し、市民生活はまだほとんど復旧していなかった。パリの街路は汚物が流れ、町は中世のころよりも悪臭を放っていた。国王を殺して新たに反君主制となった国は、王政の国々と数年にわたり戦争をしていた。一七九八年、ヨーロッパでの敵たちがいまだに国境を脅かしているこの時期に、フランスの指導者たちがあえて将兵と物資をエジプトに派遣するというのは、資源の配分という点から見てけっしてまともではなかった。だが、植民地がもたらす分け前にあずかりたいと切に願っていた彼らは、それに賛成した。

ナポレオンとフランス政府が望んだのは、エジプトの占領が、アフリカとアジアの広大な領土を包含する一大フランス帝国創設に向けた第一歩となることだった。フランスはそれ以前にも植民地を求めてアジアに入りこんでいたが、一七五七年にベンガルでイギリス軍に追い払われて以来〔プラッシーの戦い〕、インドでのフランスの勢力はほとんど壊滅していた。そしてフランスの指導者たちは、いまだにアジアのパイの一片を欲しがって涎をたらしていた。地中海に面し、遠隔のトルコ政府に代ってマムルークが支配するエジプトは、何十年にもわたってフランス人の心を惹きつけてきた。

フランス人が到着したとき、マムルークはすでに五〇〇年以上前からエジプトを支配していた。アラビア語で「マムルーク」とは、「所有されるもの」という意味である。奇妙な奴隷階級であるマムルークは、ほぼ一〇〇〇年にわたってイスラムのエリート戦闘集団であった。彼らはユーラシア出身の白人で、子どものときに誘拐され、あるいは奴隷商人に買われ、ダマスクスやイスタンブール、カイロの市場で売られたあと、主人を守るための特別な騎乗戦闘訓練と厳格なイスラムの教育を受けた。男性中心と禁欲を特色とし、イスラム正統派であるこの戦士の奴隷階級は、九世紀にバグダッドで彼らの支配者を打倒した。そのとき以来、マムルークは名前だけの奴隷階級となったのである。ただし彼らは、自分たちのメンバーを補充するにあたっては、奴隷商人から買った白人の少年を当てていた。

ナポレオンのエジプト遠征には、多くの奇妙な、異常とさえ言えるような側面があった。マムルークという存在自体がそうだったし、五万人に及ぶフランス将兵と乗組員が、目的地に到着する直前までどこに行くかを聞かされないまま、この侵略行に従ったという事実もそうだ。軍隊に同行すべく組織された一五一人からなるパリの画家と科学者の集団もまた、この冒険にからむもうひとつの現実離れした要素だった。秘密の目的地の探索を求める若い将軍の呼びかけに応えて、パリのもっとも優秀な知性の一団が、自分たちの安全な研究室、スタジオ、教室を後にして、船に乗りこんだ。天文学者、数学者、博物学者、物理学者、医者、化学者、エンジニア、植物学者、そして画家たち——詩人や音楽学者さえいた——は、彼らの机に鍵をかけ、書物を荷造りし、友人や家族に別れを告げ、大部分のメンバーにとっては文字どおり未知の航海へと旅立ったのである。

遠征に学者を同伴することは、この文明化促進の使命という理想に信憑性を与えた。非アラブの独裁者たちに支配されているアラブ人に、フランス風の文化と民主主義をもたらすという主張は、侵略行為に道徳的な外見をまとわせた。さらにナポレオンにとって、軍の遠征に学者を伴うという行為は、歴史上の先例を模したものでもあった。彼が精神的手本としていたアレクサンドロス大王はペルシャを侵略する際、哲学者たちを伴った。傍らに「生ける百科事典」を伴うことは、野蛮な活動にある種の優雅さを添えた。分類と範疇化という啓蒙主義の目標を達成することのほかに、ナポレオンが彼のサヴァンたち〔savant 学者・賢人〕に期待したのは、占領した領土の統治を助け、土地を測量し、水を発見し、指導者たちと友好関係を築き、ときには敵との交渉までも行うというものだった。実際に民間人のいくらかは、占領軍にとってサポートと行政の面で欠くべからざる存在となった。

だが科学者たちは、自分たちがここに来た主な目的は発見をし、科学を実践することだと信じていた。科学者のほとんどは若く、平均年齢は二十五歳だった。年長者のなかには、フランス学士院会員としてたがいに旧知であるような著名な人たちもいた。サヴァンたちが航海に出たとき、おたがいに親友と言えるような仲間はほとんどいなかったが、その後の三年間で彼らは生涯にわたる絆（そして反目も）を形成した。生きてフランスに戻った人々は、自分たちが見たもの、経験したものの意味について議論しながら、残りの人生を過ごした——死が彼らを一人また一人と連れ去っていくまで。若者たちは中年になり、つぎつぎと年長の仲間のために弔辞を読んだ。なかには隣り合わせの墓に埋葬してほしいと言い残した者たちもいた。

学者たちのなかには、フランス科学界でもっとも有望で傑出した人たちが含まれていた。一握りの東洋学者はべつとして、彼らの大多数はエジプトについてほとんど何も知らなかった。エジプトに到着したとき、学者たちはそれぞれさまざまな専門分野をもっていたが、なかには絵画や音楽、幾何学、物理学など、砂漠にフランス植民地を作り上げるにはまったく不必要に思えるようなものもあった。だが化学者のクロード＝ルイ・ベルトレと幾何学者のガスパール・モンジュのような名士はすでに五十代であり、科学と行政の両面で占領軍にとってきわめて役に立つ能力を備えているのは明らかだった。モンジュとベルトレは、それ以前からナポレオンのために腕を揮っていたベテランだった。戦利「コレクション」（主にイタリアから奪った美術品）の整理と輸送の監督、および革命軍のために火薬を製造する仕事である。他の者たちは若い教師と研究者で、教室から直接引き抜かれてきた。彼らがこの遠征に参加した理由は、一部はナポレオンへの憧れであり、また一部はキャリアの昇進を望む気持ゆえであった。三六人いた学生たちは、旅行と冒険という若者らしい夢を追いかけていた。学生たちの何人かは残りの生涯をかけて熱中すべき対象をエジプトで見いだしたが、何人かはついにフランスに帰ることができなかった。

生き延びたサヴァンたちは、エジプトについての網羅的百科事典を作った。二三巻から成る特大サイズのこのシリーズは、建造物、岩、住民、植物、そして一八〇〇年当時にエジプトに生息していた何千種もの動物、鳥、虫、魚の版画を備えた優美な印刷物であった。この『エジプト誌』（*La Description de l'Égypte*）は学者たちの究極の仕事となった。彼らの百科事典は、ヨーロッパ人とイスラム教徒の近代で最初の大規模な交流に関わった民間人が、その印象をまとめた記録である。

彼らのうちの三一人はエジプトで死に、あるいは帰国後まもなく死んだ。残りの多くも、精神的に、情緒的に、もしくは身体的に生涯にわたる変化を蒙って、母国に戻った。その経験は彼らの心に傷ましいほどの強い感情を刻みつけていたから、一八六〇年代に最後の一人が死ぬまで、彼らはおたがいに「エジプシアン」と呼びあい、毎年顔を合わせては、自分たちが計測し、スケッチし、理解しようとした砂の上の彫像、神殿、そして墓について思い出にふけったのだった。

はじめてエジプトに着いたとき、学者たちがそこの土地、住民、動物、そして遺物に対してとった姿勢は、観光客でも机上の旅行者でもなく、あるいは植民者のそれでさえなかった。彼らは自分たちの学問の領域からアプローチを試みた。サヴァンたちは分類と計測を行い、収集し、日誌をつけ、報告を書き、それを最近までハーレムだった部屋で開かれる正式の会合で発表しあった。国土の大部分が広大な未踏の砂漠であるエジプトに足を踏み入れ、やがて見捨てられたあとも、彼らは知覚のみで感じることをよしとしなかった。神を信じないこのサヴァンたちは、ほとんど理解不能な宗教の熱心な実践者に囲まれ、べつの同じように知られていない文化の黙した証しである遺跡に出会ったとき、自分たちが見ているものを数学的に定義し分類することによって、調べ、かつ説明しようとした。

このようにして、彼らはのちに「考古学」と呼ばれるようになる新しい科学を作り上げた。彼らはまた、三つの異なる時代の文字が彫られた灰色がかったピンクの花崗岩の石碑を発見した。学者たちが帰還してから何年もたってから、考古学者と歴史家たちにヒエログリフの文字の謎を解かせ、はるか昔に失われた世界の解明を可能にしたのは、この石だった。

いわゆる「東方軍所属学芸委員会」〔遠征に同行した学者集団。以後、委員会と略〕に加わったメンバーは多彩で一風変わった興味深い人物が多く、夥しいメモを記録しつづけた優秀な人々であった。これらのサヴァンのうち、私は一〇人に的を絞ることに決めた。選択した規準は、彼らの科学史における地位、残した資料の豊かさ、遠征で果たした重要度、メンバーの相互関係や軍事的政治的出来事との関連、そして遠征隊の最後の本『エジプト誌』への関わりなどである。

フランスとエジプトでは、彼らの物語はよく知られている。両国にとってこれは歴史の基本的な一部になっているからだ。だが他の国では、彼らについてほとんど知られていない。エジプトロジスト――古代エジプトを研究する学者や考古学者――は、一八〇〇年から今日にいたるあいだの遺跡の変化を知るためにサヴァンの偉大な本を研究し、科学史家は学術論文を書いて学術誌に発表している。だがこれらのごく限られた分野をべつにすれば、彼らの冒険や、東西の理解に彼らが与えた野心的で美しく、また欠陥もある貢献について、聞いたことのある人はほとんどいない――彼らが発見した最大の収獲であるロゼッタ・ストーンという言葉が、いまでは暗号解読の鍵を表すメタファーとして日常的に使われているにもかかわらず。

謝辞

以下の方々に感謝を捧げたい。何回もの書き直しを経た本書の原稿に各段階で目を通し、コメントしてくれたハワード・コーンとクレア・ヴァクテルに。主要な文献を翻訳し、原稿整理などのサポートをしてくれたエリザベス・ビュゼイに。ボブ・ブライアーとパット・レムラーは、寛大にも知識ばかりか本や美術書を提供してくれた。デイヴィッド・スミスとニューヨーク公共図書館に。さらには、エリック・フリーランド、リーザ・バンコフ、ロレッタ・チャールトン、アラン・メトカフ、キャロリン・ウォーターズ、イヴ・レシュ、ロバート・バーリー、ベルタ・バーリー、マーシャ・アイザックソン、マームード・アラム大使、チャールズ・クールストン・ギリスピー、アルフレッド&シャーロット・ケスラー、ホウェイダ・エル・サイード、ネリー・コーベル、ステファニー・スルーカ、グウェンドレン・ケイツ、エリザベス・ロビンソン、ジュリア・ノヴィッチ、リズ・マクニール、「ピープル」誌の技術スタッフ、レナータ・ムリンスカの各氏に。そして亡き祖母、ガーザル・トーマスの思い出に。彼女はオスマン帝国の遺跡から立ちあらわれ、私にインスピレーションを与えてくれた。

第1章
将軍

ヨーロッパなどモグラ塚にすぎない。東方世界を除けば、世界に巨大な帝国はかつて存在しなかった。東方世界――すべての宗教の揺籃、すべての学問の誕生の地。

ナポレオン・ボナパルト

ナポレオンのサロンの素晴らしさは比類がなく、見た者を驚かせた。それはまるで国王の宿舎のようだった。

フランソワ・ベルノワイエ

地中海、一七九八年五月〜六月

出発の日。地中海の海辺に暖かく甘やかな夜明けが訪れた。五月末のすがすがしい朝だった。海面には日ざしがきらめき、さわやかな風が吹きつけていた。軍楽隊が勇ましい音楽を奏で、とどろく大砲は刻限に遅れず帰艦せよと警告した。湾全体が密集した三〇〇隻の艦船で黒く埋めつくされていた。うす汚れた港町のトゥーロンで、それはこれまで見られなかった光景だった。湾内にぎっしり詰まっていた船は、向きを変え出航しようとするたびに船体がこすれ、がりがりと音を立てた。陸では、乗組員の妻や家族、友人、さらには見物人がひしめき、泣き、笑い、手を振り、この前例のない威風堂々たる船出を見ようと、右往左往していた。
レースのカフスをつけた画家で外交官のドミニク＝ヴィヴァン・ドノンは、船団の中の一隻の甲板からこの光景を眺め、その思いを日誌に記した。「何千人もの男が彼らの国、彼らの財産、友人、子供たち、そして妻をあとに残して出ていこうとしている。彼らのほとんどは、自分たちがどこに向かおうとしているのかまったく知らず、この航海について何の情報ももっていない。彼らが知っているのはただ、リーダーはボナパルトだということだけだ。」

船上では華やかな色彩で無秩序な世俗的光景がくり広げられていた。歩兵は青い制服を身につけ、軽騎兵は黄色と赤で派手に身を包み、竜騎兵〔銃を持った騎馬兵〕は属する部隊によって真紅、ピンク、もしくはオレンジの布を身にまとっていた。馬はいななき、船倉で足を踏み鳴らした。航海の途中で屠殺される家畜たちは悪臭を放つ囲いの中から唸り声をあげた。

この巨大艦隊の隅々まで詰めこまれていた陸軍兵士三万四〇〇〇人、そして水兵と海兵合わせて一万六〇〇〇人のあいだに、一五一人の学者と画家たちがまじっていた。彼らは横揺れが始まった船上で、まだ忙しく厄介な艤装を括りつけている荒くれ男たちに罵声を浴びせられ、その邪魔にならないようにしながら、自分たちの本や器具などの荷物を積みこもうとしていた。兵士たちと違って彼らは自ら望んで、その目的地が謎に包まれたとほうもない遠征に志願してきたのだった。だが彼らもまた兵士たちと同じように、年齢と地位、そしてそれぞれの分野における知名度にしたがって船と寝台が割り当てられていた。教授、発明家、そしてエレガントなドノンのような有名な画家は士官たちと同様、比較的贅沢な船上生活が認められたが、学生や若いエンジニアたちは一〇〇人以上もの男たちと一緒に臭い船倉に詰めこまれた。

もっとも若年の科学者たち――三六人の学生――にあてがわれた船倉での生活は、航海のはじめからひどいものだった。船が波高い湾外によろめきながら出ていったとき、学生たちはそれぞれのハンモックにしがみついた。ハンモックは兵士たちの列の隣りに、上に、下に、ぎっしり吊してあった。どちらを向いても人間の肉体ばかりで、身動きできないほどであった。数カ月前には先を争って神秘の遠征に加わろうとしていたティーンエイジャーたちは、たちまち冒険ファンタジーの夢からさめた。荒海に船出してから数時間もたたないうちに、それも夕食の直前だったが、大部分の男たちが船酔いにやられてかがみこんでいた。兵士たちは陸上軍の出身で、船乗りではなかったから、学者たちと同じように船酔いにやられた。船酔いにやられなかった男たちも、吐瀉物の悪臭から逃れられずに吐き気をもよおした。ナポレオン自身は、揺れに備えてベッドの脚にベアリングを取り付けてあったが、それでも航海のあいだじゅう、多くの時間を船酔いで苦しんで過ごした。

民間人たちが何日も前からもどかしく待ち焦がれていた航海の、それは不吉で気がかりなスタートだった。彼らは数週間前にパリでの快適な生活をあとにし、トゥーロンで数日のあいだ出航を待って過ごした。通りという通りを馬と軍事物資がふさいでいた。町は不潔で、宿も食料もほとんど手に入らなかった。彼らは厩に泊まり、あるいは公共の建物の床で寝た。最近のヨーロッパ戦役の二つの前線から戻った兵士たちが、昼夜を問わずこの町に集まってきた。いくたびもの戦闘で鍛えられた兵士たちは、おたがいに喧嘩し、また科学者たちと衝突した。この汚い荒くれた無学の男たちが、それから三年のあいだ科学者たちを守り、同時に苦しめることになるのだった。彼らは魚臭い街路を押し分けるように歩きまわり、酒を飲んで酔っぱらい、喧嘩し、出航を待ち焦がれると同時に、目的地が知らされていないことに苛立ってもいた。彼らは、フロックコートを着た民間人をからかい、嘲笑った――もちろん相手の存在に気づいたときだけだが。

出航予定日の前の晩になってようやく、この企ての立て役者が到着した。五月十八日の夕刻、トゥーロンの町じゅうが祝賀の灯火であかあかと照らされた。フランス最大の軍事指導者、豹のように機敏な動きをする五フィート四インチのしなやかな小男――王党派の中傷者たちが言うところの「あの硫黄みたいな顔色をしたスカラムーシュ〔イタリアの即興喜劇コメディア・デラルテの道化役〕――が、妻のジョゼフィーヌとともについに到着したのだ。このとき彼は二十八歳、ロマンティックな部分と冷血な策士の部分を奇妙に併せもったこの若い軍人は、彼の生涯のこの時点では結婚した相手――世俗的にも性的にも彼より経験の豊富なクレオール〔ジョゼフィーヌは西インド諸島のマルティニーク島生まれ〕を深く愛していた。トゥーロンを出るとき、ナポレオンはつぎに会うときには妻のために、自分が胸の張り裂ける思いをすることになるとは思いもしなかった。絹のドレスをまとった彼女をかたわらに、彼は急遽作り上げた演説台まで大股に進み出た。そして全兵士に向かい、この謎の目的地から帰還したあかつきには、それぞれに六エーカーの土地を与えると約束したのである。

ナポレオンの演説に群衆は熱狂した。冒険と歴史的瞬間のさなかにいるという感覚が人々を襲った。これまでにも将軍は、大軍の兵士たちを奮い立たせるのに苦労したためしがなかった。これに先だつ数年間ずっと、フランス国民軍の軍勢は五〇万人から七五万人のあいだだった。ナポレオンの治世が終わる前、彼は一〇〇万の軍隊をもつことになる。軍隊の仕立職で兵站主任でもあり、遠征について夥しい記録を残すことになるフランソワ・ベルノワイエもこのとき、聴衆のなかにいた。「だれもがこの謎に興奮していた。これほど多くのマストが海上に立ったことはなく、これほど多くの馬や戦争用の武器が海岸を埋めたこともなかった。いまや、フランスのサヴァンと軍人のエリートたちは、ただ一人の男を信じて出発しようとしていた。」

一七九八年にはほとんどのフランス人がそうだったように、科学者たちもまたこの若い将軍を崇拝していた。ナポレオン・ボナパルトは有名な軍人というにとどまらなかった。彼は十八世紀後半のロックスターだった。コルシカに生まれ、フランス革命の申し子である彼はすでにこのとき、聖職者も国王もいない新しい時代の新しいタイプの指導者になっていた。国事に参加するとき、彼はみずからを世俗の華麗さで飾り立てた——聖職者のそれでもなく、国王のそれでもなく（そうなったのはのちのことである）。一七九七年にイタリアを征服してパリに帰還したときの歓迎式典は、非宗教的なものであった。神学生から外交官になったシャルル＝モーリス・ド・タレーランが彼を「祖国の祭壇」に導き、軍楽隊が新しい賛歌——神にではなく「自由」への——を演奏した。

若き将軍は科学を崇敬した。後年、彼はよく、もし軍人にならなかったら世界を変える科学的発見をしただろうと言っていた。自分は物理学者、それどころか形而上学者だとさえ考えていた——

この世界を作り上げている微粒子を突き止め、それらの微粒子を結びつける見えざる力を突き止めていたことだろう。科学者たちは若い将軍の科学への思い入れをうれしがり、だれひとりこの英雄の善意を疑わなかった。彼らはナポレオンを、自分たちの排他的クラブであるフランス学士院の数学部門会員に選びさえした。「真の勝利、すなわち後悔を生むことのない唯一のそれは、無知への勝利であります」——入会の辞で彼はこう述べた。ナポレオンはこの名誉を喜んだ。エジプト滞在のあいだ、ときおり彼は声明文につぎのようにサインした——「ナポレオン・ボナパルト、フランス学士院会員」。パリにいるとき、彼はその会合への出席を欠かさなかった。一七九八年一月二十一日、国王処刑の六回目の記念日に、彼は公式の記念式典に将軍として出席せず、ひそかに学士院の会合に出席した。

ただしこの将軍は、軍隊の英雄にふさわしい贅沢をはねつけるほど革命的ではなかった。フランスの海岸をあとにしたナポレオンは、フランス艦隊のなかで最大の船で航海した。実のところそれは世界最大の船のひとつだった。この旗艦はかつてブルボン王家の海軍では「王太子号《ドーファン・ロワイヤル》」と呼ばれていたが、いまは「オリアン」(Orient)号と改名されていた。二〇〇〇トン、一二〇門の大砲を搭載したこの船は、偏執狂的な作戦本部(イギリス艦隊に怯える男たちと火薬を満載していた)であり、海上の学芸サロンであり、豪華な舞踏場であるという、なんとも現実離れしたアマルガムだった。船は将軍とその大勢の部下たち——数千人の乗組員と兵士たち——だけでなく、生きた牛と羊を含めて二カ月分の食料、巨大な巡回文庫(プルタルコスの著作、大衆小説、化学や数学

について の教科書など）、そしてフランス艦隊の武器弾薬の大部分を運んでいた。船倉に詰めこまれた何トンもの爆薬のせいで、船は浮かぶ爆弾になっていた。

ナポレオンの船室は、何百ヤードもの赤いダマスク織りの絹で装飾が施され、とほうもなく豪華《ロワイヤル》だった。「みんなオリアン号のナポレオンの部屋のことを噂しています。どうやらひどく豪華らしいのです。」若い動物学者のエティエンヌ・ジョフロワ・サンティレールは家に送った手紙に書いた。ベルノワイエは、ある晩、贅沢な船上のディナーに招待された。そこには三〇〇人が出席していた。「食事はおいしかったが、あまりにもぎっしり詰めこまれていたので、食べ始めたときもほとんどフォークを口に運べなかった」と彼は書いている。ディナーのあと、将軍は月光に照らされたデッキで、オペラと合奏曲の会を催した。三〇日に及んだ航海で、軍隊の楽士たちはこの遠征のために特別な音楽を作曲し、月蝕のあいだ、オリアン号のデッキでそれを演奏した。「ナポレオンのサロンの素晴らしさは比類がなく、見た者を驚かせた。まるで国王の宿舎のようだった」とベルノワイエは書いた。彼はその光景に違和感を抱き、スパルタ人の野営地の真ん中に君主がいるようだと述べている。たしかにナポレオンは英雄であり、物質的にも精神的にも称賛されて然るべき存在だったが、それでも彼はまだ一将軍、それも革命軍の将軍だった。そのことがベルノワイエを当惑させたのである。のちに皇帝として完全に花開くことになるその王政主義的傾向をナポレオンが見せたのは、このときがはじめてだった。

全員が共和国市民《シトワィヤン》だったにもかかわらず、科学者たちはナポレオンのこの豪奢な暮らしぶりを、革命家として咎めだてする様子はなかった。それどころか彼らは、将軍の贅沢な船室にしばしば招かれるのを喜んだ。夕食後、それほど船酔いに苦しんでいないときには、ナポレオンはお気に入りの知的な「愛人たち」――サヴァン部隊（corps de savants）の化学者、動物学者、数学者、画家たち――をデッキで開かれる夜のサロンに集めた。船上のセミナーは、ナポレオン伝説の材料となった。若き将軍は、気の向くままにその晩議論したい問題を提起した。地球以外の惑星に生命はあるのか？　夢は何を意味するのか？　理想的な政府の形態とはどういうものか？　それらの問いに、彼の「生ける百科事典」たちは受けて立った。ときには夜中まで議論がつづいた――黒い波がやわらかく船腹をひたひたと打っている船上で。

こうした夜のサロンに集った人々は、専門分野がそれぞれ違っていたように、その政治性においてもさまざまだった。将軍のお気に入りは、攻撃的な幾何学者のガスパール・モンジュだった。行商人の息子に生まれた彼は熱狂的な革命支持者だった。背が低く、大きな尖った鼻をしていた。お気に入りは、腰につけた剣と尻ポケットに入れる平たい酒瓶である。三次元空間の複雑な図形を紙の上の数字に変換する数学の天才だったが、軍隊の生活をこよなく愛していた。伝記作家の一人が書いているように、彼はいつも敏感に「火薬の匂いを嗅ぎ」つけた。このモンジュが発明したのは画法幾何学であった。図形を数学的に描くというこの手段によって、機械工学の技師たちははじめて、三次元の機械を紙の上で作り出すことができるようになった。

オリアン号上でモンジュとつねに行動をともにしていたのが、科学委員会で指導的立場についていたパートナー、化学者のクロード＝ルイ・ベルトレであった。モンジュが愛国心を発露して涙にむせぶとき、灰色の目をしたベルトレは無感動でクールであった。将軍はベルトレの抑制ぶりにまるで魅力を感じていなかったが、それでもその化学者としての幅広い知識を尊敬し、遠征後の数年にわたって国事と科学の両面で彼に頼ることになる。

　ベルトレはパリで、この学芸委員会の設立に当たるのチーフとして働いていた。背が高く、物静かで、動作はぎごちなく、政治に無関心で、そしてまたおそろしくシャイだった。彼はまさにモンジュの対極だった。「ベルトレの外見はどちらかというとくに目立つものではない。」若い数学者でエジプト学者団の一人、ジョゼフ・フーリエが書いている。「話しぶりはぎごちなく、しじゅうためらい、ひとつの文章のなかで一〇回も同じことを繰り返す。実験のほんのわずかな詳細を説明するだけでも、まごついてどぎまぎしている。」

　その寡黙さに隠されてはいたが、ベルトレは天才だった。化学者のアントワーヌ・ラヴォアジエと並んで、現代化学の創始者の一人と見なされており、物理化学分野におけるパイオニアであった。エジプト遠征の前、その間、そしてその後にわたって、彼は火薬、鉄鋼、染料、漂白剤、原始的な甘味料にいたるまでの新たな製法を発見した。

　モンジュとベルトレは、遠征の前から若き将軍と冒険を共有していた。彼らが任された仕事は、科学とはまったく関係のない分野であった。イタリアから奪った莫大な量の戦利品――中世、ルネッサンス、そして古典時代の美術品――を整理し、運び出す任務である。エジプト遠征において、ナポレオンはモンジュとベルトレを科学者としてだけでなく、信用できる内輪のサークルのメンバーと見なした。この二人の科学者はつねに行動をともにしており、その緊密な結びつきは将兵たちのあいだでよく知られるようになった。将兵たちは二人をまとめて「モンジュベルトレ」と呼ぶようになり、ときにはどちらがモンジュでどちらがベルトレかでもめたりした。

ナポレオンの船上のサロンの出席者で、機知と洗練された様子で傑出していたのが、ドミニク＝ヴィヴァン・ドノンであった。彼には科学の素養がまったくなかったが、どんな話題にもついていけた。当時五十四歳、民間人グループで最年長の彼は、博識家であり、十八世紀ヨーロッパ人の典型だった。画家で、才人で、外交官、著述家、そして探検家でもある彼は、最初はこの謎の航海に招聘されていなかった。遠征のことを知ったドノンは、ありとあらゆるコネを使い、ナポレオンの妻まで巻きこんで、自分を売りこんだ。

生き生きとして明るい目をしたこの人物は、学者たちの最年長だったにもかかわらず、あふれるような若々しい好奇心をもっていた。この豊かな好奇心こそは、その後の苦難の時期の彼を支えたばかりでなく、同時代の科学者のうちで彼をもっとも有名にしたのだった。職業は外交官で、生れついてのユマニスト（人間性研究家）だった彼は、狩りたてられる貴族として（革命前、彼は男爵だった）、そして恐怖時代をうまく回避した策略家の共和党員として、両サイドから革命を生きてきた。ブルボン王家に仕えていたとき、彼はフランスの代表としてさまざまな国の宮廷に出入りしたが、そのなかでもフィレンツェではそのエレガンスと魅力、そして女性との恋愛遊戯で名を馳せた。また、すぐれた画家でもあり、革命後は画家のジャック＝ルイ・ダヴィッドの助けで復帰を果たした。ダヴィッドの推薦で、フランス共和党政府の公式コスチュームとして古代ローマスタイルのトーガをデザインする仕事についたのである。ドノンはまた著述家であり、ポルノグラファー（その作品には『淫猥画集《ウーブル・プリアピーク》』と題する銅版画集もある）でもあった。魅力にあふれ、語学に堪能で、女性を誘惑する術にたけたドノンは、ジョゼフィーヌ・ボナパルトを含めパリのご婦人方の寵児であった。

ナポレオンの船上のサロンには、若い科学者たちもいた。会話が夜の空気のなかに漂いはじめ、軍楽隊が月光のなかでハイドンを演奏しているとき、彼らは将軍を畏敬のまなざしで見つめた。そのなかの一人、エティエンヌ・ジョフロワ・サンティレールは二十八歳の若さだったが、すでにパリのジャルダン・デ・プラントの動物園長であり、教授でもあった。このあと彼は夥しい手紙を書き、思いもよらない世界探検のヒーローとなる運命にあった。まだ結婚はしておらず、子供もいなかった。眼鏡をかけ、ずんぐりした体躯に、なめらかな頬、ふっくらした唇、少し哀しげな目をした彼は、非常に強壮で、年長の同僚たちから高く評価されていた。ふだんから感情的で興奮しやすいこの若い動物学者は、自分と同年齢のナポレオンの近くにいるとつねに興奮を覚えるのだった。

この選りすぐりの民間人グループが、ナポレオンが提起した多くの問題を受けとめ、それについて議論するのを将軍は喜んだ。政治や、夢や、地球外生命をはじめ、さまざまな深遠な問題が議論されたけれども、けっして話題にされないテーマがひとつだけあった。それは秘密の目的地についてであり、彼らがそこに向かっている理由だった。デッキで酒を飲んでいる人々のなかで、自分たちの正確な目的地を知っている――あるいは知っていると思っていた――のは、ナポレオンの内輪のサークルだけであった。だが、たとえサヴァンたちがその話題を議論したとしても、その使命の背後にある個人的な、そして政治的な理由のすべてに同意したとは思われない。

出兵の鍵となるのは、エジプトでなく、イギリスであった。フランス政府はトゥーロンから出航するその五万人の男たちを、イギリスと対決するための「イギリス遠征軍」と呼んでいた。

イギリスとフランスの植民地競争は一七〇〇年代を通じてますます激しさを増していた。両国は、アメリカ、カリブ海、南太平洋での遠い縄張りを求めて、地球上のあらゆる地域でたがいに戦っていた。フランス革命は、この長年のライバル間の緊張をいっそう強めたにすぎなかった。

革命が最高潮に達し、国民が国王の首をはねるという事態に至って、ヨーロッパの君主国は震えあがった。彼らは結束して、それが自分たちの王国に伝染してくるのをくい止めようとした。ほとんどまる一〇年にわたって、フランスはヨーロッパで戦いつづけた。彼らはヨーロッパに自由《リベルテ》の福音を広げ、オーストリア、プロシア、オランダ、スペイン、そしてイギリスの王党派を寄せつけなかった。一七九〇年代末ころには、フランスはほとんど若き将軍ボナパルトの軍事的成功のおかげで、スペイン、オランダ、プロシア、そして強大なオーストリア帝国とも和平を結んでいた。

一七九八年の時点でまだフランスと戦争状態にあったのは、イギリスだけだった。

エジプト侵略は挑発によってなされたわけではなかった。ナポレオン以外、おそらくはだれも企てることはあり得なかっただろう。一七九八年の時点で、すでにナポレオンは圧倒的なまでに華々しい軍事的成功を収めており、輝かしい伝説が彼を取り巻いていた。その彼が何を企てたとしても、それはきわめて重要な意味をもつはずだと人々は見たのだった。フランス政府の状況もまた、遠征のタイミングと大いに関係していた。この時期、フランスを支配していたのは総裁政府の五人の総裁たちで、エジプト遠征から戻ったナポレオンがワンマンの執政政府を作るまで、彼らが権力を共有していたのである。総裁政府は、革命時代に作られた一連の政府形態の最後のものであり、名目上の議会制民主制として機能した。恐怖政治で傷ついたフランス人たちは、この時期、すでに普通選挙制という革命の目標を捨てていた。人民主義《ポピュリズム》の過激な約束をかざしてフランスの革命時代を開いた立法府――国民議会と三部会――は、もはや過去のものだった。五人の総裁《ディレクトゥール》は、左寄りの五百人会議が提出した五〇人のリストから、中道右派の元老会議において選出された。総裁たちは不人気だった。彼らは憲法を無視し、戦争によって自分たちの権力を保持しようと（そして破産した国の財政を埋め合わせようと）していた。彼らにとっては、国民に人気の高いリーダーで、自分たちの潜在的なライバルでもある人物――ナポレオン――を植民地獲得のために国外に送り出すことで失うものはほとんどなかった。逆に得るもののほうが多かったのである。

フランス政府は若き将軍に対して、エジプトで達成すべき事柄についていくつか具体的な指示を与えた。すなわち、「東方軍総司令官はエジプトを占領すべきこと――イギリス人を東方におけるその全属領より駆逐すべきこと。そののちスエズ地峡を開削し、フランス共和国が紅海の自由かつ排他的な支配を確保するために必要なあらゆる措置を講じるべきこと。」

エジプトを国際競争の獲物と見なす考え方は、トルコのオスマン帝国が力を失いつつあった一七〇〇年代末ころには、現実味を帯びるようになった。オスマン帝国の領土は、アフリカではエジプトのほか、サハラを横ぎって西はアルジェリアを通る北アフリカ一帯を含み、ヨーロッパではギリシャ、クレタ、マケドニア、さらにアジアではトルコからエジプトに至る地中海沿岸のすべての地域（当時はシリアと呼ばれていた）にわたっていた。ヨーロッパ諸国の多くは、オスマン帝国全体がそのうちどこかの国の手に入るのは時間の問題だと考えていた。長年にわたってトルコと同盟関係にあったフランスの指導者たちもまた、当時のヨーロッパの支配者たち――イギリス国王ジョージ三世、ロシアのエカテリーナ二世、オーストリアのマリア・テレサ、プロシアのフリードリヒ二世――のだれもが最初に動く可能性があることを知っていた。

エジプトに目を向けたときのナポレオンは、トルコのことを考えてはいなかった。彼の頭にあったのはイギリスであった。本来なら直接イギリスと対決したかったのだが、それが不可能なのは彼にもわかっていた。そのかわり、エジプトを取ればイギリスとインド間の主要な貿易ルートを断ち切ることになり、それによってイギリスの帝国主義的野望を弱めることができるはずだと考えたのである。

ナポレオンはまた、のちの時代のヨーロッパに吹き荒れた「東方への執着」を先どりしていた。この東方志向は、歴史家のクリストファー・ヘロルドが、「ヴィクトリア時代の大いなる狂気」と呼んだもので、来たるべき時代の支配的な政治的志向となる。青年時代、彼はイスタンブールに赴いてオスマンの軍隊に新しい戦術を教えることを志願していた（実現はしなかった）。若きナポレオンはエジプトに強く魅せられており、私信のなかで、コルフやケファリニアのような小さな島々を確保するためとあれば、それまでの彼の最大の勝利であるイタリア全土を喜んで手放すだろうと認めている。これらの島は、エジプトとレバント沿岸地域〔エーゲ海および地中海東岸の地方、とくにシリア・レバノン・イスラエルの地域〕におけるフランスの支配を強固にするうえで、地中海の足場となるものであった。

地中海をはさんですぐ対岸に位置するエジプトは、フランスにとって植民地として魅力的な獲物だった。そこは、アフリカとアジアへの出入口であるだけでなく、潜在的な豊かさ――現実にはそうでなくとも――を秘めた土地であった。ナイル渓谷はサトウキビ、亜麻、インディゴ、小麦、米を産出できる。エジプトを奪ったものは、砂漠（主にアルカリ塩）とナイルの自然資源だけでなく、アフリカ奥地とアジアからエジプトを隊商《キャラバン》で越える黄金、材木、そのほかの原料をも確保できた。さらにエジプトの支配は、アジアの近くでの地理的足場を、そして、オリエントの宝石たるインドへのさらなる一歩をも意味したのである。

だがこうした植民地的な動機だけでは、この一八九八年という年にフランスが兵士たちや物資、さらには彼らの最大の軍事リーダーを送り出した理由にはならない。じつはエジプトを占領することは、フランスにとってヨーロッパにおける最大の敵と直接海上で対決することなく、交戦するための手段であった。アメリカの植民地を失ったあと、イギリスのジョージ三世は新たな戦争を始めるのは気が向かなかったものの、フランスがルイ十六世をギロチンにかけるに及んで、その「もっとも野蛮で破廉恥な国」と戦うことをよしと考えるようになった。それ以来この二つの国の対立は激化の一途をたどった。いまやそれは、君主制対革命共和制、宗教対無神論といった、本質的な違いを含む戦いになっていた。

一方でエジプトについては、だれもが簡単に征服されると考えていた。両国ともに、フランスのエジプト占領がイギリスの植民地拡張に水を差し、一種の代理戦争による勝利となるという点で、意見が一致していた。フランスの駐エジプト領事は、当地におけるフランスの勝利は「イギリスから奪い取った占領」と見なされると考えていた。その土地に詳しいイギリスの有名な商人は同国人に対して、もしフランスがエジプトに侵入すれば、彼らは「地上のすべての貿易国へのマスターキイ」を手にすることになるだろうと警告した。

この当時、すでにフランスとエジプトとの絆は、イギリスのそれよりも強くなっていた。フランスとエジプトは地中海をはさんで向かいあっており、五〇人のフランス商人がカイロとアレクサンドリアで活動していた。アレクサンドリア、ロゼッタ、カイロには古くからフランス領事館が置かれていた。何世紀も前からエジプトでは、イギリス、フランスをはじめとするヨーロッパの貿易商人たちの小さなコミュニティが活動していたが、なかではフランス人がもっとも数が多かった。商人たちはライバル同士ではあったものの、一七九八年当時、彼らは共通の問題を抱えていた。彼らのだれひとりとして、エジプトでは歓迎されなかった。エジプトの徴税請負人であるマムルークのリーダーたちは、彼らを強請《ゆす》って金を出させた。最近になってイギリスはこの事態を改善するためにマムルークのベイ（長官）と交渉しようとしていたが、フランスはトルコと同盟を結んでいたために手が出なかった。都市の外側では、遊牧の山賊たちが、長い砂漠を横ぎる交易ルートを阻んでいた。

ナポレオンとその艦隊が出航したとき、比較的最近起こったある不愉快な出来事のニュースが、フランス国内に流布していた。一七七九年にアラブ人の集団が、スエズからカイロまで積み荷を積んで旅していたフランス商人の隊商を砂漠で襲ったのである。「彼らは商人たちを裸にした」とあるフランス人の作家が書いている。商人たちは砂漠に放り出され、運命に任された。そのなかでただひとり、ムッシュ・サン・ジェルマンなる人物が、なんとか生きのびて文明世界までたどりついた。「日陰としてはトゲのある低木しかなく、飲むものとしては自分の尿しかない状態だった。カイロに着いたとき、体全体が傷に覆われ、息は死人のようだった。」

こうした状況にもかかわらず、一七九〇年代にはフランス人はすでに古代エジプトの図像学に夢中になっていた。彼らはファラオの文明を、腐敗した国王やカトリック教徒に先行する、一種のより純粋で自然な社会として想像した。新政府は革命の記念碑や建築にエジプトのモチーフを使っただけでなく、現代の東方世界にその意図を知らせるために、国立図書館にアラビア語、トルコ語、ペルシャ語を教える公立学校を付設した。ナポレオンのエジプト遠征に同行した通訳のほとんど全員がここで教育を受けている。

航海のあいだ、学者たちはナポレオンの私的サロンとはべつに、兵士たちに教えたり、楽しみを提供することができるとされ、ときには実際にそれを行った。シチリアを通過するとき、兵士たちは天文学者から借りた望遠鏡をのぞきこみ、煙を上げているエトナ山を眺めたり、海岸に集まって不気味なフランスの艦隊を不安そうに眺めているシチリアの人々の群れを見て笑ったりした。ジョフロワ・サンティレールは、直流電気の公開実験（化学反応を通じて電気を作り出す実験）を行ったほか、大きなサメを解剖して、水兵たちの知的向上を図ろうとした。解剖の最中、まだ生きていたサメが勢いよく跳ねて尾をたたき、五人の水兵をなぎ倒したすえ、ナポレオンに血を浴びせた。そのサンティレールがあるとき、べつの船に使者として向かおうとしてボートに乗り移るのに失敗し、海に落ちて溺れかけたが、この光景は少なくともサメの体内器官と同じくらい兵士たちを面白がらせた。

サンティレールは海の旅を楽しんだ。不満は何もなかった——とくに食事については。ただ彼は、自分を含めて多くの男たちがしばしば舷側から海に転落するのを見て驚いた。彼はパリにいるジョルジュ・キュヴィエに宛てた手紙のなかでこれに触れ、「船隊の航海がこれほど危険で不快なものだとはだれも想像できないでしょう」と書いている。

　こうした深夜のサロンや、昼間の船上の楽しみ、そして船酔いに影を落としたのは、死の恐怖であった。望遠鏡が水平線上のしみをとらえるたびに、ナポレオンと将軍たちは、イギリスの提督ホレーショ・ネルソンが最強のイギリス海軍を率いて近づいているのではないかと思った。軽率にも、遠征隊の武器弾薬類が旗艦オリアン号一隻だけに詰めこまれていたため、ナポレオンの船で航海していた人々は、他の船よりもいっそう神経過敏になっていた。ほんのわずかなきっかけ――たとえばときどきあったように、艦隊からはずれた何隻かのフランス船の船影を見たときなど――でも、船上は大混乱に陥った。兵士たちはあわてふためいて大砲に急いだ。不安と大騒ぎに包まれた艦上で、科学者たちもまた、消火ホースを引っぱった。

　海上で二二日間過ごしたあとで、フランス艦隊はマルタ島に到着した。軍備・人数ともに劣勢のマルタの騎士団に対してフランス軍は簡単に勝利を収め、島を占拠した。ナポレオンがこの島を選んだのは、エジプトを占領したあと、地中海におけるフランス船舶のための戦略上の足がかりとするためであった。十字軍に遡る宗教軍事騎士団であるマルタ騎士団の降伏に際しては、化学者グループの年長メンバーの一人、五十歳の地質学者デオダ・ド・グラテ・ド・ドロミューが交渉の任に当たった。研究の舞台であったドロミテ山脈にその名を留めるドロミューは、たまたまマルタ騎士団の一員だったのである。彼が二歳のとき、両親は彼をその騎士団に入れた。ナポレオンは、ドロミューに対して騎士団の降伏の交渉に当たるよう命じた。ドロミューは不本意ながら従ったものの、この決断はやがて彼を苦しめる結果を生む。一年もたたないうちに騎士たちはドロミューに復讐を果たした。彼を捕え、投獄したのである。ナポレオンが自分に騎士団を裏切る行為を命じたことを、ドロミューはけっして許さなかった。

フランス人たちはむろん最初は解放者の役割を果たした。彼らはまず、マルタ島に囚われていた奴隷を解放した。そのほとんどがトルコ人とアフリカ人だった。それから彼らは宝の山を船に積みこんだ——コイン、美術品、銀器、宝石をちりばめた武器など、五世紀にわたって貯めこまれた戦利品の数々。なかには五〇〇万フランの価値のある金塊もあった。しかしながらマルタ島は、遠征隊の資金のための宝物を補給するたんなる中継地点にすぎなかった。軍勢が船に戻ったとき、ナポレオンはようやく、彼らの真の目的地を発表した。

さまざまな噂や疑いにもかかわらず、兵士の大部分と科学遠征隊の多くのメンバーは、それまで自分たちがどこに向かっているのか知らなかった。六月二十二日、ナポレオンはすべての憶測に終止符を打った。彼は艦長たちに命じて、各艦の兵士たちに向けて布告を読ませた。「兵士諸君に告ぐ。これから向かおうとしている征服事業は、世界の文明と貿易に計り知れない影響をもたらすものである！　諸君はイギリスにきわめて大きな打撃を加えることになる。そしていずれは相手の息の根を止めることになるのだ。」

フランスが危機的状況にあるこの時期に、ナポレオンが三万四〇〇〇人の兵士をエジプトに率いつつあるという事実を知っても、若き将軍の熱狂的なファンたちはだれひとり動揺しなかった。民間人も同じだった。革命後の最初の偉大なるフランスのヒーロー――生きている神話――に対する人々の信頼はきわめて高かったため、科学者たちもまた、兵士たちと同様、彼の軍事的意図に疑いを抱かなかったのである。

いまようやく、航海者たちは自分たちの目的地について思いめぐらすことになった。彼らにしろ、彼らの将軍にしろ、それについて知っていることといえば、古代の神話とヨーロッパ人の紀行文を土台にして、さまざまな誤解の糸で織りなされたタペストリーだった。ナポレオンはイタリアを去る前、ミラノの図書館からエジプトと中東に関するすべての本を持ち出した。それらの本に書かれた知識こそは、一八〇〇年当時のヨーロッパのエジプトについての理解の大半なのだった。

ギリシャ・ローマ時代のテキストが、エジプト理解の基礎であった。最古のエジプト紀行文は紀元前五世紀のギリシャの著述家、ヘロドトスのものである。彼は、その時点ですでに二〇〇〇年以上も昔に遡るファラオのエジプトについて書いた。ヘロドトスが旅したころ、その古代文明はすでに衰退していた。ヘロドトスはまた、エジプトの動植物と地誌を分類整理した。遠征のフランス人たちが、行く手に待ちかまえるものの情報源として頼ったのは、この報告であった。

長年にわたり、多くの著述家がエジプトについて思いめぐらしてきた。プラトンはファラオのエジプトを、人間の文化の根元と見なし、その人々が文明の黄金時代にいたと考えた。中世のアラブ人とルネッサンス期のヨーロッパの学者たちは、エジプト人は失われた深遠な知識を手にしていたと考えていた。

最近になって数人の勇気あるヨーロッパの旅行者が、当代のイスラム諸国について詳細な――感情に走りすぎるきらいはあるものの――観察を行った。その結果人々は、古典と現代の報告を一緒に混ぜあわせ、現実――砂漠、古代遺跡、イスラム教徒――に忠実な、けれども幻想的な――ミイラ薬〔古代ミイラの粉末から採った傷薬〕や失われた魔術、夥しい黄金、絹、香料、さらにはルビーをちりばめたサーベルによって生き、また死ぬ男たちによる支配――イメージを作りあげることになった。

アレクサンドリアに向かって航海をつづけながら、ナポレオンの心の中には、この時代のエジプトに関する二つの異なる報告がせめぎあっていた。ひとつは、一七八〇年代に旅行記作家のクロード＝エティエンヌ・サヴァリーがエジプトから帰国して書いた報告であり、かの国について好意的な（見くだしたところはあるものの）見解を示すものだった。そこには「ムハンマドによって約束された静謐な庭園」をデルタの町、ロゼッタで見つけたと書かれていた。「ここでは、トルコ人（ヨーロッパの人々は巨大なオスマントルコの全住民をトルコ人と呼ぶ傾向があった）は、一日じゅう、ジャスミンと琥珀のパイプを吸って過ごす。芳香につつまれ、ほとんど何も考えず、野望ももたない。わたしたちの特性の本質である活動は、彼にとって未知のものだ。自然が提供するもの、日々が差しだすものを、彼は平和に楽しむ――明日を思い煩うことなく。」サヴァリーの官能的な悦楽の庭には、ナイルの川岸で水浴びする裸の美女の姿もあった。

ナポレオンはまた、べつの旅行記作家の書いたものを読んでおり、その著者と直接会ってもいた。コンスタンティン＝フランソワ・ド・シャスブフ・ド・ヴォルネという長い名前をもつこの人物の書いたものは、サヴァリーのより批判的であったが、それでもその陰気な文章には、旅行画家のルイ＝フランソワ・カサスの手になる幻想的な挿し絵が添えられていた。カサスの挿し絵は東洋の極楽《ニルヴァーナ》の図であり、復元された遺跡で優美な少女がオベリスクと椰子の木の蔭で水浴びをしているさまが描かれていた。

一七八〇年代にエジプトを訪れたヴォルネは、フランスの読者の頭から、絹とスパイスの幻想を解き放った。ヴォルネ自身がかかった病気と、フランスの商人を襲撃する住民の話が、ファラオの土地についてのあまり楽しくないイメージを作り出した。

エジプト出発前の冬、ナポレオンはヴォルネと長時間にわたって話をした。ヴォルネによると、フランス商人たちは自宅監禁に近い状況で住んでいるということだった――「商人たちは生命と財産の危険にさらされながらカイロにとどまっております。」ヴォルネのこの情報は、エジプト侵略にもうひとつの口実を提供した。「商人たちは隔離された場所に閉じこもって暮らし、ほとんど外部と接触せずに自分たちだけで生活している。フランク（十字軍以来、エジプト人はすべての西欧人をフランクと呼んでいた）という名前だけで住民から嫌われており、その侮辱を受けないために、できるだけ外に出ない。」

ヴォルネのこの悲観的な見解も、将軍が東方世界に対して抱く幻想を消すことはなかった。むろんナポレオンが最悪の事態を予期していなかったはずはない。だが夜、彼の船が地中海の波のあいだを揺れながら進んでいくとき、将軍はほかのヨーロッパ人と同じように、エジプトについて非現実的な思いをはぐくんでいた。少年のころから、彼は東方世界にあこがれを抱いており、オスマン帝国を舞台にした短い物語を書いたほどであった（フランスの兵士たちがハーレムに囚われた奴隷の女性たちを勇敢に救出する活劇である）。青年将軍となり、国民的英雄としての生活を楽しみながらも、彼は自分をアレクサンドロス大王になぞらえ、世界征服者となることを考え始めていた。むろんアレクサンドロスの最大の勝利はオリエントの征服なのだ。

幻想にふけっていたのはナポレオンだけではなかった。遠征隊のメンバーのだれもが、同じ異国のテーマをめぐって、それぞれ異なる幻想を心に抱えていた。科学者たちでさえ、海上で過ごした最後の何週間かのあいだ、どうしようもない退屈な時間のなかで、肥沃な土地、壮大な遺跡、古代の柱、そして古代の知識の詰まった図書館などについて、想像をほしいままにした。彼らの好奇心をかき立てたエジプトは、古代の遺跡の土地であって、イスラム教徒のアラブ人とアフリカ人の住む衰退しつつあるオスマン帝国の周辺領土ではなかった。航海の最後の何日間か、船がマルタから南東に向けて航海していたときに、彼らの心の地平にきらめいていたのはそれであった。

その幻想はたちまち砕け散った——伝説の港町アレクサンドリアを見たその瞬間に。

第2章
幾何学者と化学者

われわれが到着する最初の都市はアレクサンドロス大王の創建によるものであり、歩を進めるごとに羨望をかき立てずにおかぬ対象に出会うことになるであろう。

ナポレオン・ボナパルト 一七九八年六月二十二日
エジプトに向けて航行中の軍隊への最初の布告

モンジュはわたしを愛人のように愛した。

ナポレオン、彼の幾何学者が寄せた無条件の賛美を回想して

アレクサンドリア、一七九八年七月

七月一日、午後四時、最初にひとつ声が上がった。つぎにべつの声が上がり、それから三〇〇隻の船からのコーラスに変わった――「陸だぞ！」はじめて見たエジプトは、全員を喜びと期待と、そして恐怖で満たした。男たちは夢中になって望遠鏡に手を伸ばし、古典時代の学識と悦楽に満ちた古代の首都を見ようとし、目を細めてレンズをのぞきこんだ。午後の太陽は海面にぎらぎらと照りつけ、最初は人々の目をくらませた。やがて目が慣れてきたとき、レンズに映ったものは彼らを混乱させた。伝説の文明の源流であるエジプトの最初の光景が、これですべてということがあり得

ようか?

水。砂。そして生気のない町の背景には巨大な白い空間が広がっていた。

だが、幻滅に打ち沈んでいる暇はなかった。彼らは死の危険に瀕していたからである。アレクサンドリアの砂浜は長く彎曲し、細長い帯状の土地が海に伸びている。この鉤爪になった陸地と陸地のあいだで、地中海がわき立ち、のたうち、水中にほとんど隠れた巨大な岩の上に白いしぶきとなって崩れ落ちる。今日でも、この海をよく知っている漁師たちは、荒波のなかで船を操るのに苦労する。海底の巨大な花崗岩の尖った角は、大波と大波の合間にほんのときたま表面が現れるだけで、漁師たちはそれをかろうじてかわしながら船を操っていく。大昔からこの湾はつねに危険をはらんでおり、古代の人々は船の航行を守るためにここにファロスと呼ばれる灯台を建てた。これは世界の七不思議のひとつに数えられていた。今もなお、海底には何世紀にもわたる難破船の残骸が散らばっている。そのなかには、二〇〇年前のフランスの艦船の残骸も眠っているのだ。

乗組員、兵士、将軍、そして科学者――その全員がはじめて見たエジプトに、ある不安を感じた。それは荒海や迫りつつある嵐、あるいはまた、エジプトの防衛者であるマムルークの騎馬戦士との戦いが確実に近づいていることへの不安だけではなかった。このとき兵士たちが見たものは、失望と、さらに悪いものの始まりだった。古代のもっとも有名な伝説的都市のひとつであるここ、アレクサンドリアで、地平線にたたずむ崩れた建物の群れを見ながら、ドノンのとなりに立っていた兵士が仲間に軽口をたたいた――見ろよ、あれが、ナポレオンがトゥーロンで約束した六エーカーの土地だとさ。

だが科学者たちは、ほとんど興奮を抑えきれなかった。小型望遠鏡を通して彼らは、陽炎《かげろう》のようにちらちらと光るアフリカの海岸を見た。アフリカ――見たこともない動植物と人々がいっぱいの未知の大陸。

一七九八年の冬、ベルトレが航海に同行する一五〇人の科学者を集めるまでに、ちょうど二カ月かかった。相棒のモンジュがまだイタリアでナポレオンのために仕事をしていたために（仕事のなかにはヴァチカンからアラビア語の活字一式と印刷機を接収することも含まれていた）、この物静かな化学者が全般的な編成の任に当たっていた。パリのふたつの主要な大学のリーダーと協力して、ベルトレは個人的に学者たちの多くを勧誘した。仕事は驚くほど簡単だった。とくに学生たちは、英雄に従ってこの遠征に参加することを熱望した。あまりにも志望者が多すぎて選ぶのに困るほどで、その結果、粒よりの人材が手に入ることになった。もっとも優秀な学生たちと、もっとも創意に富む教師である。

数人が彼の要請をはねつけた。当時のフランス最高の博物学者であったジョルジュ・キュヴィエは、誘いを断った。学者としてフランスにいるほうが自分にとって利益になると――おそらくは正しく――判断したのである。「そのときわたしは最高のコレクションをもち、科学の中心にいた」と、彼はのちに説明した。「そしてわたしは、ここでこそ最良の仕事ができると確信していた。最高に実りある航海に赴くよりもここにいたほうが、より明晰で系統的な研究ができるのであり、より重要な発見が生まれるはずであった。」キュヴィエは自分のかわりに若い植物学者のサヴィニーを送りこんだ。

将軍の要請に応じたサヴァンたちは、その神秘の遠征を冒険と職業的機会との両方の観点からとらえ、それを歓迎した。パリはフランスにおける科学の中心だったが、一七九八年当時、野望に満ちた若者たちにとってこの町はほとんど何ももたらさなかった。一七九〇年代はじめの自由、平等、友愛の流血の爆発のあと、国は荒廃しきっていた。不景気、食料不足、無価値になった通貨、そして戦争が国を押しつぶしていた。混乱した弱体の政府はこうした事態を何ひとつ改善できなかった。パンはまだ配給制だった。パリの街路は、もはや血糊に彩られてはいなかったにせよ、ほとんど無秩序な状態だった。山賊が地方の旅人を襲い、町ではギャング同士が衝突した。

それでも知的な面では、革命後のフランスはいまだに活力があった。ただし革命の前と後では、その姿は完全に変えられていた。機知に富んだ冗談やひやかしが芸術の域にまで高められていた革命前《アンシャンレジーム》のサロンは、姿を消した。貴族の知識人は殺されるか、あるいは逃亡していた。そして生き残った、あるいは戻ってきたメンバーはすっかり変わってしまって、二〇年前のサロンの常連のニヒリスティックな名残りとなっていた。客間に集まって哲学を論じるかわりに、彼らは舞踏室で堕落した饗宴に興じた。そこに集う人々は、身分が低かろうと高かろうと、高級娼婦だろうと貴族だろうと、全員が心のなかにただひとつの目的をもっていた——それは「忘れ去ること」であった。

革命は一時的に教育を途絶させ、学校教育の方式を変え、エジプト遠征に参加した若い学者たち全員のキャリアに影響を及ぼした。革命前、フランスの学校はほとんどがカトリックの聖職者の経営になるものだった。中流の学問好きの少年たちは、聖職者をめざした。革命はカトリックの学校を閉ざし、同時にその選択肢をもなくした。司祭や修道士は追放され、降格され、新しい世俗的教育システムがまだ具体化しないまま、学校はほとんど機能しなくなった。開いている公立の小学校では、新しい教理問答《カテキズム》がこの国の子供たちに教えられていた――「魂とは何か？　わたしは知らない。神とは何か？　わたしは知らない。」

聖職者を追放し、教会の土地を国有化して、フランスは公式に神なき国となった。かつての聖人の祝日は、いまや宗教と関係のない新しい祝日にとって代わられた。そのなかにはなんとも不気味な国王処刑を記念する祝日もあった。国が理性の祭壇を礼拝している今、ナポレオンのような人々のために精神的ガイドの役割を果たしたのが科学者であった。新しい共和国は、思想および行動の人を求めた――探求し、発明する人間である。今日のような専門分野に分かれた科学の時代は、まだ何十年もあとのことだったが、十八世紀のディレッタントの科学人――貴族のアマチュア――はあっというまに舞台から退き、過去の否定された旧制度《アンシャンレジーム》の遺物になっていた。科学はより複雑で精巧になり、そのメソッドはいまだに粗削りとはいえ、厳密な実験の重視とともに現代科学の様相を見せ始めていた。

革命はパリを修羅の巷に変えたが、それでもフランスは科学については依然として世界の指導的立場にあった。革命のあと、科学者たちはすでに、国が定める新たな計量システムとしてメートル法を発明していた。これは王政とつながりのある封建的で不正確な度量衡システムに代わるものであった。革命党員たちはまた、「時間」それ自体をも再定義し、古いユリウス暦をその宗教的祝日とともに捨て去り、かわりに自然と農業のリズムにもとづいた、より無宗教的で、より近代的な暦で置き換えた。一年の始まりは収穫時とされた。新しく名づけられたヴァンデミエール(葡萄月、ほぼ葡萄の収穫月に当たる)に始まり、それにつづいて、ブリュメール、フリメール、そしてニボーズ(ほぼ霧、霜、雪に当たる)といった寒冷な月がつづく。一年は夏の末、フリュクティドール(実り月、ほぼ果物の実る月)で終わる。科学者たちがエジプトで過ごした全期間を通じて、これらの新しく名づけられた月が生活の単位となった。

一七九八年のパリでは、ふたつの主要な高等教育機関――生物科学のための自然史博物館と、数学者、物理学者、そして工学者のためのエコール・ポリテクニーク(世界最初の理工科学校)――が非宗教的な科学者のための未来を約束していた。フランス学士院は、知的専門職のアカデミーで、この国の最高の頭脳が入会を認められた。革命前、これは王立科学アカデミーと称されており(芸術と学問に関する四つの王立アカデミーのひとつ)、いまだ厳密な規準を掲げて、懐疑論、分類法、そして実証可能な証明に専念していた。

遠征に志願して加わった民間人たちは、フランスに栄光をもたらすのを助ける役目を負っていた。それゆえ科学者仲間もまた、熱心に彼らをサポートした。戦争で荒廃し、窮乏したパリで、べルトレは膨大な巡回図書館を作り上げ、研究や実験のための巨大な器具や設備を徴発した。そのコレクションには、パリ最高の理工科学校、エコール・ポリテクニークの実験器具全体が含まれていた。パリの器具製造者は、彼らの工房にあるすべてのガラス、鋼、真鍮、そして木製の道具を遠征隊に引き渡した。最終的にそれらの器具や装置は一隻の船の船倉全体を占めた。博物学者たちのためには、解剖用メス、ガラス瓶、アルコール、顕微鏡、拡大鏡。画家とエンジニアのためには絵の具、鉛筆、筆、そして紙。天文学者のためには望遠鏡。地図製作者のためには何トンもの計測・測量器具。

学生たちもその教師も、遠征の目的地が公的に秘密であることに、怖じ気づきはしなかった。固定給が支払われる本職の科学者は、著名なまとめ役たちの存在と、将軍に近づけるという期待によって、目をくらまされていた。国を留守にしているあいだも、自分たちの地位は守られると、彼らは確信していた（時がたつにつれ、その確信はゆらいでいった）。学生たちのほうは、たとえ失敗しても失うものはより少なかったから、ひたすら旅と冒険の夢を追った。

歴史家によれば、トゥーロンから出航した五万人のうち、公的にその目的地を知らされていたのはおよそ一五〇〇人だけだったという。乗組員の大部分と、地位の低い民間人たちは、ナポレオンが旅の最終的行程について発表するまで、自分たちがどこに向かうのか、知らされていなかった。

それにしてもこの秘密の遠征にフランスの知的エリートたちを動員するに際しては、すべてがまったく秘密というわけにもいかなかった。したがって文民のほとんどは、契約に署名する前に最終目的地をかなり推定できていた。四月一日、小艦隊がトゥーロンから出航する一カ月以上も前に、パリの「ル・モニトゥール」紙は、最高の科学者たちが、「別の世界にある目的地」に向けたなんらかの軍事的科学的遠征に参加しつつあると報じた。現実にこの新聞は数週間後に、噂されている目的地をはっきりと名指した――「彼らはエジプトについて話している。」自然史博物館では、目的地は秘密でも何でもなく、キュヴィエはジョフロワ・サンティレールとサヴィニーをおおっぴらに、「われらがエジプシアン」と呼んでいた。学芸委員会のために集められている本を見て、サンティレールは出発前から目的地がどこか確信していた。「パリを去るとき、彼はシリアとエジプトを科学的に探検する覚悟をしていた」と、息子のイシドールは伝記に書いている。

ますます激しさを増す嵐のアレクサンドリア湾で、船団が荒波にのたうち、激しく揺れているなか、サヴァンのなかでひとりモンジュだけが、ただちにアレクサンドリアを襲撃することを提案した。この幾何学者はフランスの栄光に熱狂し、自分にとっての英雄であるナポレオンを喜ばせようと夢中だった。先頭に立って突撃しようとする彼を、人々は押しとどめた。他の学者たちにとっては、差し迫った闘いの予想は酔いを醒ます効果をもった。夕闇が落ち、艦隊が湾のなかで命令を待って上下に揺れているとき、画家のドノンは望遠鏡をのぞいて朽ちた町の輪郭を眺め、古代伝説に描かれた偉大な都市と比べていた。わずかにある庭園のナツメヤシの木々のあいだに、彼は光塔《ミナレット》〔イスラム教寺院の尖塔〕とポンペイウスの柱のシルエットを見た。町を取り巻く砂漠のなかで、これらの建造物はエジプトの船乗りと遊牧民にとって古代からの陸標であった。「わたしの想像は過去へと遡った。」彼はのちに書いている。「わたしは自然に対する芸術の勝利を見た。アレクサンドリアの天才は、商業の助けを借りて、不毛の海岸に、壮大な都市の基礎を据える。プトレマイオス朝の王たちは芸術と科学を招聘し、あの図書館の蔵書を集める。野蛮な行為がそれを滅ぼしつくすまでに夥しい年月がかかった。」恍惚として、ドノンはこう結論する――「かつてここで栄光の帝国が享楽の帝国の犠牲に供されたのだ、わたしはそう口にした、クレオパトラ、カエサル、そしてアントニウスに思いを馳せて。」

夜が落ちると同時に、黒い雲が襲ってきた。深夜、激しく打ちつける雨に稲妻だけが暗闇をつんざくなか、アレクサンドリアのフランス領事が小舟で艦隊を訪れ、きわめて悪い知らせをもたらした。ほんの三日前、イギリス艦隊がこの海域に現れており、いつなんどき戻ってくるかわからないというのである。

報告を聞いたナポレオンは、もはや嵐が過ぎるのを待って時を無駄にすべきではないと決断した。彼は部下たちに、逆巻く波の海から上陸するよう命じた。何千人もの兵士たちが、暗闇に激しく揺れる梯子とロープを伝い、舷側を降りてボートに乗り移った。轟く雷鳴と稲妻の閃光のなか、そそり立つ水の壁がボートに叩きつけた。その一晩で、多数のボートが転覆した。溺れる者たちの叫び声はその夜のあいだじゅうつづいた。なんとかボートに這いこんだ人々はすさまじい船酔いに苦しんだ。

四時間ものあいだ波のうねりにもまれたすえ、全身ずぶ濡れで船酔いにやられた兵士たちを詰めこんだボートは、ようやく海岸にたどりついた。海が荒れて、大型のボートでも錨を降ろすことはできなかった。ドノンはフリゲート艦〔三本マストの木造快速帆船〕の高い場所からこの活動を眺めていた。「小さなボートが、艦船から降りてきた人々を一人ずつ手当たり次第に受け取る。そしていっぱいになったあとは、波がいつなんどき彼らをさらっていくかもしれず、あるいは風のなすがままにたがいに押しやられていくのだった。」

ボナパルトはこの上陸作戦に彼の「生ける百科事典」を参加させず、彼らを一隻の船に集め、危険が去るまで何日も湾内に待機させておいた。だが科学者たちにとって不幸だったのは、ベルトレがあれほど細心にパリで集めた器材のすべてを載せた船艇が、その晩、湾内で沈没したことだった。望遠鏡、顕微鏡、解剖用のメス、植物学者の画紙、博物学者のための標本、測量技師の器具――すべてが海底に沈んだ。民間人にとって致命的なこの事件は、その後の海戦で起きたさらに大きな災厄の前兆だった。まもなくフランス海軍の無能さが、人々の生命と装備により大きな犠牲をもたらすことになる。

悪夢は夜明けとともに終わりを告げた。空が薄紅色に染まっていくころ、幸運にも命拾いをした兵士たちは、海岸で体を乾かしているか、だいぶ穏やかになった海から這い上がっている最中だった。すでにぎらぎらと燃える太陽の下で、白い長衣を着た数人のアラブ人が遠巻きに彼らを眺めていた。何百個もの真鍮の樽が、日光にきらめき、ずぶぬれの馬の大群が海岸であとずさりし、いないていた。男たちは砲などの武器や用具類を積み上げ、小山を築いた。さまざまな色の重い服を着た西欧人《フランク》が動いているさまを見ているアラブ人たちの様子は、怖がっているというよりはむしろ面白がっているようだった（十字軍以来、エジプト人は西欧の人間はみんなフランクと呼んでいた）。何人かはきわめて颯爽としていた。一人の威勢のいい騎兵士官などは、ピンクのズボンに羽根、襞飾り、そして黄色の上着という文句のつけようのない格好で海から現れた。エジプト人たちにもっとも警戒心を抱かせたのは、緑の制服を着た猟騎兵《シャスール》だった。イスラム教徒にとって、緑は昔も今も聖なる色であり、マホメットの真の子孫だけが身にまとうことができるとされる。目の前で口々に罵り声をあげ、体からびしょびしょ水を垂らしている西欧人たちが、マホメットの子孫でないことは確かだった。

一方のフランス人から見ると、海岸のアラブ人はどうやら自分たちの存在になんら感銘を受けていないようだった。実際、彼らはほとんど無関心のように見えた。侵入した軍勢にちらと目をやったあと、彼らはすぐさま自分たちの仕事に戻った。一日のその時間、彼らの関心はもっぱら朝の宗教的儀式に充てられていた。いま海岸の砂の上で、フランス人ははじめて、イスラムの真の信奉者がもつ超俗的な宗教心を目の当たりにした。ベルノワイエは、このときのことを書いている。大砲、男たち、馬、そして火器の類がとつぜん眼の前に現れたのを見ても、アラブ人がいっこうに驚いた様子もないことに彼は面食らった。一〇〇〇人を超える男たちが何トンもの物資をボートから海岸へと運んでいるあいだも、アラブ人たちは何ごともないようにその脇を通りすぎて波打ち際まで行き、そこで顔と体を洗ってから、着ていた服を砂の上にひろげ、その上にひざまずき、無言のまま東を向いて祈り、それから立ち去ったのである――侵入者に驚いた様子も見せずに。

サヴァンをはじめ、遠征隊の全員をつねに驚かせたのは、こうしたエジプト人の無感動とさえ見える態度だった。アラブ人が自分たちになんら関心を寄せていないことに彼らは当惑し、最後まで完全には理解できなかった。はたしてエジプト人が愚かなのか、好奇心を欠いているのか、それともたんに「不可解」なだけなのか、エジプト滞在のあいだじゅう彼らは議論しあった。

エジプトに着いた最初の日、フランス軍は海岸に沿って小屋を建て、断崖の上にある中世の白いカイト・ベイ要塞に司令部を設けた。この要塞は、一四八〇年、古いアレクサンドリアの灯台の地点にマムルークのスルタン、カイト・ベイが建てたものである。灯台の基礎の部分は、今日に至るまで水の下に残っている。

ファラオの時代の末期から、フランス人が到着したこの時点まで、多くの対抗勢力がエジプトをめぐって闘い、つぎつぎとこの国を占領した。ギリシャ人とローマ人が何世紀にもわたってここを占領したあと、アラブの支配が六〇〇年つづき、それからマムルークの支配に変わり、最後には名目上のオスマンの支配になって今に至っていた。マムルークたちは、海上からのオスマントルコの襲撃を撃退するためにアレクサンドリアに要塞を築いた。

石のトンネルと歩廊が曲がりくねる白い迷宮、カイト・ベイ要塞は壁の高さ五〇フィートで、いくつもの銃眼が穿たれていた。この砦に立って、ナポレオンは海上を探った。エジプトの内陸に集結しつつあるものが何であろうと、彼は心配していなかった。彼の歩兵連隊は、騎馬戦士をさばけるはずだ。彼の頭を占めていたのは、イギリスの帆船とヨーロッパの大砲の威力であった。目の前に見えているのはフランスの艦隊が海面に揺れている光景だけだったが、イギリス海軍がいつなんどきアブキール湾に戻ってくるかはわからなかった。あえてナイルの河口を通ってカイロまで遡航するのは、危険を求めにいくようなものだ。イギリス人との悲惨な海上の対決か、カイロまでの苦しい砂漠の行進か、二つの可能性を秤にかけたすえ、彼は、不名誉な敗北よりも熱射病による名誉の死を選んだ。彼は軍隊に対し、エジプトの首都までサハラ砂漠を通る五日の行軍を命じた。

ひどく急いでいたため、将軍は糧食や水のような細々したことには留意しなかった。だが彼は、兵士たちにコーランのフランス語訳を与えるのだけは忘れなかった。科学者たちはその苦しい行進に参加するのを免除された。だがモンジュとベルトレの二人にだけは、ナポレオンと並んで馬で軍の先頭を行く名誉が与えられた。いつものことながら彼らは、この名誉を辞退することはできなかった。

一七九八年七月八日、将軍と、彼の熱意にあふれた幾何学者と物静かな化学者の三人を先頭に、山岳部隊用の毛織りのユニフォームを着た三万人の兵士たちは、燃える砂の海に一歩踏み出した。アレクサンドリアを出てまもなく、熱は兵士たちの靴底から侵入した。帽子の下で頭が燃えていた。男たちはばたばたと倒れ始めた。彼らははじめてある事実を理解し始めた。ヨーロッパの人々が理解しようにも理解できない事実——太陽はそれだけで人間を殺せるのだ。

まだまっすぐ前を向いて進んでいく力が残っていた兵士たちをもっと苦しめたのは、これまたヨーロッパでは知られていないべつの現象だった。前方に広がる灼けつく世界のはるか遠くに、彼らの眼はちらちら光る湖や椰子の木、そして家々までもとらえた。水だ！ 彼らは歩みを速め、よろめきながらそこに向かう。だが近づくとその楽園はしぼみ、退いていくのだ。

第一日目に、彼らは「燃える気体を呼吸」しながら太陽が沈むよう祈ったと、行進に加わったベルノワイエは書いている。だが夕闇が下りてきても、休息はなかった。夜は比較的気温が低いため、ナポレオンは軍隊に行進をつづけるよう命じた。夜明けとともに、第一日目と変わらない一日が始まった。「わたしは兵士たちにまじって歩いた。膝は弱って痙攣し、ねっとりした泡が唇を覆い、喉は詰まり、息が止まりそうだった」とベルノワイエは書いている。「このように悲惨な状態のなかで、われわれは目の前に見えてきた大きな水場までたどりつこうと必死に進んでいった。だが一歩進むごとに、その貴重な水は逃げていき、距離はけっして縮まらないのだった。われわれはくりかえし希望を与えられ、くりかえし欺かれた。絶望がわれわれの心を支配し、行進の歩みは遅くなった。」

時間がたつにつれて、兵士たちは無感覚になった。仲間の文句やうめき声も彼らの耳には聞こえず、そばを歩いていた者たちが熱射病にやられて地面に倒れ、死んでいくのにも気づかなくなった。「ほとんど足下で仲間たちが倒れるのを見ても、なんの感情もわかなかった。心は自分の苦しみでいっぱいで、人間らしい感情が入りこむ余地はなかった」とベルノワイエは書いた。

外科軍医監のドミニク・ラレーは、砂漠に入った兵士たちの最初の集団に同行していた。「燃える太陽の下、それよりさらに熱い砂の上を、恐るべき不毛の広がる巨大な平原を越えて徒歩で行進していると、兵士のなかでもっとも強い者までが渇きに消耗し、熱にやられ、両腕の重みに耐えかねて倒れていく。その不毛な平原では、水といえば腐敗した水――汚くぬかるんでまるで固体のようだった――だけで、それもくぼみの中にわずかによどんでいるのが、ほんの時たま見つかるだけだった。蜃気楼《ミラージュ》の作用で遠くに見える湖の眺めは苦しみの終わりを約束するように見えたけれども、それはただわれわれをいっそう苦しめ、勇敢な仲間たちの多くが極度の衰弱で倒れていくという悲惨な事態を生むだけだった。彼らのもとに呼ばれてももはや手をつくすすべもなく、わたしはただ多くの者が極度の疲労によって死んでいくのを見た。そのような死に方は、平和で快くさえあるようだった。生の最後の瞬間に、彼らの一人がわたしに言った――言葉にならないくらい気持がいい、と」。

試練は五日間つづいた。正確な数は明かされていないが、何百人もの兵士が熱射病で死に、あるいは自殺した。

馬に乗ってナポレオンとともに先頭を進んでいた幾何学者のモンジュと化学者のベルトレは、究極の科学者だった。彼らは前を見すえ、あるいはベルトレの場合は足下のアルカリ性の土壌を見つめ、背後で崩れ落ちていく男たちを見てはいなかった。この二人は岩石、動物の骨、砂から突き出す遺物をもっと詳しく見ないではいられなかった。彼らはしじゅう立ち止まって調べ、ナポレオンも熱心に彼らに加わった。砂漠の旅がつづいていくうちに、渇いた男たちのなかには絶望にかられ銃で自分の頭を撃ちぬく者たちが出てきた。兵士たちはその怒りをついにサヴァンたちに向け、脅し文句や罵りの言葉を叩きつけた。

ベルトレは動じなかった。彼は自然に生じるソーダ石、ナトロン（天然のナトリウムの含水炭酸塩鉱物）の標本を集めた。これは古代の人々がミイラを乾燥させるのに使った砂漠の物質である。彼は、砂漠の周縁部にある枯渇したナトロン湖のそばにできている高度に濃縮した炭酸ナトリウムの結晶（結晶ソーダ）を興味をもって注目した。馬を進めながらベルトレは、こうした支配的な自然条件のもとで、土壌の上層部にある塩化ナトリウムが、近くの石灰岩の丘陵からの炭酸カルシウムと、正確にどのように反応してきたのかについて、推論し始めた。いま彼の頭の中では、自然の条件によって化学親和力が影響を受けるという理論が作られつつあった――たとえばエジプトの砂漠のような自然条件のもとで、自然の熱と炭酸カルシウムの高い濃縮が一緒になって、ソーダを作り出したように。何年かのち、フランスに戻ってから、この発見は物理化学の草分けの理論として認められた。

ベルトレのかたわらで馬を進めながら、モンジュは地平線上の視覚のトリックにいよいよ魅了されていった。燃える不毛の土地で野営しているときも、彼は馬から下りてノートを広げ、地平線上にちらちら光る「水」を調べ、地表で熱せられた濃密な空気がいかに視覚のゆがみを作り出しうるかという図式をスケッチした。彼はその蜃気楼《ミラージュ》の理論──語源はフランス語の動詞 mirer（目をこらして見る）──を、数週間後にカイロで仲間のフランス人科学者たちを前に発表した。彼の仮説は、現代の光学がこの現象を説明する理論に驚くほど近いものだった。

五十二歳のこの数学者は、遠征隊の兵士やサヴァンの大部分よりも三十歳は年長だった。だが、彼の熱意は年齢にそぐわなかった。エジプト戦役の初期のころ、フランスにいる友人への手紙のなかで、彼は熱狂的にこう書いている──「今ここにわたしはいる──アルゴナウテース〔英雄イアソンに従って金の羊毛を探しに大船アルゴで遠征した一行の勇士〕に変えられて！　これこそは、かくも長きにわたって闇に閉ざされていた国へ啓蒙のトーチを運ばんとしている、われらがイアソンがもたらした新たなる奇蹟なのだ。」

行商人の息子だったモンジュの成功は、革命後のフランス以外では、十八世紀のヨーロッパのどこにおいてもとうてい起こりえなかったであろう。一七四六年に生まれた彼は、空間の把握に早くから天才を示した。十四歳のとき、消防車を作った。十六歳で故郷のボーヌという小さな町の地図を、手作りの測量器具を使って作成したが、その地図の正確さに感銘を受けた軍の関係者が、少年を陸軍士官学校に入れるよう父親を説得した。モンジュの父親は同意したものの、息子の生まれの低いことが王政下では昇進の機会を阻むことに気づかなかった。

学校で、モンジュは実際的な汚れ仕事を陽気にこなした。当時の軍事教育でもっとも時間を食う部分のひとつは、要塞のすべての側面が直接照準射撃にさらされないための数学的なモデルを作成することだった。ある日のこと、モンジュは最初から長ったらしい計算をせずに、デザインプランを提出した。最初、指導教官はそれを見ることを拒否し、数学の計算をしなかったといって少年を折檻した。モンジュは、計算しなくてもすむべつの方法を見つけたのだと主張した。彼のプランを調べてそれが正確だとわかったとき、驚いた教授たちはこの生徒が、数学を作図の世界に適用するまったく新しい方法を発明したことに気づいた。モンジュはそれを秘密にすることを誓わされ、その後二〇年間、パリで公に教えるのを許されなかった。

画法幾何学として知られるモンジュの発明は、図形の二つの投影図——平面図と側面図——を作ることによって、ひとつの平面上に三次元の図形を表現する方法である。この単純な発明は、機械設計を根本的に変えた。

モンジュの発見は、革命後彼が設立に尽力したエコール・ポリテクニークにおける教育の基本のひとつとなった。モンジュは自分の仕事がもつ潜在的重要性を強く信じていた。「画法幾何学は、発明の才に富む人間にとって必要な言語である」と彼は書いた。ある科学史家が書いているように、モンジュはこの言語が、人間の知的才能を外部の現実の数学的構造と結びつけるうえで、「卓越した特質をもっている」と考えていた。

人間としてのモンジュは冷たい学者タイプではまったくなく、情熱的な闘士であるとともに、熱狂的な革命支持者だった。貧しい若者だったころ、彼は、ある貴族が自分を拒んだ若い未亡人を侮辱しているのを小耳に挟んだ。笑っている群衆をかきわけて、彼はその男の鼻面にパンチを見舞った。その女性は、のちにマダム・モンジュになった。

革命とそれにつづくいくつもの戦争のあいだ、国の兵器庫が空になったとき、モンジュは火薬と武器の備蓄を監督した。ベルトレとともに、彼は火薬の主要な材料であるチリ硝石を早急かつ大量に製造するのを助けるとともに、国民に対して弾薬のために時計やベルなど私財の拠出を要請した。

モンジュは革命政府の海軍大臣となった。まさに堂々たる肩書であり、フランスの海軍がどちらかと言えば無力な軍隊であったとはいえ、彼のように低い生まれの人間にとって大変な出世だった。その地位にいたとき、彼ははじめて若き士官ナポレオン・ボナパルトと出会った。そのとき彼は、まだ無名だったナポレオンのために行政手続きの面でちょっとした――だが明らかに記憶に残る――取り計らいをしてやった。何年かのち、将軍となったナポレオンはモンジュをイタリア遠征に招き、ローマとバチカンからの戦利品の持ち出しを監督する任務につかせた。それ以来、将軍とその幾何学者は終生の友となった。「モンジュは、愛人を愛するようにわたしを愛している」と、のちにナポレオンは語っている。若き将軍のほうも、年長の喧嘩っぱやい友人をおおいに愛していたから、二人が食事をともにするときなど、彼は決まって軍楽隊に命じて革命の国歌〈ラ・マルセイエーズ〉を演奏させた――「モンジュが大好きだから」というのがその理由だった。食事を始める前、必ずモンジュはその国歌に対して敬意をはらい、音楽に合わせて歌詞を怒鳴るのだった。

このようにナポレオンに心を捧げていたものの、当初はモンジュもエジプト行きをしぶった。結婚生活が崩壊するのを恐れたのである。ナポレオンの要請がイタリアにいる彼のもとに届いたとき、彼は年齢を口実にして、こう返事を書いた。「わたしはもはや若くはありません。どうかわたしを、閣下の才能を賛美し、閣下の仕事をたたえ、閣下の栄光を歌う人々のなかに置いてやってください」と。

オリンポスの神々にふさわしい賛辞にもかかわらず、ボナパルトはその断りの手紙を受け入れようとはしなかった、彼は返事を書き、もしモンジュがすぐさまバチカンのアラビア文字印刷機を携えて来ないのであれば、彼を捕まえに地中海からテベレ川に小艦隊を送ると書いた。パリにいたモンジュの妻は、夫が新たな遠征を考えていると知って怒り狂った。「なんて愚かなことをなさるのでしょう」と彼女はいきまいた。「その年齢《とし》で世界を走り回るなんて。あなたには良い妻と、あなたをやさしく愛する娘たち、そして十分な財産があるではありませんか！　あなたは殺されたいのですか！　どこに行くのかもわからず旅立たないで、あなたの人生の残りの日々を、今持っているものを楽しみながら、平和に過ごすことを想像なさったらどうなんです！」

モンジュはこの手紙を涙ながらに友人たちに見せ、それから妻に返事を書いた。自分はひたすらボナパルトに従うしかないのだと彼は説明した――ボナパルトがどこに彼を導くにしても。

無数の死をあとに残して、燃える砂のなかを五日間行進したあと、ついにフランス人たちは地平線上に視覚のトリックではない異様な光景を見た。それは馬に乗った何千人もの男たちだった。遠くから見ると、彼らは地平線上に描かれたカリグラフィーのようだった。ゆるく駆けるアラブ馬の上に、金と真紅の絹布をなびかせてゆったりとまたがる暗いシルエットだ。近づくにつれ、そのシルエットがじつは堂々たる体躯の男たちであることがわかった。事実、彼らは少年のときに特別に選抜された戦士なのだ。そのための専門家たちが、主に中央アジアとアドリア海にはさまれたユーラシアのステップ地域に見られる特別な血統を探し出し、少年たちの手足、歯、眼を逐一チェックした。なかにはアフリカの母親のもとから盗まれた黒人もいたが、ほとんどが白人で、青い目とみごとなブロンドの顎髭をたくわえていた。あるフランス人が書いているように、彼らは「美しい男たちであり、百合と薔薇の肌をしていた。」

一七九八年のカイロでは、人間の肉体の取引が、香料や馬の取引と同じようにごくふつうに行われていた。この町はアフリカ奥地から連れてこられた動物、原料、そして人間を売買する市場だったのである。黒人奴隷は、鎖につながれてナイル川から積み出され、あるいは砂漠を隊商によって運ばれた。女性の奴隷は一挺のライフル、男性ならば二挺のライフルと取引された。だが彼らはマムルークとは違っていた。マムルークは、奴隷の身分出身というだけのことだった。

マムルークの社会は極端に男性中心だったから、女性は夫や主人にとって魅力的でありつづけるためにごくふつうに堕胎を行い、ときには十代の少年のような服装をすることさえあった。新しいメンバーは、生物学的繁殖によるのではなく、奴隷として連れてこられた八歳から十歳までの少年たちによって補充された。少年たちはカフカスで買われ、戦士として訓練を受けた。彼らは「たがいに他人同士であり、一般に人と人を結びつけるあの自然の絆も彼らにはない。親もなく、子供もなく、彼らにとって過去は何ものでもなく、未来のためにも何もしなかった」と、ヴォルネは書いている。「彼らは頻繁に殺戮行為をくりかえし、どんどん残忍になっていく。」

ヴォルネの文章はマムルークを誇張し、ロマンティックな存在にしている。それにしてもヨーロッパ人が彼らのことを書こうとすれば、そうした衝動に逆らうのは容易ではなかった。彼らの外見と伝説とは、何世紀ものあいだ、ヨーロッパ人を魅了しつづけた。彼らが消え去ったあとも画家たちは、ターバンを巻き、馬に乗り、絹の布を風になびかせ、偃月刀《えんげつ》をかざしたマムルークをアラビアの象徴として描いた。身を焦がすすさまじい暑熱にも平然とし、豪華な衣服を身にまとった彼らは、まさに馬上の宝石箱だった。マムルークは財産を身につけて移動する遊牧の民の伝統に忠実だった。運べるだけの黄金、銀、宝石を身につけ、あるいは鞍の下に隠して、突撃するのである。儀式の際には、麻と絹のシャツをかさね、首からくるぶしまでの長衣を身につける。その上に真紅のサテンの袖無しの外套《クローク》を着、ベルトを締めて盛装するのだ。クロークは、ビーバーの毛皮で縁取られ、金の刺繍が施されており、そこに金のベルトを締める。その豪華な上着の下に、彼らはあざやかなヴェネチアンクロス織の巨大なパンタロンをはいた。パンタロンの片足分だけで、全身を包むのに十分な幅があった。

そのうえマムルークは武装しており、危険だった。子供のときから彼らは、歯のあいだに手綱をくわえて全速力で馬を駆りながら、剣の一振りで相手の首をはねる訓練を受けていた。戦うとき、彼らはイギリス製のカービン銃を携行した。最初にそれを発砲してから、その銃を片足の下にすべらせる。つぎにピストルを発砲し、そのピストルを徒歩でついてくる従者に向かって肩越しに投げ、弾をこめさせるのだ。そのあと彼らは椰子の枝でできた鋭い槍を投げた。そして最後に、宝石をちりばめた偃月刀の三〇インチの刃で敵と交戦する。このすべては、最高速度で馬を駆りながら行われた。

マムルークは遊牧の生活を尊重したが、カイロの町に対しては強い愛着をもっていた――一方でそこの住民たちを嫌悪し、強奪しながらも。

フランス人たちが到着したとき、エジプトは公式にはオスマントルコに属していたが、この国の日々の行政をコントロールし、また利益を受けていたのはマムルークであった。彼らは住民に重税を課すのとひきかえに、エジプトを外国の侵略から守ることを期待されていた。こうして彼らは十字軍を駆逐し、十三世紀には蒙古人をも駆逐した。この功績ゆえに、偉大なムスリムの学者であるイブン・ハルドゥーンはマムルークを「イスラムの救済者」と呼んだ。一二六〇年から一五一七年までのあいだ、彼らはバグダッドのアイユーブ朝とアッバース朝の一部としてエジプトを統治した。

一五一七年、トルコ人はマムルークをエジプトで破った。マムルークが敗れた原因の一部は、彼らが戦いの掟として攻撃に火器を使うことを自らに禁じていたからだった。（この掟は、フランス軍が彼らと対決した時代にはすでに廃棄されていた。）彼らはまた、昔ながらの刀を使った騎乗の戦闘を好み、近代兵器を遠ざけた。そんな彼らを、より優れたオスマンの大砲が木っ端微塵にしたのである。この戦いのあと、トルコ人はカイロに入り、何千人ものマムルークの首をはね、突き刺したマムルークの首で街路を飾った。だがその後一年もしないうちに、オスマンのスルタンはカイロのマムルークと折り合いをつけ、彼らを雇ってこの国を治めさせることにした。こうして彼らは、その後二七二年間、エジプトの事実上の支配者でありつづけた。

フランス人が到着したとき、トルコは名目上はこの国を支配していたが、トルコ政府はエジプトからは遠隔の地にあり、マムルークはカイロの税基盤のもっとも豊かな部分を搾取して、全住民の九〇パーセントを自分の土地の小作人として雇っていた。彼らはエジプトを二四の州に分割し、それぞれ二四人のベイ（州長官）に支配させて、アラブ人のそれとは別個の、自分たちだけの複雑な社会を作り上げていた。彼らは徴税人および代書人としてコプトのキリスト教徒を雇い、自分たちと支配する住民たちとのあいだに、付加的な緩衝装置を作り出した。

一七九八年までには、ベイたちの縄張り争いと現地のエジプト人による暴動によって、マムルークはきわめて弱体化し、深刻な衰退に直面していた。子孫の繁殖を拒み、メンバーの補充を少年を買うことのみに頼る弊害は言うまでもない。ロシアがカフカスを支配下に置いたため、その地域から新しく少年を買うことはますます困難になっていた。メンバー補充のため、徴募者は他の地域からの年長の男性奴隷――キリスト教徒のアルバニア人やギリシャ人を含めて――に頼った。ナポレオンが到着した時期にエジプトに住んでいたマムルークの数については、歴史家の間で意見が分かれている。ナポレオンとマムルークのあいだで行われたもっとも決定的な戦闘では、ナポレオンはわずかに一万二〇〇〇人か、おそらくはそれ以下のエリート騎馬戦士に直面したのだった。

一七九八年、マムルークのベイたちはまだカイロを支配しており、他の住民が飢えているにもかかわらず豪奢な宮殿を建てて暮らしていた。トップの座は、不安定ではあったが、二人のベイが分かちあっていた。イブラヒム・ベイは、「都市の長老」という尊称で呼ばれ、もう一人より二歳年上で、どちらかというと冷たく、学者風だった。ムラド・ベイの尊称は「巡礼の指導者」であり、イブラヒム・ベイより年下で、より派手だった。ムラドはギザのピラミッドに近い宮殿に暮らし、文学、音楽、そしてチェスの趣味にふけった。アラブ人の側からフランス占領を記録したエジプトの歴史家、アブドゥル・ラフマーン・アル・ジャバルティは、ムラドを複雑な快楽主義者《エピキュリアン》として描いている――戦いの仲間としては「厳しく、勇敢で、残酷な」男たちを好みながら、同時に親友としては文人や趣味人を選んだ人物として。彼は豊かな生活を楽しみ、ギザの宮殿での悦楽から離れることなく長い年月を過ごした。部下のマムルークたちに対して寛大だったことで有名だが、住民のエジプト人に対しては、前任者たちと同じように強奪して苦しめた。

エジプト遠征に参加したナポレオンの学者たちのほとんどの肖像を横顔で描いた画家のアンドレ・デュテルトルは、ムラドの肖像を彼の宮殿でスケッチした。そのスケッチは彼の鋭い表情、ふさふさした薄色の髭、ゆったり垂れた長衣をとらえている。『エジプト誌』の最後の巻に印刷されたその絵のなかのムラドは、手には馬の毛でできた扇（あるいは蠅たたき）を持ち、偃月刀をかたわらに置いて、たくさんのクッションにもたれた姿で描かれている。その背後のアーチ型の窓からはギザの平原が見えている。デュテルトルの肖像画には、ムラドの頬にある過去の闘いのしるし——長い青白い傷痕——は描かれていない。

フランス人がエジプトは簡単に占領できると考えたのには、筋の通った理由があった。フランス革命より何十年も前のルイ十四世の時代以来、カイロのヨーロッパ人旅行者や商人は、マムルークの税徴収人の略奪行為や社会システムにおける日常的な残虐行為を恐れる一方で、エジプトが本質的に無防備であり、占領の機が熟していると断言していたからである。

エジプト遠征に際してナポレオンは、この国が名目的にはトルコに支配されている点については、戦争計画のなかで大して問題にしていなかった。トルコ人に対しては、彼らのためにマムルークを根こそぎにしてやると説得すれば、問題は解決すると彼は信じていた。その説得のために政府は、いまだに「イギリス遠征軍」と称されている艦隊がアレクサンドリアに向かって航海しているあいだに外相をトルコに派遣し、フランスはスルタンと交戦しているのではないと保証することになっていた。だが外相はトルコには行かず、フランスにとどまったままだった。フランスによるエジプトでの戦争計画のことを知ったトルコは即刻、コンスタンティノープルのフランス領事を投獄し、フランスに対して宣戦布告した。ナポレオンが、トルコのエジプトへの愛着の強さを予測できなかったことは、彼の生涯のうちで最悪の誤算のひとつとなった。

マムルークの残虐行為というのが、ナポレオンがエジプト人に対してこしらえた侵略の口実だった。アレクサンドリア到着後の最初の布告は、アラビア語で印刷され、学僧たち（読むことのできる少数のエジプト人に含まれる）に配布されたが、そのなかでナポレオンはエジプト人に対して、フランス軍は彼らをマムルークから解放すると断言している。部下の将校たちに、コーランのフランス語訳を渡してアラブ人との共通の基盤を見いだすよう命じただけでなく、ナポレオンはトマス・ペインの『人間の権利』のアラビア語訳をエジプト人の学識層に配り、これによって（願わくは）アラブが潜在的にもっていると思われる革命精神を強めようとした。

ナポレオン麾下の無神論の兵士たちがマムルークと出会ったのは、カイロの西のラーマニエでナイル川の流れのゆるい支流の豊富な水にたどりついた直後のことだった。太陽にやられて頭の混乱したフランス人たちは、服を着たまま川に飛びこんだ。なかには武器の重さでたちまち溺れた者もいた。彼らはヒルだらけの水をがぶがぶ飲み（このときの恐ろしい顚末についての詳細は、公的医療報告として科学団の記録にとどめられている）、カヌーのような大きさのワニと格闘した。水から這い出ると、兵士たちはスイカをがつがつ食べた。目に入った食べ物は唯一それだけだったのだ。たちまち彼らは、はじめての赤痢にやられた。まだ力の残っていた男たちは、この川べりで戯れ歌を作った。士官も兵士も、男たちみんなの気分を物語る歌だった。

ナイルの水はシャンパンじゃない！
どうして遠征《カンパーニュ》をやりたがる？
キャバレーのない国で

この場所で、彼らはついに敵を見た。最初それは、またもや地平線上の蜃気楼かと思われた。これもまた目の錯覚なのだろうか。だがそのとき、太鼓の音が轟いた。トランペットが響きわたり、高らかな詠唱がつづいた。一万二〇〇〇人のマムルーク戦士――エリートの全員――が、何千人もの歩兵や従者らを従えて、異教徒と相まみえようとしていた。彼らはいっせいにアラーの名を呼び、戦って死ぬ忠実なイスラム教徒に約束された永遠の命への期待に、心を集中していた。*

遠方に輪郭を見せるピラミッドを指さして、ボナパルトは叫んだ。「兵士諸君、あのピラミッドの頂きから、四〇〇〇年の歴史が諸君を見下ろしている！」考古学者が決定する半世紀も前に、なぜナポレオンがこれほど正確にピラミッドの本当の年齢を推定できたのかは、ナポレオン伝説にまつわる謎のひとつである。フランス軍兵士は、密集し長く伸びた方形陣を作り、マムルークの突撃を待った。

それにつづく衝突は短く、流血に満ちていた。マムルークはこれまで一度として、このような戦術的展開を見たことがなかった。方形陣と、フランスの優れた武器の前で、彼らはまったく無力だった。ムラド・ベイは部下に対して、フランス軍に突撃し包囲せよと命じていた。フランス軍はマムルークが五〇歩以内の所まで近づくのを待って発砲し、波状攻撃で敵を殺した。両陣営はときに非常に接近して闘ったので、フランス軍のマスケット銃の銃身からの発火でマムルークの絹の長衣に火がつき、火だるまになって倒れ焼け死ぬ者もいた――堅固なフランスの戦列からわずか数ヤードのところで。

一時間が経過し、部下の騎馬兵たちの奮闘が無益だということに気づいたムラド・ベイは撤退の命令を出した。最後の絶望的なあがきで、マムルークは財布から金貨をつかみ出し、フランス軍の前の地面に投げ始めた。なんとか相手の気をそらして逃げようというのだ。その戦法は失敗した。

何千人ものマムルークの死体が戦場に散らばっていた。そして、フランス人たちはナイルに逃げようとする生き残りの者たちに発砲した。少なくとも一〇〇〇人が川で溺れ、六〇〇人が川の中で撃たれて死んだ。フランス軍は彼らを追って川に入り、マムルークの死体を引き上げて、噂の宝物を手に入れた。

午後四時半までに、戦闘は終わっていた。だが、フランス人たちがすぐに悟ったように、戦争は終わったわけではなかった。ムラド・ベイは、およそ三〇〇〇人のマムルークとともに南の上エジプトに逃げた（他の生存者はあきらめたか、落後した）。その結果は、フランス軍の将軍の一人を九カ月にわたるあてのない追跡へと送り出すことになる――スーダンの端まで追ってまた戻る追跡へと。

「ピラミッドの会戦」と呼ばれるこの戦闘で、死んだフランスの兵士たちはほとんどいなかった。だが、モンジュとベルトレは、ナイル川での小競り合いでほとんど死ぬところだった[**]。戦いの前に、ナポレオンは彼のお気に入りのサヴァンたちを、ナイル川に待機していた少数のフランス艦船のひとつに隔離しておいた。だがそこを、ギリシャ人の操るマムルークの水上軍が攻撃してきた。戦士たちは偃月刀を振りかざして一隻のフランス船に乗りこんできた。マムルークたちは船のフランス人の首をはね、その髪をつかんで、他の船の異教徒たちへのみせしめに高く掲げた。その光景を見たベルトレは、同じ忌まわしい目にあうのを恐れ、ポケットに小石を詰めて、静かに川に身を投じようと覚悟した。モンジュはすぐさま銃に弾をこめ、兵士たちに激励の言葉を投げながら突撃に出ようとした。そのとき、川での戦いの物音を聞きつけたナポレオンが数人の守備兵とともに救助に駆けつけた。その後何年かのあいだ、ナポレオンはモンジュとベルトレを救う必要があったために、マムルークを殲滅《せんめつ》できなかったことを悔やんだ。

　マムルークに対し簡単に勝利を収めたことは、ナポレオンの意気を鼓舞し、軍隊の志気を高めた。カイロの城門を妨害も受けずに通り抜け、恐怖におびえる女たちに悲鳴をあげさせながら、軍隊はカイロ市内を行進していった。だがこのときフランス人は、愚者の楽園に入りつつあったのである。旧態依然たるマムルークの騎馬軍団は、のちにエジプトで直面することになる敵のなかでもっとも楽な敵であった。この日からさき、彼らの敵は自分たちよりはるかに強大な二つの国家――イギリスとトルコ――となる。両国は連合軍を作り上げ、フランスに簡単にエジプトを取らせるつもりはなかったのである。

だが、このときはまだイギリスとトルコの同盟は兆しだけにすぎず、将軍自身はその可能性をまったく見ていなかった。祝典が用意された。その晩、ナポレオンの秘書官であったブーリエンヌは、まだ沿岸部にいたナポレオンの弟に手紙を送った。「将軍はカイロに今夕入られる。われわれの荷物とワインを送られたし。」

労せず勝ちを収めたにもかかわらず、ナポレオンは敵の根性を賞賛した。「一万人のマムルークは、五万人のトルコ軍に対しても容易に戦えるだろうし、勝てるだろう。」彼はのちに書いた。「もし彼ら戦士が一握りでも手に入ったら、わたしに何ができるかとても想像できない。」もちろんナポレオンはただちに一握りのマムルークを手に入れはしなかった。だがフランス軍がエジプトを去る前、マムルークとフランス人は、共通の敵であるトルコとイギリスに対して同盟を結ぶことになる。そして一〇年後のヨーロッパ、ナポレオンはスペイン戦線でマムルークの師団をもったのである。それはともかく、カイロでも将軍はまもなく二人のマムルークを所有した。数日後にカイロがフランス軍に降伏したとき、アラブ人のシャイフは征服者である将軍に伝統的な貢ぎ物を贈った。みごとなアラブ馬と、二人のマムルークの奴隷の少年――ロスタンとイブラヒム――である。奴隷制はフランスでは法で禁じられていたが、将軍は丁重にこれら人間の贈り物を受けた。最終的にイブラヒムは、アリという名でジョゼフィーヌに仕え、ロスタンのほうはナポレオンの私的な護衛役として、ヨーロッパでオリエントを感じさせる小道具となった。マムルークの血統の最後の一人として、ロスタンはフランスで生涯を終えた。そしてその後の一〇年間、このフランスのリーダーのかたわらで、すべての行進、旅、そして戦いに従った――目もあやな衣装をまとい、エジプト遠征の生ける形見として。

* 著者はここで、いわゆる「ピラミッドの戦い」と、その前哨戦である「シュブラキイトの戦い」を一緒にしている。最初の戦闘は、七月十三日、ラーマニエの手前一三キロのシュブラキイトで起きた。ここでムラド・ベイ率いるマムルーク軍を敗走させたフランス軍は、その後追撃してナイル川をはさんでカイロを対岸にのぞむエムババに進軍し、七月二十一日の「ピラミッドの戦い」で、ムラド・ベイおよびイブラヒム・ベイ率いるマムルークの大軍を打ち破った。

** ナイル川でのマムルーク水上軍とのエピソードはシュブラキイトの戦いの際に起こった。

第3章
発明家

彼は両手にすべての技術をもち、頭にはすべての科学を収めていた
ニコラ＝ジャック・コンテへの弔辞、ガスパール・モンジュ

アレクサンドリアとロゼッタ、一七九八年七月

ときおり轟く砲声と小型望遠鏡で窺える海岸の情景のほかには、二日間というもの、陸からは何の知らせもないまま、科学者たちはアブキール湾に浮かぶ船にとどまっていた。望遠鏡を通して彼らが見たのは、貧しく埃っぽい町のシルエットだった。六〇〇〇人の住民と、ほとんど同じ数の野犬が暮らす町である（この最後の事実を彼らはまもなく知ることになる）。いまにも崩れそうな泥と煉瓦の小屋が、狭い通りの両脇に並んでいた。住民がゴミを投げ捨てている遠くの丘の上に、憤然と、かつ優美に立つポンペイウスの柱のほかには、古代の完全な遺物はひとつも見られなかった。アレクサンドリアのあの伝説的な図書館――古代の学問の宝庫――を支えた石も梁も、何ひとつなかった。望遠鏡で海岸をのぞいて、ドノンはこう記している。「彩りを添えるものは何もなかった。たった一本の木、たった一軒の家さえも。彼は思った（ドノンは自分を指すのにいつも三

人称を使った）——その光景がまとう印象は、自然そのものの侘しさではなく、その荒廃であり、沈黙と死の印象なのだ。」学者の全員が、それまで抱いていた古代文明への期待が打ち砕かれるのを感じた。「わたしたちはプトレマイオスの都市を探していた——その図書館を、人間の知識の中心地を」と、建築家のシャルル・ノリは書いた。「そのかわりにわたしたちが見いだしたのは、廃墟であり、野蛮であり、貧困であり、堕落だった。」

自分の番になって望遠鏡をのぞき、ぼろぼろに崩れた町のシルエットを見たとき、工科学生のエドゥアール・ドヴィリエは、深刻な自信喪失に襲われた。この荒涼たる場所で測量技術を学んだ一学生が、いったい何を成し遂げることができるのだろう。不安にかられる彼を、先輩たちは元気づけ、必ずや彼の技術が必要とされることになると励ました。

七月四日、海岸から大砲の響きが海面を渡ってきた。科学者たちへの上陸を許す合図だ。数時間後、荷物と一緒に乱暴に海岸に放り出された科学者たちは、逃れようのない午後の太陽の下で、まばたきしながらまわりを見回した。ゴミと砂の山が古い都市の城壁を取り巻いていた。町は打ち捨てられたようだった。白昼の得体の知れないこの静けさを破る人間の声は皆無だった。家々の出入り口はすべて閉ざされ、住人は中に閉じこもっていたが、マシュラビーヤ（透かし窓）の小さな穴から侵入者たちを観察していた。学者のなかには、アレクサンドリアの住人がその窓から自分たちを撃つのではないかと恐れる者もいた。だがまもなく彼らは、もっと恐れなくてはならないものがあるのを知った。それは太陽、犬、そして虫だった。

出迎えの姿でもないかとあたりを見まわし、だれひとりいないのに気づいて、男たちは砂に荷物を引きずって進み、厚い服の中で蒸し焼きにされながら町の壁をよじ登ると、墓地の廃墟に入った。「目の前に現れた最初の光景は、無数の墓石に覆われた広大な墓地だった。その墓石は白い土の上に白い大理石で作られていた。」ドノンは書いている。「ボロボロの長い服を着たやせ細った女性が何人か歩いていた。まるで墓のあいだをさまよう幽霊のようだった。」

アレクサンドリアでの最初の午後、サヴァンたちは散開して、太陽から避難できる場所を探した。何人かは椰子の葉を集めて、兵士たちが海岸でやっていたようにその場しのぎの差し掛け小屋を作った。またある者たちは、町のヨーロッパ人の地区へなんとかたどりつき、その小さな商人コミュニティに宿を与えてもらうよう説得したすえ、一部屋に一〇人も詰めこまれて床の上で寝るはめになった。歩きながら日陰を見つけると、彼らは荷物の上で横になり、エジプトについて抱いていた想像と現実の違いについて沈思しながら、長い時間を過ごすのだった。

ドノンは眠ろうとしなかった。太陽が沈むと彼はあたりを歩きまわった。彼にはそうする必要があった。自分がいる位置を確かめ、やっと靴の下に陸地を感じとらずにはいられなかったのである。最初の日、夜のあいだずっと、彼は無人の街路を歩きまわった。沈黙はぞっとするほどだった。歩きまわりながら、ドノンはここがいかにも「陰気な町」であり、「雀の騒がしい鳴き声と動きを除けば、ヨーロッパの町の陽気さに似たところは何もない」と感じた。街路を歩きまわり、壁を登り、そこで夜明けまでうずくまってフランスの兵士たちがやってくるのを待っている彼を、野犬たちが追い立てた。何時間ものあいだ、歯をむきだした犬の口から数フィート上の壁にすわり、画家はアレクサンドリアの犬たちを観察した。彼はのちにその印象をこう記している。「彼はその犬たちのなかに、人間にとっての友人、忠実で寛大な仲間を認めることはできなかった。ここの犬たちは、気むずかしい利己的な生きものであり、屋根の下で保護してもらっている彼らの主人にもなつかなかった——犬たちは彼を信用せず、その住居を彼らはけっして守らない。主人の死体を彼らは平気でむさぼり食らうだろう。」

朝になった。視界の一方には海が泡の塔となって押し入り、あとはどの方向にも、町の壁の向こうに一面の砂が広がっていた。民間人たちはコートを脱ぎ、目を日の光から守って仕事にとりかかった。最初になすべきことは、飲み水のありかを見つけることだった。溜め池は黒く、悪臭を放って、不潔な液体がたまっていた。渇きでふらふらしていた彼らはともかくそれを飲んだ。エジプトでは良い水がつねに欠乏している。エンジニアたちはすぐさま井戸を探すか、あるいは古代の井戸をさらに深く掘って、腐敗した層の下にある水を手に入れるという仕事にかかった。

水のつぎは、食料が悩みの種となった。軍は科学者たちにわざわざ糧食を供給しようとはしなかった——兵士たちのほうもほとんど与えられていなかったのである。ヨーロッパでは、ナポレオンの軍は彼らが「解放した」人々から、その代価として食料とワインを徴発した。イタリアには肉屋、パン屋、ワイン商がたくさんあったから、この作戦は非常にうまくいった。貧しさにあえぐエジプトでは、この戦略はみじめなまでに失敗する。運が良ければ、糧食のビスケットのほかにラクダの肉や米を食べられることもあった。だがたいていの場合、とくに都市から離れているときなどは、兵士たちは乾燥ビスケットとまだ青いデーツ〔ナツメヤシの実〕を食べて生き延びた。

アレクサンドリアでの最初の日、ドゥヴィリエは街路で兵士に出会い、相手の糧食のビスケットをいくらか買いたいと申し出た。その兵士は、仲間のフランス人が彼に物乞いするのを見て愕然とし、金を受け取ろうとしなかった。だが、その後の何年かのあいだ、このように兵士がサヴァンに寛大だった例は、エジプトの雨と同じくらいまれなことになる。

砂漠の熱が新たに到着した人々を襲い、感覚をにぶらせた。それでも彼らは厚いウールのコートを脱ぎ、しまいには順応することができた。何人かはこの気候をひどく気に入るようになった。だが、問題はもうひとつあった。虫である。民間人たちはこれまで、これほど多くの刺す虫が飛んでいるのに出会ったことがなかった――この現象は博物学者たちを興奮させたが、他の者たちにとってはそうはいかなかった。蚊、ノミ、そして小さな羽虫が四六時中攻撃してきた。ハエは、体のすべての穴――鼻、口、目、耳――から群がって入りこんだ。打っても、はらっても無駄だった。さらに危険だったのは見えない虫だった。それらの虫は体に入りこみ、内臓を侵した。まもなく全員が下痢と赤痢にやられた。たんに目を開けているだけでも危険だった。渇いた熱、砂（彼らが到着したのは、サムーンの季節だった。突然襲ってくる予測できない強力な砂嵐である）、そしてバクテリアが、痛みをともなう目の感染症を引き起こした。オフサルミア〔エジプト眼炎、トラコーマ〕と呼ばれたこの眼疾は、遠征隊のほとんど全員がいつかはかかることになる。これにやられると、まるで眼球に針を刺されたような感じになり、膿が流れ、一時的に目が見えなくなる。これがときには数週間もつづくのだ。

最初の何日かのあいだ、茫然自失した学生たちは自分たちの置かれた不自由な状況に不満と文句をぶつけた。だが年長の学者たちはその苦難を、あきらめをもって沈着に受け入れた。彼らにとって、日々の生活の難儀は、発見という感覚の前に色あせた。上陸して何時間もたたないうちに、彼らは歩きまわり、収集し、計測し、探索した——混乱した学生たちが、どうやって食料と住みかを見つけたらいいか想像もできないでいるあいだに。「彼らはすでに仕事で忙しくしていた。生きるために必要なものはまだ供給されていなかった。わたしたちは完全に見捨てられたのだ。」工科学生のプロスペール・ジョロワは書いている。「なんとみごとなカリカチュアだろう。」ジョロワは文句を言う。「ポンペイウスの柱のもとでサヴァンたちが寸法を計測している。そして戻れば、渇きを癒すために貪欲に溜め池を探し、飢えを満たすものを待つのだ!」

事実、イギリスの風刺画がナポレオンのエジプト遠征を嘲り攻撃するのに背景として使ったのは、ポンペイウスの柱とそれを計測している科学者たちの姿だった。この巨大な磨かれた赤花崗岩の柱は、周囲三〇フィート、空中にほぼ一〇〇フィートの高さでそびえていた。じつのところこの柱は、カエサルと対立して殺されたポンペイウスとはまったく何も関係がなかった。そびえ立つ古代の柱は、かつてセラペウム、すなわち太陽神セラピスの神殿を形成していた一二本の柱のうちのひとつである。紀元前三〇〇年にエジプトを支配した多神教のギリシャの支配者たちの最後の何人かによって建てられたこの輝かしい神殿には、黄金、青銅、そして銀のプレートで飾られた巨大な高い聖域があった。黄金の粉と、トパーズ、サファイア、エメラルドの砕片で作られたセラピスの濃い青に輝く像が、中央に置かれていた。

三九一年、キリスト教徒がこの異教の神殿を攻撃し、その後ローマ人が残骸から柱を取り出して、ローマ皇帝ディオクレティアヌスを讃えるためにそれをまっすぐに建てた。中世のヨーロッパ人たちがこれをポンペイウスの柱と呼んだのは、前四八年にポンペイウスがユリウス・カエサルに敗れて殺されたあと、この柱の下に埋葬され、最上部の柱頭の内部にはその首が埋葬されていると誤って信じていたからであった。

サヴァンたちはこの柱の真の由来については何も知らなかった。エジプトで出会うほとんどすべてのものに対してそうだったように、彼らはこれを科学者として信頼できる調査手段――正確な計測と注意深い物質分析――を使って理解しようとした。到着してから数日しかたたないうちに、学者の大集団は軍の護衛に伴われ、日中の暑さが襲ってくる前の朝の五時、徒歩で柱の下に向かった。最初はまず、凧を使って滑車を柱の頂上に引き上げた。つぎにその滑車を使って小柄な水兵を片側から引き上げ、体重のある男たちを支えられる強いロープを据え付けさせる。それから男たちが一人ずつ、途中の滑りやすい岩に用心しながら登っていく。地理学者のドロミューは地上に残り、建物の材質を分析していた。彼はのちに、基礎の部分の岩が柱身よりも前の時代のものだと断言している。実際、その柱が立っている土台は、それよりも古いエジプトの遺跡であった。

これと同じ系統的な方法で、学者たちは他の遺跡も調べた。アレクサンドリア到着後の最初の一日を、モンジュとジョフロワ・サンティレールは柱の近くの二つのオベリスクを調査して過ごした（そのうちのひとつは、現在クレオパトラの針として知られ、ニューヨークのセントラルパークにある。もうひとつはロンドンのテムズ河畔に立っている）。ドノンとドロミューは、以前はコプトの教会だったモスクの内部でヒエログリフに覆われた巨大な石棺を発見した。フランス人――のちにイギリス人もまた――は、この石棺がかつてはアレクサンドロス大王の遺体を安置していたのではないかと考えた。実際には、それはエジプトのネクタネボ二世〔前三六〇～三四三〕の遺骨を入れた石棺だったのである。一七九八年当時、その石棺はイスラムの信者たちが聖水の水槽として使っていた。同じモスクの中で、オペラ歌手から遠征隊の音楽学者になったルネ・ヴィロトーは、八二五年に遡る中世の聖歌の楽譜を発見した。彼はそれを、現代ギリシャ音楽の礎を築いたダマスクスの聖ヨアンネス〔六七五～七四九〕のものであるとした。

まもなく、計測器具とノートを手にしたサヴァンたちはその活動を町の中へ拡げていった。アレクサンドリアの住人たちはゆっくりと家々から出てきた。彼らはいま、おびえているというより、わけがわからない状態だった。目の前のこの武器を持たない男たちはだれなのだろう。フロックコートを着て眼鏡をかけ、木とガラスでできた奇妙な道具や、鉛筆や紙をかかえてうろついているこの男たちは？

　サヴァンたちは、町に出入りする砂漠のベドウィンが危害を加える可能性があると警告されていた。だが日中に限れば、彼らは学者たちにラクダを売ってくれる友好的な商人であった。ただし夜になると、ベドウィンは一人きりになっている落伍者を狙った。パンフーゼンという名のオリエント学者で通訳として働いていた人物が、アレクサンドリアに到着した翌日に街路から消え、二度と姿を見せなかった。おそらく殺されたのだろう。

　アレクサンドリアに到着して一週間もたつと、サヴァンたちの一団は緊張がゆるんでしまい、壁の外の砂漠を探検するのに、わざわざ護衛の兵士を待つこともしなくなっていた。ベルノワイエは、三〇人のベドウィンの馬上の一団が六人の気まぐれなサヴァンたちを無傷で砂漠からアレクサンドリアの町までエスコートしてきたのを見て、驚嘆して書いている。「彼らが命を落とさずにすんだのは、ひとえにアラブ人の人間性のおかげだった……ボナパルトは彼らの大胆さとアラブの親切に喜んだ。」

　こうした友好的な交流は、おおむね軍隊の場合よりも学者と現地人のあいだでよく見られた。軍隊の場合、現地人との交流は弾丸と刀の衝突という傾向があったからである。兵士たちがエジプト人の顔に敵を見たところで、学者たちは研究対象を見た。彼らはエジプトの人々の相貌、衣服、家々に注目し、スケッチに収め、ついには社会的および性的習俗を記録しようとした。

　アレクサンドリアで彼らが最初に慣れたのは、砂から発散する渇いた熱の律動に合わせて脈打つように聞こえてくる、ミナレットから夜も昼も流れ出て住民に祈りを呼びかける、哀しげで単調な音色だった。町を歩きまわっていたとき、学者たちは家々の戸口で立ち止まり、びっくりして中をのぞきこんだ。そこはコーランの学校で、子どもたちがコーランを詠唱しながら体を揺らしていた。無神論者である彼らは、機械的な宗教教育システムを軽蔑した。「この奇怪な光景」と彼らの一人は書いている。

近代の歴史においてはじめて、西洋人の大きな集団が、イスラムを生活様式として観察した。フランスの科学者たちは、イスラムの基本的な教義のいくらかを知らずに、この文化の禁欲主義を見て混乱した。その宗教が明らかに柔軟性を欠くように見えること、大衆の貧困、そして女性の扱い方は、彼らを不快にした。ナポレオンは兵士たちにコーランを配り、イスラムに対して寛容であるよう指示していた。そして兵士たちは、そうすることが自分たちに都合が悪くないかぎり、その指示に従った。そうでないときには、彼らはモスクの中に馬をつなぎ、住民がもっとも尊ぶ対象を侮辱した。だが学者たちは、少なくとも聖なる場所と対象を研究に値するものと見なし、何人かはエジプトから撤退するずっと以前にアラビア語を覚えていた。

自分の仕事をするためにエジプトの言葉を覚えなくてはならなかった科学者のなかに、発明家で化学者のニコラ＝ジャック・コンテがいた。コンテは自分が作った間に合わせの工場で住民と一緒に働き、彼らの製造法を学ぶとともに、自分の知っていることを教えた。生涯を通じてコンテは役に立つものを発明し、あるいはまたそれとはべつに、自分では製造できないけれども最終的には世界の近代化に役立つはずの機械や道具の類を想像した。サボア地方のサンセナリ村の農民の息子として生まれた彼は、九歳のときに実用的なヴァイオリンを作った。十二歳のとき、町の教会の絵師が病気になったため、かわりに聖人たちの天井パネル画を描いた。その生き生きしたみごとな表現が評判になり、全国から専門家がやってきて感嘆した。だが、コンテの運命は彼を装飾の道には進ませなかった。少年は将来庭師になりたいと考えていた。

革命後の窮乏の時代、包囲、戦争、補給線の切断が作り出した空白を埋めるのに、切実に必要とされたのが発明の才のある人々だった。二十代のコンテは、パリで有名な画家のグルーズの弟子として働いていた。革命が近づいたころ、コンテは夜は化学工場で働いていたが、まもなく画業を完全にやめ、国王のいない国が必要とする物を作り始めた――道具、絵の具、ガスなどである。まもなく革命政府はコンテを、どうしたらいいかだれもわからないときその必要に応えてくれる人物と見なすようになった。

革命時代のパリにおいて、コンテが欠くことのできない人物だったことを示す逸話は多い。いくらかは英雄伝説の疑いがあるが、その多くはおそらくまったくの事実であろう。恐怖政治のあとの暗黒の日々のあいだ、フランスが全ヨーロッパと戦っていたあの時代、革命のリーダーたちは、記念の勲章を鋳造しようと考えた。古い王党員の機械類は略奪者によって打ち壊されてしまい、新しい機械を作ろうにも原料が不足していた。だが勇敢な革命家たちを讃えるために、メダルは必要だった。委員会はコンテを招聘した。彼は彼らの仕事を調べ、失敗しても当然だと言った。必要な小さな部品が欠けている……。どんな道具かと尋ねられて、彼は自分でも知らないと答えた。だが部品がひとつ欠けているのは事実だ。委員会は彼にそれを発明するように依頼した。彼は家に戻り、研究室にこもってその部品を想像し、その晩それを製造して、翌朝委員会に持参した。試したところ、たちまちその機械は完全なメダルを鋳造した。それ以来、コンテの任務には、コイン製造機械についての一連の研究が加わった。

コンテのフランスへの貢献としてもっともよく知られているのは、ふだんの生活にどうしても必要なありふれた物だった。一七九〇年代、黒鉛の主要輸出国だったイギリスと戦争していたフランスでは、鉛筆を供給できなくなっていた。コンテは、粘土と黒鉛を混合したものを窯で焼き、鉛筆を大量生産するための新しい合成物を発明した。この鉛筆は彼の名声を不動のものにした。現代の世界が使っている鉛筆はいまだに、コンテの鉛筆の流れに沿ったものだ。ほかにも彼の発明のなかには、八人がかりの仕事を一台でできる彫版機械や、何世紀を経ても鮮やかさや色彩があせない新しい種類の絵の具などがある。

彼の前や後に生きた多くの発明家と同じように、コンテもまた有人飛行――彼の時代は熱気球である――に魅せられていた。フランスの軍用気球を高く浮かべるのに、より安価なガスを見つけようとしていた彼は、片目を失った。自分の研究室で気球に使うガスを混ぜ、実験を重ねていたが、ある晩一人で水素を使っていたとき、一陣の風が吹き、ガスが部屋のすみにあるランプに引火して爆発した。コンテが意識をとりもどしたとき、彼の顔にはガラスの破片が埋めこまれ、片目は失明していた。その後一生のあいだ、彼は黒いアイパッチを着用していた。その犠牲は気球部隊士官の地位で報われた。

愛国者で、ナポレオンを崇拝し、軍隊に献身していたけれども、彼は何よりも発明家であり、気球の目的にしても、軍隊での使用を超えた用途を見越していた。天気予報もそのひとつである。エジプトにもいくらかの気球を持参したが、大仕掛けな見せ物として使っただけだった。これによってエジプト人の心をつかもうという試みは、失敗に終わった。

コンテは楽天的で、謙虚であり、生来快活な人物だった。彼はただ、自分のアイデアが役に立つ事物に変わるのが楽しいという、ただそれだけのために発明していた。特許権を取るのにも気が進まず、報酬を受け取るのを拒んだ。のちに彼は、フランスで最初の工芸応用美術を教える学校の設立を任された。総裁政府からナポレオンのエジプト遠征に同行する学者団の一員として招聘されたとき、彼はこの新しい学校の運営に当たっていた。総裁政府の彼に対する指令は、軍隊を助け、エジプトの工場を研究し、可能なあらゆる場でそれらを改善せよというものだった。

エジプトに着いてまもなく、学者たちは二つのグループに分かれた。第一のグループは、主にエンジニアと建築家であり、アレクサンドリアに落ち着いた。すぐさまコンテは、軍のさまざまな日常的必要品を供給するのに協力を求められた。画家たちは、戦闘計画のためにアブキール湾の周囲の海岸線をスケッチした。測量技師は町を測量し、エンジニアは水を探した。天文学者は地図の作製を助けるために緯度経度を決定した。医者は病院の設立にとりかかった。遠征隊ただ一人の音楽学者は、将軍の一人から音楽を奏でるよう求められた。

地図製作者はもっとも危険な仕事に携わった。測量のためには、孤立した地域で長時間過ごさなくてはならないからだ。二カ月間で、彼らは当時のアレクサンドリアについて、それまでに作られたなかでもっとも詳細な地図を完成させたが、その過程で何人かが死んだ。ポンペイウスの柱の門の近くを測量中の地理学者のグループがアラブの暴徒に襲われたときは、二人のフランス人が死んでいる。

学者たちが巡回しているのを見守っていた兵士たちは、呆然とすると同時に苛立ちを感じた。ある大尉は妻に宛てた手紙のなかで、アレクサンドリアはまったくひどいところだけれども、科学者も画家も楽しそうで、夢中のようだと書いている。「わたしたちが感じている不自由さも、彼らには影響していないようだ。古代の遺跡が彼らにとっては十分な栄養になっている。」船上でもすでに張りつめていた兵士とサヴァンの関係は、陸上ではさらに悪化した。サヴァンは兵士たちを必要とした。武装した護衛をつけなければ、あまり遠くまで探索することはできない。いくら友好的なベドウィンが案内してくれるといっても限界があった。だが兵士たちにとっては、地図製作者や、井戸を見つけてくれるエンジニア以外には、サヴァンが自分たちの役に立つことなどほとんどなかったのである。まもなくナポレオンは、サヴァン全員を有効に働かせる道を見つけることになる。彼はすでに何人かの画家に、最近死んだフランス人将兵の名前をアレクサンドリアに立つ柱に彫りつけるよう命じていた。

死亡者の名前のリストは、彫りつけるのが間に合わないほど、どんどん増えていった。

サヴァンの二つのグループのうち、人数の多いほうには博物学者、学生、そして画家の全員が含まれていた。しばらくして彼らはロゼッタの沿岸に移動した。このデルタの町は、アレクサンドリアよりも水が豊富で、食料もよく、比較的快適な状況だった。七月八日、軍隊が砂漠に入っていった同じ日に、最初のグループがロゼッタに向かった。出発は混乱を極めた。だれもが自分で自分の面倒を見なくてはならなかった。船、徒歩、そして馬と移動手段を替えていく道中で、学者たちは自分の荷物をなくした。学生たちは一時あとに残された。彼らの教授であるフーリエが軍用輸送船の船室を自分用に確保し、あとは学生たちに自分でなんとかするように任せて出ていってしまったのである。ジョフロワ・サンティレールは若者たちに同情し、みすぼらしい商船に学生たちを乗りこませる手配をした。

ロゼッタでは、学者たちははるかに幸せだった。ジョフロワ・サンティレールが書いているように、アレクサンドリアが苛酷で、敵対的であったのにくらべて、この町は穏やかで友好的だった。「ここは地上の天国です！」と彼は言う。「国の五月の気温がここの標準です。しかも雨が降っているのですよ！」雨という奇跡のほかにも、学者たちはすぐさま清潔な飲み水を手に入れることができた。フランス軍が侵入したとき、町の裕福なエジプト人たちは逃亡してしまい、立派な邸が残っていた。学者たちはその邸宅で暮らした。ジョフロワは市域内で動物を収集した。大部分は小鳥と爬虫類である。彼は豪華な邸宅に、学芸委員会の二〇人のメンバーとともに住んだ。三人のマルタの奴隷が彼らにかしづいた――プロパガンダに反して、どうやらフランス人たちはすべての奴隷を解放したわけではなかったようだ。ここでようやく彼らは、サヴァリーが約束した芳香に満ちた庭と蔭のある中庭にめぐりあったのである。

革命月メシドール（収穫月）〔六月十九日～七月十八日〕が過ぎ、暦はテルミドール（熱月）〔七月十九日～八月十七日〕に移行した。フランス人がエジプトに来てから一カ月たっていた。そして学者たちは海岸沿いのこれらの町で一種の日常的状況に落ち着き、ナポレオンからカイロへと移動せよとの「警報解除」の合図がくるのを待っていた。湾内でも、フランスの艦隊と乗組員がやはり将軍からの指令を待っていた。全艦隊は岸から一マイル半のところに錨を降ろしていた。一三隻の軍艦が五〇ヤード延びるケーブルで船尾から舳先に繋がれて一線に並び、延長一マイルの布陣を形成していた。これらの船にはフランス軍の全兵器庫をはじめとして、まもなくきわめて必要になる医療品に至るまで、すべての物資が積載されていた。このように船を一列に繋いでおくのには、ナポレオンから荷下ろしの命令がくるまでのあいだ、襲ってくるイギリス船が陸地側にすべりこむのを防ぐ意図があった。

ナポレオンの秘書官のブーリエンヌがのちに書いたところによると、ナポレオンはエジプトの占領後ただちに船の荷を下ろし、船はトゥーロンに送り返して、残りのフランス艦隊とともに海峡を横断してイギリスを攻撃させる予定だったという。だが将軍には、カイロに向けて出発する前にフランス艦隊をもっと安全な入り江に待機させるよう手配するだけの余裕はなかった。

湾内で数週間のあいだ平穏な日々を過ごしたあと、フランス艦隊司令長官フランソワ＝ポール・ブリュイ・デガリエは、小麦をはじめ緊急に必要とされる物資の調達に艦船から四〇〇〇人を超える人員を上陸させるのに、不安を感じなかった。陸地からこれほど遠くに船団を停泊させ、しかも戦闘人員が不足していたことを、イギリス軍の砲火にさらされながら提督はさぞかし後悔して死んだことだろう。

それは旧来の暦では八月一日の蒸し暑い午後だった。陸にいた学者のほとんどは、自分たちの仕事にかかっており、イギリス艦隊が水平線にしのびよっているのに気づかなかった。一線に並んだフランス船隊が視線を遮っていたからである。だがこの歴史的なアブキール湾の海戦〔ナイルの海戦ともいう〕が始まったとき、陸にいた彼らが空に羽毛のように充満する黒い煙を見るのに、小型望遠鏡をのぞく必要はなかった。上陸していた艦隊の乗員たち（総員の三分の一）は、ブリュイ提督とその一線に繋がったフランスの艦隊が不意打ちをくらったのを、海岸で恐怖にふるえながら見守っていた。いともやすやすとイギリス艦隊はフランスのラインの周囲に回りこみ、フランス艦を爆破し始めた。優秀なイギリス海軍の機動性は、不器用なフランス海軍よりはるかにまさっていたのである。

一晩で、フランス艦隊は壊滅した。最後を締めくくったのは、ナポレオンの海上のサロンであり兵器庫でもあったオリアン号の爆発である。史上名高いこの爆発は、陸上でも何マイルにもわたって地をゆるがした。少しのあいだ、その爆発は夜空を赤々と照らしたが、そのあとは海が残骸を飲みこみ、沈黙と暗闇が戻った。海上ではイギリス人たちさえ、目の前の爆発の威力に対する畏れで一瞬、声を失った。船は何百人もの男たちを載せたまま、木っ端微塵になって海底に沈んだ――ナポレオンの豪華な寝室、マルタから略奪してきた黄金、銀、宝石のちりばめられた聖人の頭像、そして遠征隊の移動図書館に残っていたすべての書籍とともに。

一七〇〇人がアブキール湾で死んだ。イギリス軍は三〇〇〇人以上のフランス人を捕虜にしたが、ほとんどが負傷していた。

連絡の手段がなかったため、アレクサンドリアとロゼッタにいた科学者たちはその後何週間ものあいだ、この災厄がいかにすさまじいものであったか知らずにいた。最初の数日は、科学者たちはフランス軍が勝ったと希望をもつことができた。多くの学者たちは、耳をつんざかんばかりの轟音とともに船が爆破されるのを、ロゼッタにある塔から目撃した。だがずっとあとになるまで、だれもどちらの船が沈んだのかわからなかった。爆発を目撃したプロスペール・ジョロワは、その船がナポレオンの船だとは知らずに、日記のなかでその光景を記録している。「その夜は暗かった。わたしたちが見たのは砲火による夥しい閃光だった。恐ろしい殺戮がつづいた。ああ、海戦とはなんと恐ろしいものなのか！　こうした苦痛に満ちた思いに心を奪われながらわたしは見た――絶え間なく白く明滅する微光がしだいに強まり、視界に広がっていくのを。その光はたちまち大きくなり、まもなくわたしたちははっきりと気づいた。光の正体は火で包まれた船であった。火は船の舷側を燃やしつづけた。やがて火は弾薬庫に届いたのだろう、船は爆発した。これほど恐ろしく、これほど美しいものはなかった！」

戦いから二日目の夜、だれもがフランス軍が勝ったという噂を信じて、勝利を祝った。だが一日たつと、恐ろしい真実が確認された。「われわれにはもはや艦隊がなくなったようだ！」と、ドヴィリエは書いている。「聞いた話では、昨日のイギリス軍についての話は、じつはフランス艦隊のことだった――彼らは敗れたのだ！」

一〇日後、ロゼッタにいた学者たちは、遠くから目撃していた災厄に関わる本物の恐怖に直面した。海戦による漂流物や死体が、突如、波で海岸に打ち上げられたのだ。恐ろしいその一日で、何千体もの人間の死体が、四リーグ（ほぼ一六マイル）の砂上にまき散らされた。死体のなかには無傷で制服を着ているものもあったが、布きれひとつついておらず、無惨にも魚に食いつくされ、きれいに骨だけにされている死体もあった。「死体のあいだを歩きまわるとき、馬は身震いした。少し風が吹いただけで、死体は腐肉の悪臭を放った」――軍のある観察者は書いている。「三、四リーグにわたり、ぞっとするような悪臭が海岸全体を蔽っている。」ジョロワは八月十三日の日記に書いた。「六、七体からなる死体の山が目に入る。足や腕が、砂から突き出しているさまは恐ろしいかぎりだ。」

やがてアラブ人が海岸のあちこちで、サヴァンたちの目の前で小さな焚き火をやり始めた。海岸に流れついた船の残骸を燃やしているのだ。彼らはべつにフランス人の死体を火葬するための薪を集めていたのではなかった。漂着した木材を燃やして釘を取っていたのである。エジプトの農民にとって、金属、まして釘などはほとんど手に入らない貴重品だった。フランスでは当たり前とされている原材料や精製された材料の類は、この国では乏しかった。学者たちが身の毛もよだつ海岸の光景を見渡し、それらの小さな焚き火が故郷への命綱の最後の切れ端を燃やしているのを見たとき、彼らは自分たちとエジプトの住民とのあいだにはほとんど違いがないことに気づいた。その日から、フランスの学者たちもまたこの砂と廃墟、ハエと疫病の土地で、ゴミをあさることになるだろう。そして彼らの道具が壊れ、あるいは尽きたときには、パピルス、椰子、金属屑、そして葦をその代用に使うことになるのだ。

フランス人として備わっていてしかるべきすべてのもの——武器、食料、道具類、衣服、本——が、いま海底にあることを、学者たちは知った。日がたつごとに、彼らは自分たちが持つことのない生活の必需品を、ますます思い出した——薬、ボタン、外科器具、靴、瓶、鉛筆。最悪なのは、手紙をやりとりする手段もまた失われたことだった。「このとき以来、われわれとヨーロッパとをつなぐすべての連絡手段が破壊された」と、エンジニアのエティエンヌ・マリュスは回想録に書いている。「われわれは母国をふたたび見る望みを失い始めた。」

ほかに選択できることはなかった。学者たちは仕事に戻った。小鳥や昆虫、植物を集め、巨大な彫像を計測し、ミイラを解剖し、行く手に待つ状況から目をそむけた——パリは彼らの報告をけっして受け取らないだろう。補給品の追加を求める彼らの必死の要求は、イギリスの手に渡り、あるいは海底に沈むだろう。母国に戻る道はまったく閉ざされた。彼らはここエジプトに、いま手もとにある道具と着ている服以外何も持たないまま、閉じこめられたのだ。そしてそれらの服と道具が消耗したとき、彼らは一人の人物に頼った。

エジプト遠征に招聘されたとき、ニコラ・コンテは四十四歳で、新しくできた工芸応用美術学校の校長であった。彼はそのポストだけでなく妻と小さな娘もあとに残してきた。アブキール湾の悲劇が起こる前にも、コンテは軍隊にとって役に立つことを証明していた。たとえばアレクサンドリア地区の司令官が、乾燥した空気にもかかわらず、鉄砲が朝露のせいで錆びつつあることに気づいたとき、コンテはすぐさま何挺かの銃にブロンズのメッキを施す手配をした。これは効きめがあった。軍は残りの銃を、フランスから携行してきた材料でメッキした。

ベルトレはコンテを「遠征隊の柱、居住地の魂」と呼んだ。カイロでは、最終的にコンテは小さな工房村を作り上げ、そこを管理した。この工房で、彼は火薬から衣服、絵の具、そしてガラス器具まであらゆるものを製造したのである。現地で手に入る材料だけを使って、彼はあらゆる種類の機械を作り出した――印刷機械、コインプレス機、測定器、工学用の道具や器具、そして軍楽隊用のトランペット。彼はスチールを作るための精錬工場を建て、サーベルを製造した。彼の軍隊に対する最大の貢献のなかには、大量のパンを焼くための方法を工夫したこと、小麦をひくための風車の設計、古い制服がすりきれてしまったときに軽いウールの制服を作る工場を作ったことなどがある。

　軍に対する任務を遂行しつつも、彼は自分のための塗料の実験やフィールドワークをおろそかにしなかった。フランスで彼は新しいタイプの気圧計を発明しており、それをエジプトに携行していた。高度差による大気圧のわずかな変化を計測するこの道具を使って、彼は対象物の高さを計測することができた。ギザのピラミッドもそのひとつである。その高さをコンテは四二八フィートと計算したが、これは後年、より精巧な道具によって導き出されたのと同じ数値であった。

　コンテは自分の工房で大勢のアラブ人を使っていたため、たいていのフランス人よりもエジプト人たちと親密に交流していた。コミュニケーションに苦労したため、彼は独学でアラビア語を学んだ。コンテは地元のエジプト人の工房を訪ねて知識を吸収した。そして彼らが銅を鍛造し、皮をなめし、織物を織り、ガラスや陶器を作り、道具を作り、さまざまな現地の自然資源を使うやり方を注意深く観察し、詳細に書き留めた。彼はこれらの工房とそこで働く人々を五〇枚の水彩画に描いた。そのほかにも夥しい数の働く男女の肖像画を水彩で描いている。『エジプト誌』の最後の巻に掲載されたこれらの絵は、一八〇〇年当時のエジプトについて手に入るもっとも生き生きした描写のひとつであった。探検隊のエンジニアであったエドム＝フランソワ・ジョマールは、コンテの伝記のなかで、この隻眼の発明家が絵筆を紙に置く前に、どれほど注意深く対象を調べたか書いている。「どんな工房の情景を描く場合でも、すべての仕組みがそれぞれの仕事をしている状態で、しかも付属品や細かな部分を逃さないように、細心の注意を払う必要があった――そしてそれは容易なことではなかった。」

実行には移されなかったが、コンテははるかに野心的なプロジェクトを計画した。たとえばアブキール湾の悲劇の前に、コンテはフランス軍に電報システムを使うように提案していた。電報システムがあれば、フランスの提督に敵の出現をただちに警告できる。軍は彼のアドバイスを無視した。悲劇のあと、コンテはアレクサンドリアの灯台の中に砲弾を精錬するための炉を造った。海から町を狙うイギリス軍の攻撃を撃退するためである。だがイギリスは上陸しようとさえしなかった。あとのことはトルコ人と病気に任せ、自分たちのかわりにフランスと戦わせるという戦略を守ったのである。

エジプト占領でとくに悲惨だったある時期、持参したフランス製の軍工具の最後のひとつが闘いで破壊されたとき、ナポレオンは彼らしくない絶望状態に陥った。「これから先、われわれはどうしたらいいのだ？　われわれには工具すらないのだ！」ジョマールによれば、将軍はこう叫んだという。そのときのことを彼は詳しく書いている。「すると、そこにいたコンテが答えた――ではその工具を作りましょう。そして彼はそのとおりやってのけたのだった。」

第4章 学士院

かつてそれは賛美されるべき国であった。そして今は研究されるべき国になった。
ディドロ、ダランベール『百科全書』の「エジプト」の項から

エジプトの民衆に告ぐ！　この地に来たのは、諸士の宗教を破壊するためではない。そんな噂を聞いたとしたら、それはまったくの嘘である。わたしはどのマムルークより神を崇拝し（神に栄えあれ）、予言者と偉大なコーランに敬意を払うものである。

ナポレオンの「エジプト住民に対しアラビア語で書いた布告」から

カイロ、一七九八年夏の終わりと秋

早朝の日光の矢がマシュラビーヤ〔格子のすかし窓〕から斜めにさしこみ、小さな幾何学的な影を床と壁いっぱいに浴びせている。精妙な細工のなされたこのマホガニーのスクリーンは、貴重な微風を中に招き入れるためであると同時に、閉じこめられた女たちにひそかに外の通りをのぞき見させるためでもあった。だがこの日の朝——一七九八年八月二十二日の午前七時——には、そこに女たちの姿はなく、アラブ人も一人としていなかった。いたのはすでにフロックコートの中で汗をかいている一五人のフランス人科学者たちと、将軍ナポレオン・ボナパルト、そして彼の護衛たちだけであ

る。

　ガスパール・モンジュが、部屋の正面に大股で歩み出る。黙ったまま彼は、床の濃淡の小さな四角と円に注目する。幾何学者の目にそれらの形は楽しいものに映る。そもそも彼は、影の投影を計算し描写するための数学的画法の発明者なのだ。これらの影の完全なアングルは、ひょっとすると、エジプト学士院の最初の会合にとって良い前兆になるかもしれない。一階下では、中庭の噴水が泡だつ水音を立てていた。迷宮のような涼しい部屋の数々を長い回廊がつなぎ、オレンジの花が壁で囲まれた庭を芳香で満たしている。この邸宅の構内では何もかもが平和なシンメトリーである——カイロの街路の喧噪とは正反対だ。

　科学者たちの会議室は、石のタイルが敷き詰められた天井の高い応接室である。絹のビロードとダマスク織りの布で覆われた長椅子と椅子が置かれ、珍しい鉢植えの植物が飾られている。クチナシと麝香のかすかな香りが空気中にしみこんでいる。この部屋は、数週間前にフランス軍の接近を前にしてマムルークたちが逃げ出すまでは、ハーレムの居間であった。香水をつけた物憂げな女性たちと宦官たちの領域だったのである。

　即製の演壇に到着すると、幾何学者は同僚たちに挨拶する。出席者は一五人。メンバーの大部分はまだカイロに到着していなかったからである。モンジュはこの記念すべき日——「エジプトにおける啓発と知識の普及の促進」を目ざす組織の発会の日——を熱烈に歓迎する。そのあと彼は、このすべてを可能にした人物を紹介する。将軍ボナパルトだ。

最初の議題は、リーダーを選ぶことであった。言うまでもなく、部屋にいるリーダーは一人だけだ。だがボナパルトは、会長になることを丁重に断る。結局その名誉はモンジュに行く。科学者たちは将軍を副会長に選任する。フーリエはまだロゼッタにいたが、欠席投票で学士院の事務局長に選ばれる。

いま「市民ボナパルト」が進み出て、科学者たちに挨拶する。この組織の会員に選ばれた名誉を謙虚に感謝し、この先待っている偉大な知識の勝利を予想する。そのあとボナパルトは、エジプトでの研究の課題として、最初の六つの質問を提示する。①軍のパン焼き窯は改善されうるか？　②エジプトでホップに代わる原料でビールを作ることができるか？　③ナイルの河水は浄化できるか？　④カイロでより実際的なのは風車と水車のいずれか？　⑤エジプトで火薬は製造できるか？　⑥法制および教育の面から見たエジプト国内の状況はいかなるものか、住民は何を望んでいるか？

部屋にいた科学者たち――数学者、博物学者、天文学者――は、ボナパルトの要請にうなづき、すぐさまそうした有用な仕事にとりかかることに同意する。だが彼らがそれぞれ考えていたのは、自分たちが研究したいと思っている他の多くのテーマのことだった。そのひとつは蜃気楼《ミラージュ》であり、これについてモンジュが論文を読む予定になっている。さらに次のような疑問があった。イシスの巨大な石造半身像をどう動かすか？　ワニの骨格をどう保存するか？　鳥のミイラを解剖するための最良の方法は何か？　なぜアンモニウム塩が砂漠で自然に生成されるのか？　ダチョウは飛ぶのか、飛ばないのならなぜ羽根があるのか？　兵士であれ科学者であれ、人々を一時的に盲目にさせる伝染性の眼病の原因は何か？　巨大な遺跡にはどんな意味があるのか？
第一回の会合は、正午よりもだいぶ前に閉会した。学士院のメンバーたちはカイロの町へと戻った。街路ではロバがいななき、水をのせたラクダが通り、フランス兵士が歩き、そしてなかでもあらゆる色彩と種類からなるカイロの住人たち——アフリカ人、アルバニア人、アラブ人、ギリシャ人、イスラムの聖者たち（着衣の者もいれば裸の者もいた）、盲人、弱い者、強壮な者、美しいの、グロテスクなの——が押し合い、突き合い、もみ合っていた。音と匂いと眺めと渇いた熱が合成するこのようなものを、フランス人はこれまで一度として経験したことがなかった。

アルカヒラ。カイロのアラビア語名である。意味は「勝利の町」だ。事実、カイロは何度となく勝利をくりかえした町であり、広大な砂漠の端で人々が群がる中心地としてずっとつづいてきた。だがフランス人が到着したとき、それは「謎の町」であり、侵入者たちを挫折と混乱に陥れた迷宮のような首都であった。侵入者たちの目に、そこはほとんどが閉じられた扉の町でもあった。いくつもの巨大な門が町に向かって開かれ、曲がりくねった道路はしばしば突如として小さな扉で行き止まりになる。それらは区域の住人と地域社会とを分ける境界なのだ。ムスリムの都市生活では、私的な領域と公的な領域は厳密に分けられており、フランス人がこれらの境界を越えるときは、危険を覚悟しなければならなかった。女性はほとんど家の中で暮らしており、外に出るときは——今日でもそうだが――ベールをかぶった。だが私的な領域は、当時は今より大きく定められ、区域全体が壁で囲われていることもあった。そこに通じるのは狭い通路のたった一枚の扉だけである。フランス人にとってこれらの扉は不便きわまりない代物だったから、ついにナポレオンはそれを撤去する命令を出した。これはアラブ人にとって、もっとも侮辱的な布告のひとつであった。

フランス人が到着したとき、カイロ（七世紀にはじめてここを征服したアラブ人たちはここをフスタートと呼んだ）は、その一〇〇〇年以上も前から人々の居住地であった。そしてギザの大ピラミッドが立証しているように、周辺地域における人類の歴史は、古代世界についてナポレオンの科学者たちが計算したものよりはるか過去に遡っていた。曲がりくねった狭い埃っぽい迷路のようなこのカイロこそは、世界でもっとも大きく、もっとも国際的な都市のひとつであり、動物たちや人間たち――アジア、アフリカ、そしてヨーロッパからの――で満ちあふれていた。中世には五〇万人の住民が暮らし、カイロを古代ローマ以来西側世界では見られたことのない世界最大の都市に仕立てあげた。一七九八年当時は二五万人が住んでおり、町はいまだに繁栄した商業の独立した中心だった。何世紀ものあいだ、カイロは、東西貿易の中心地として機能していた。奴隷商人、メッカに向かう途中の巡礼者、絹や香料、黄金を扱う商人たちの巨大なキャラバンが、一年じゅう町を通っていった。カイロを通過した品々のアラビア語の名前は、英語の語彙にふんだんに流れこんでいる。布地の分野だけでも、英語の木綿（cotton）はアラビア語のクトゥからだし、ガーゼ（gauze）はガザから、畝織り綿布を指すディミティ（dimity）は、エジプトの港湾都市ダミエッタからきている。

砂漠からラクダに乗り、あるいは徒歩でカイロに近づく旅行者が最初に眼にするのは、平らな黄色の平原に立つ何百もの光塔《ミナレット》のおぼろげな姿であり、その前景に立つ三角形の青みを帯びたかすかな兆し——地平線上にはじめて姿を見せたピラミッド——だった。旅人は、そびえ立つ七一の門のひとつからカイロに入り、そそり立つモカッタムの丘の薄い黄金色の崖が片側に迫った小道を通って、町の中へと進んでいく。古代、この丘陵から、ピラミッドに使われる石が伐り出された。町の中心にある巨大な墓地——死者の町——は数百エーカーもの広さに及び、曲がりくねった細い小道がドーム型の墓や光塔のあいだに延びていた。ここには一般の人々から九世紀の神秘家たち、そして大長老まで、この一〇〇〇年間に死んだイスラムの信者たちが埋葬されていた。この広大な地区には、死者だけでなく生きている人々も住んでいた。墓地の管理人である。彼らの仕事は何世代にもわたって親から子へ受け継がれてきた。さらに町の東端には、中世にマムルークによって建てられた城塞シタデル〔一一七六年のサラディンによる建設に始まりその後マムルーク王朝によりつづけられた〕の巨大な白い城壁がそびえていた。城壁の上は銃眼つき胸壁となっている。そしてこれらの建物のあいだには、二頭のロバがやっと通れるくらいの広さの、網の目のような歩道や小道がつづいていた。道の両側には家々や店がびっしりと並んでいたため、猛烈な昼の太陽もめったに道路には届かなかった。

最初、カイロの人々はフランスの侵略者に狼狽し、恐れ、たちまち降伏した。見たところ、彼らはきわめて従順だった。だが彼らの降伏は一時的でしかなかった。イスラム教を信奉しているというナポレオンの主張にも、彼らはけっしてだまされなかった。一日に五回、町の何百ものモスクの光塔からは、勤行時報係《ムアッジン》が礼拝の時刻を告げ、信徒を礼拝に召集していた。わずかな数の民間人通訳を除いて、その言葉はフランス人にとっては理解できないものだった。まもなく、これらの哀しげな礼拝召集の響きは、占領者への逆襲を呼びかけることになる。

混乱させる街のつくり、街路の狭さ、扉、そして馴染みのない言葉――これらが一緒になって、フランス人がこの町を本当の意味で征服するのをきわめて困難にした。この町は彼らを挫折感で満たした。彼らから見れば、その街路計画には何の論理もなく、まして秩序などなかった。閉所恐怖症を起こしそうな路地は突然壁で行き止まりになり、あるいは道幅がどんどん細くなって消えてしまう。ラクダ、ロバ、そして人間の足が、埃っぽい道で場所を取り合っていた。ロバは、フランス人よりこの町をよく知っていたから、まもなく征服者たちはこの地味な小さな動物を乗り物として徴用した。ブーツを地面にひきずるようにしてロバにまたがり、馬の鞭でその眠そうな動物を叩いて速度を上げさせるのである。

ジョフロワ・サンティレールやドノンをはじめ、何人かのフランス人は、たちまちカイロに一目惚れしたが、他の者たち――多くは軍の人間――の目にはけっして魅力的と映らなかった。ほとんどの人は、この町に並存する不潔と美、荒廃と建築、富と貧困のありさまに度肝を抜かれただけであった。ジョフロワ・サンティレールは、兵士たちがカイロを嫌うのは、そこではすることがほとんどなく、飲むものは水しかなく、見るものもベールをかけた女たちだけだからだと考えた。ゴミと汚物もまた、その嫌悪感を一段と強めた。何世紀ものあいだ人々が捨てつづけた塵芥の丘は何百フィートもの高さに積もって、町を縁取っていた。排泄物も街路のわきに積み上げられていた。兵士だろうと学者だろうと、フランス人が家に出す手紙のなかで、これら臭い汚物の山に触れていないものはひとつとしてなかった。

だがアラブ人にとって、悪臭を放っていたのはフランス人のほうだった。同時代のエジプトの歴史家、ジャバルティは、到着後まもなくフランス人が住民に対して「通りを清掃し、水をまき、生ゴミ、汚物、猫の死体をかたづける」よう命じたことを記している。ジャバルティはこれをいかにも皮肉だと見なした。彼はフランス人自身がきわめて不潔だと考えていたのである。「フランス人が住んでいた通りや家々がゴミ、鳥の羽の混じった不潔な泥、動物の内臓、残飯、彼らの飲み物の悪臭、アルコールの発酵臭、糞尿であふれかえっており、鼻をつまんで通らなくてはならないほどだったにもかかわらず、この命令が出されたのである。」

ゴミと、方向感覚の混乱のほかに、到着したフランス人を悩ませたのは、この町のすさまじい騒音であった。印刷所の所長になった若い東洋学者のジャン＝ジャック・マルセルの住居は、デルビーシュ〔神秘体験を得るためのイスラム教修行者〕の集団の近くにあったが、彼らの叫び声と町の野犬の吠え声のおかげで、ミルトンの「地獄」に住んでいるような気がすると書いている。ナポレオンもまた犬の吠え声にひどく悩まされたので、まもなく兵士たちに一晩で全部の犬を殺せと命じた。野良犬の数があまりにも多かったため、サーベルによる犬の虐殺は一晩ですまず二晩かかった。

宗教を追放し、世俗の人間性《ユマニスム》を国家の信条として宣言したばかりの国をあとにして、彼らがやって来たのは熱烈な宗教心が息づく都市であった。一年を通して、カイロは聖人の生誕祭《マウリド》でわき立っていたが、フランス人にはほとんどそれらの意味を理解することができなかった。一七九八年八月は、この国のもっとも聖なる祝祭日の二つと重なった。古代エジプトの多神教のルーツをもつナイルの祭と、予言者モハメッドの誕生日である。エジプト学士院が最初の会合を開いた日は、ナイルの祭の真っ最中であった。

この祭は毎夏、ナイル川の水位が洪水位まで上った日に始まる。それを予告するのはつねにアフリカクロトキ（アイビス）の帰還であった。その時点で、宗教指導者たちは堤防を切り落とす儀式を行って町の運河を氾濫させ、一カ月のあいだ、カイロをアフリカのヴェネツィアに変える。それから人々は川のそばでピクニックをし、明かりをともした道路に繰り出して一晩じゅう祝う。町の中心近くにある優美なエズバキヤ広場（そこに建つマムルークの宮殿はナポレオンが自分の居住用に接収していた）は、洪水のあいだ湖に変わった。照明のついたボートが出現し、乗りこんでいる人々はキャンディやコインを岸辺の子供たちや貧しい人々に投げた。

ナイルの祭から数日後に、予言者の誕生日がやってくる。こちらのほうは、さらに気違いじみた大衆の祭典となる。剣闘士、猿の芸当、熊の踊り、大道詩人、そしてデルビーシュや裸の修行者たちが法悦的な踊りを見せる。ナポレオンは祭の機会をとらえてエジプト人の心をつかもうとした。祝典に金を注ぎこみ、フランス人が真のイスラム教徒であることを証明しようとしたのである。「エジプトの住民諸君！」彼の最初の布告はこう始まった。「フランス人は至高なる存在をあがめ、マホメットとその聖なるコーランを尊ぶ！　フランス人は真のイスラム教徒である。ついさきごろ、われわれはローマに進軍し、教皇を打倒した。この教皇こそは、キリスト教徒を煽動してイスラム教の信仰告白者に敵対させた張本人なのだ。」ナポレオンはその書類にこう署名した――「ボナパルト、国立学士院会員、総司令官」。

残りのサヴァンがカイロに到着したとき、祝祭の熱狂は最高潮に達していた。彼らの多くは、目の前に繰り広げられる光景に当惑を禁じ得なかった。その一人、エンジニアで学士院のメンバーであったエティエンヌ・マリュスはこう書いている。「わたしは夜の十一時に到着した。あらゆる通りがあかあかと照らされていた。公共の場所では人々が輪になって動きまわり、くりかえし叫び声をあげ、倒れ、つばを吐き、疲労と激情の極に達していた。この者たちはこの国の聖者なのだ。彼らはつねに法悦のなかで生きており、何をしても許されている。これらの人々の多くは、サルのように裸で通りを駆け抜けていく。彼らは施しを受けて生きている。」

学士院の初会合があった日の晩、サヴァンのうちの何人かはエズバキヤ広場に出かけ、モハメッドの聖誕を祝う群衆に混じって歩いた。フランス軍も祝砲を発射して、これに参加した――「住民に対し、われわれが彼らの文化を滅ぼしたがっているどころか、いわばそこに参加したいと考えていることを証明するために」と、ジョマールは書いている。エジプト人がその大砲の音を祝砲と受け取ったか脅しと受け取ったかについては、ジョマールは推測していない。ただしエジプト人のなかには、祝宴の席に三色の米を出してフランス人の存在を認めた人々もいた。

モンジュとベルトレは早くからカイロに出向き、科学委員会のメンバーとその研究室、道具類、収集品を収めるための完全なスペースを探しまわっていた。多くの豪奢な邸宅がより取り見取りだった。いずれもマムルークの戦士たちが放置したものだ。マムルークの多くはピラミッドの戦いで死に、生き残った者たちも砂漠に撤退していた。打ち棄てられてはいたものの、多くの邸宅にはまだ女性たちや宦官からなるハーレムが残っていた。科学者たちに必要だったのは、図書館と美術館、化学・物理の実験室、天文観測所、博物館、会議室、工房、印刷所、そして動物園を収容するのに十分な広さをもつ敷地だった。それには宮殿以外考えられなかった。

悪臭や喧噪から離れ、高い壁に守られた贅沢な孤立地帯――マムルークの壮麗な宮殿――が、カイロには点在していた。これらをフランス人は探し出し、占拠した。ナポレオンは優美なアズバキヤ広場にある宮殿を自分の居宅とし、トップの副官たちは、同様に最近打ち棄てられたマムルークの邸宅に快適に落ち着いた。兵士たちは上流のエジプト人の家を占領した。

二人の科学者はロバの背に乗ってカイロを調べまわった。ちなみにロバはカイロでは好まれる輸送手段だった。一八〇〇年以前には、ここでは車輪はあまり使われていなかったのである。数日後、彼らはようやく夢の不動産を探し当てた。敷地には金持ちのマムルークたちによって建てられたいくつかの持ち主のいない宮殿が建ち並び、贅沢な居住区、広大な会議用ホール、そして壁に囲まれた庭園が広がっていた。庭園の広さは三〇アルパン、一アルパンはおよそ一エーカーに相当する。問題は、将軍の司令本部から一マイル以上離れていることだった。科学者が軍隊の保護を必要としたときにのみ、これは問題となるだろう。その事態は、彼らが予期したよりも早く起きることになる。

ロゼッタから早めに到着していたジョフロワ・サンティレールもまた、この最初の取り決めに参加していた。この若い動物学者は、自分たちが選んだ場所に夢中になった。というより、カイロそのものに魅惑されていたのである。「ここはロゼッタよりも良いくらいだ」――彼は、友人でまだアレクサンドリアにいた自然史画家のアンリ＝ジョゼフ・ルドゥーテに向かって感慨をこめて書いている。「わたしたちの運命はすでに改善されつつある。素晴らしい宿舎、広大で美しいデザインの庭園、どこにいても聞こえてくる豊かに流れる水のささやき。心地よい影を落とすさまざまな種類の夥しい木々。すべての将軍、とくに最高司令官との交際。」彼は徴用された宮殿とその調度の壮麗さを、ルーヴルのそれになぞらえた。いま自分に足りないものと言えば――と、ジョフロワ・サンティレールは書いている――、馬の世話をし、食事を作る有能な召使いだ。そういう人物を一人見つけるように、そしてできるだけ早くカイロに来るようにと、彼はルドゥーテをせき立てている。すでに部屋は分配されつつあり、最初の到着組がいちばん良い部屋を取っているからだ。

ジョフロワ・サンティレールはまた、父親への手紙のなかで、フランス兵士がカイロでロバにまたがり、長い足が土埃の道をこすっている光景さえ興味深いと書いている。「ありとあらゆるフランス人がロバに乗って相まみえる光景は、じつに面白い眺めです」という文章のあとで、カイロのロバを御すのはじつに容易だが、フランスの侵入者に対するカイロの住民たちの反応のほうはそうはいかないようだとつづけている。「人々は無関心のように見えます。ただ女たちだけは、フランス人から強制的に改宗させられるのではないかとおびえ、泣き叫んでばかりいます。もっとも最近では、女たちも落ち着きを取り戻しつつありますが。」

何日もしないうちに、ジョフロワ・サンティレールはカイロじゅうから珍しい動物を集めていた。ダチョウ、鳥、ヘビなど、からになったマムルークの邸に残されていた動物たちを、彼は自分の庭園動物園に収容した。すでに鳥類舎まで建てており、あるとき自分の珍しい鳥を、わけを知らないエジプト人の召使いたちが食べてしまったときには、激怒したものだ。家に宛てた手紙のなかでサンティレールは、エジプト学士院の動物コレクションは、まもなくパリのジャルダン・デ・プラントにある動物園よりも、すぐれたものになるはずだと自慢している。

学士院の壁の外では、混沌としか見えないアルカヒラの町がそれ自身の機能と組織をもって動いていた――フランスの学者や軍人が理解するのに何カ月もかかるようなやり方で。たとえば水は、毎日ナイル川から人間、ロバ、そしてラクダの背中にのせて町に運ばれた。これらの生きものはすべてギルドの監督下にあったが、ロバ税を徴収する組織はべつにあった。道路清掃人には道路に水をまいて清掃する役目があったが、その多くはフランス軍が侵入したときに町から逃げ出しており、この仕事を含め市民生活に必須の仕事をする者はだれもいなくなっていた。毎晩道路を照らす点灯夫のギルドもあった。だがフランス軍が侵入したとき、これらの基本的サービスは途絶してしまい、軍の民生当局はこれらの仕事がどのように行われるのか、再開するにはどうしたらよいのか、なかなか理解できなかったのである。

町の公共業務の多くは、アクワフと呼ばれる宗教団体の支配と管理下にあった。そして法と治安の最終的権威は、ウレマ、すなわち法の長老《シャイフ》にあった。彼らの権威はイスラムの伝統に基づいていた。宗教団体は、公共の噴水式水飲み場サビルを管理した。その優美な丸い構造物にはカリグラフィーが彫られ、大理石の円柱で装飾されていた。サビルの一階部分――路面階――には水飲み場として水槽が設置されていたが、それだけでなく二階には孤児のための宗教学校が置かれていた。水道のないこの町では、これら公共の水飲み場は人々が生きるために必須のものであり、宗教と民生という二つの用途も道理にかなうものであった。

その文化と歴史を親しく知るアラブ人にとって、カイロは美しい町であり、十四世紀のアラブの学者イブン・ハルドゥーン〔一三三二～一四〇六 アラブの歴史家・社会理論家〕によれば、「すべての都市の母」なる存在だった。彼は、カイロを「宇宙の首都、世界の庭、多様な人種の群れなす中核、城郭と宮殿をちりばめ、僧院と大学に飾られ、知識の月と星に照らされた都」と呼んだ。そしてまもなくフランスの学者たちは、この町に隠された晴朗な場所を驚きとともに探し出していった――オレンジとレモンが香り、葡萄の蔓がからまり、アカシアとミルト、巨大な葉のバナナが茂り、ザクロや桑の木が蔭をなす秘密の庭園を。

方向感覚を惑わせるような街路でさえ、ヨーロッパの都市デザインの概念とは完全に違った思考に基づく壮大なプランの一部だった。現代エジプトの小説家、ガマル・アルギタニによれば、街路の無数の曲がり角には心理学的な目的があるという。この町を作った建築家たちは、ワード・アル・ビスル（wa'ad al bisul「もうすぐ着くという期待感」）を作り出すために、故意に街路を分断したのだというのだ。脇道に曲がってばかりいる街路は、疲れた旅人に一瞬の安堵感――わが身の存在感――を提供する。それは、長いまっすぐな道を歩きつづけていては経験することのない感情なのだ。

パリと同じく一七九八年のカイロもまた、活気のあるカフェ文化の町であった。フランスの学者たちによると、当時カイロには一三五〇軒のコーヒーハウスがあったという。こうしたカフェの外の路上では即興詩人たちが、彼らの職業を表すイグサの冠を頭にかぶり、即興の詩を朗吟していた。フランス人にとって不満だったのは、パリのカフェと違って、これらの小さなコーヒーハウスではワインが出されないことだった。カイロの住民にはアルコールや煙草の必要がなかったのである。ヨーロッパ人がやって来るずっと前から、彼らは陶酔するためのお気に入りの材料を精製していた。特別なギルドが蜂蜜入りのハシシの販売を行っており、コーヒーハウスではアヘンが売られていた。学者たちはその時代のエジプト人の習俗についての最終報告のなかで、貧しい人々は家でも仕事場でもつねに麻薬を摂取しているようだと推測した。

フランス人が到着したとたん、さまざまなヨーロッパ人向けの商売が出現した。カイロには、夥しい数の少数民族――アルバニア人、ギリシャ人、そしてイスラム教徒のスラブ人――が住んでいた。みなオスマン帝国のヨーロッパ辺縁部出身の人々である。これらの商人たちは、ホームシックにかかったフランス人がもっとも欲しがっているものが何かを知っていた。フランス人のためにどんないかがわしい注文にも応じる店を作り、煙草、ワイン、女を提供した。一七九八年十一月には、チボリ・ガーデンのカイロ版が開かれた。音楽と飲食のための施設のあるこの庭園は、フランス人限定の最大の娯楽場だった。ここでナポレオンははじめて、ポーリーヌ・フーレという名の魅力的なフランス軍中尉の妻に目をとめた。彼女はカイロにいるあいだ、ナポレオンの愛人になる。ナポレオンは新しい愛人の夫の中尉をフランスに派遣して追い払うことができた。軍艦はなかったが、商船はまだエジプトとヨーロッパのあいだを航行しており、フランス軍が金を払って利用することができたからである。ただし彼らはかならずしも安全に、あるいは予定どおりに母国に帰ることができたわけではなかった——ドロミューやデュマがそうであったように。

ナポレオンは妻のジョゼフィーヌに夢中になっていたが、エジプト戦役に出発して数カ月後、彼女がパリで彼を裏切っていることを家族からの手紙で知った。激しい失意がナポレオンを襲った。彼は髪をかきむしり、テントでひとり思い悩み、この悲嘆からは二度と立ち直れないと言って、将校たちを驚かせた。この時期が過ぎると、彼は気をとり直し、くだんのポーリーヌとねんごろになったのである。マダム・フーレは大胆で男好きのする美人で、娘時代のベリスルという名前からとったベリロットという綽名でよく知られていた。ナポレオンは口実をつけて夫の中尉をフランスに追いやり、彼女をアズバキヤ広場の彼の宮殿の隣の邸に住まわせた。こうしてナポレオンの愛人となった色白のベリロットは、エジプト戦役のあいだじゅう、クレオパトラという綽名で呼ばれた。彼女は一八〇〇年にフランスに戻り、再婚して（エジプトにいるあいだに中尉とは離婚していた）、華やかな生涯を送った。長生きした彼女は小説まで書き、ブラジルで商売に成功し、年とってからまたパリに戻ってきたが、そのときオウムとサルの一団を連れてきてアパートで一緒に暮らした。彼女が死んだのはスエズ運河建設中の一八六九年であった。エジプト時代の愛人の死から、四〇年以上あとまで生きたことになる。

九月までには、科学者と画家の大部分がカイロに到着し、学士院の仕事もだいぶ捗っていた。学士院の創設文書に挙げている目的は三つ、順序としては、科学者たちが喜んだように、啓蒙と研究がより散文的な政府の必要に優先していた。その三つの公的目標は次のとおりであった。

・エジプトにおける啓蒙の増進と普及
・エジプトにおける産業、歴史、自然現象の調査、研究、および出版
・政府から呈示されたさまざまな疑問について意見を提供すること

マムルークの隣接した邸宅を三つ占拠していた学者たちは、いまや最高に贅沢な家に住んでいた。サヴィニーとジョフロワ・サンティレールは、他の数人と一緒に壮麗なタイルの宮殿に暮らし、毎晩、中庭の噴水の音を聞きながら眠りについた。敷地の中心にある建物の庭に、学者たちは

巨大な日時計を設置し、「L'AN VII RF（フランス共和国革命暦七年）」と刻んだ。

ここで科学者たちは、彼らの学士院とその業務の組織化に着手した。彼らの設備や器具の多くはいまや地中海の海底に沈んでいたけれども、コンテの助けによって失われたもののいくらかは代用することができた。自分たちの個人的蔵書から抜粋した大きな図書館のほかに、化学と物理の実験室を設置し、ついには観測所、博物学展示室、それにいくつかの道具製造工房まで建てた。この工房群ではコンテと彼のスタッフが仕事をした。庭には、ジョフロワ・サンティレールの鳥舎と動物園（けたたましく鳴くサル、エジプトマングース、ガゼル、ヘビ）のほか、小さな考古学博物館もあった。この建物にはやがてさまざまなフランス人の発見物——ロゼッタ・ストーンも含めて——が収納されることになる。

エジプト学士院は、パリの威信あるフランス学士院をモデルとしており、メンバーの人選は厳しく、五一人しか選ばれなかった。もっともすべての民間人と軍人が会合に出席し、報告を行うよう招待された。会員は四つの部門に分けられた。二つが科学（「数学」と「物理学」）、あとの二つが人文（「美術と文学」と「政治経済」）であった。

会員でない人々も、動植物からエジプトの宗教的習慣と迷信、神話、エジプトで出くわした珍奇な物にいたるまで、どんなことについても報告を提出することができるとされ、実際に発表した。学生たちはだれも学士院会員には選ばれなかったが、彼らは科学コミュニティにとって欠くことのできない存在だった。学生のひとりで若い植物学者のエルネスト・コックベール・ド・モンブレはやがて学士院の司書となり、遠征の最後に死ぬまでその職にとどまった。

それぞれの分野で仕事をしながらも、サヴァンたちはナポレオンから求められた実際的な任務をも果たそうとした。五回目の会合では、葦などのエジプト産の原材料がオーブンの燃料として木材よりすぐれているとの報告がなされた。学者たちはワインを作るためにブドウを育てる可能性を調査し、またエジプトの小麦の性質をフランスの小麦のそれと比較した。デジュネットは病院についての調査を指導した。モンジュとベルトレはカイロの造幣局を任されて、金持ちの住民から金を引き出す任務についた。フーリエにはエジプトで最初の新聞、「エジプト通信」（*Courrier d'Égypte*）の発行責任が委ねられた。一〇回目の会合で、ナポレオンは新しい要求のリストを彼の「生ける百科事典」に提出した。それらの要求には、ナイロメーター（ナイル川の水位の上昇と下降を計測するための古代エジプトの水位計）の研究、総司令部のあるシタデルまで水を運ぶ方法、天文台の実現可能性（これは実際に建設された）、そして送水路の研究が含まれていた。

学者たちはまた、学士院の第一の目的――「エジプト人への啓蒙」――を達成しようとした。努力の結果はまちまちだった。フランス語を話したのはカイロの住民のうちほんのわずかな上流階級のエジプト人だけだった。学者たちは化学、電気、植物学、形態学、そのほか各自の専門分野のテーマについて、一般向けの講演を行い、カイロの全住民の参加を歓迎した。これについて住民の反応がどうだったかを示す典型的な例がある。ジョフロワ・サンティレールがナイルの魚について講演したあと、一人の神学者が立ち上がった。こんな研究はまったく無益だと彼は述べた。予言者によれば、神が三万種の生物を作られたのであり、そのうち一万種は陸に、二万種は水に生きるとされたのだから。

文字どおりこの地に取り残されたにもかかわらず、カイロでの最初の何週間かのあいだ、委員会のメンバーのほとんどは楽観的だった。彼らは、自分たちが「科学的な町」を作り出したと感じていた。カイロはパリから遠く、無秩序で混沌としており、自分たちも多くが赤痢や熱病やホームシックにやられている。だが、気候は不思議なほど知的な仕事に適していた。ジョフロワ・サンティレールは有頂天だった。彼は学士院のかぐわしい庭園をパリのジャルダン・デ・プラントのそれになぞらえ、自分はいま「啓発の家」（foyer des lumières）に住んでいると書いている。「ここでふたたびわたしは、科学以外何も考えることのない人々に囲まれています。わたしは、理性の燃える中核に暮らしているのです。」十月に、ジョフロワ・サンティレールは父親に向けて書いた。「わたしたちはいま、政府にとって重要な課題のすべてと、自分自身の自由な科学の研究とに、熱心に取り組んでいます。」

この陶然とした感覚は、ジョフロワ・サンティレールだけのものではなかった。「宮殿の向かい側には、カッシム・ベイ（身を隠しているマムルークの有力者）の広大な庭園がある。われわれは夜、そこを歩き、フーリエの魅力的な会話を楽しむ」とジョマールは書いている。「空の美しさ、オレンジの芳香、気温の柔らかさ、このすべてが加わって、われわれの夜の集いにさらなる快適さを加える。集いは時として夜中までつづく。ここはわれわれのアカデモス〔ギリシャ神話の英雄。その墓所にプラトン学派のアカデメイアが建てられた〕の庭なのだ。ますます多くの偉大な思想、ますます多くの真の哲学、ますます多くの科学的発見が生まれつつある。われわれは新たなアレクサンドリア学園〔ムセイオン、前三〇〇年ごろ建設されヘレニズム時代最大の学問の拠点〕の土台を作っていると自負している。いつの日かこの学園は過去のそれをしのぐことだろう。」

ジョマールはまた、夕食後のサロンがじつに刺激的だと絶賛している。「学士院の定期的な会合のほかに、四〇人から五〇人が出席する非公式の会合が、毎晩学士院の庭で開かれている」と彼は書いている。「われわれはそれぞれの旅の計画や、発見したこと、エジプトの自然地理学、古代エジプト、国の行政、そのほか住民の習俗に関するさまざまな興味深い問題について話し合う。」

知的興奮をもたらした理由のひとつは、科学者グループのもつ種々雑多な性格だった。この時代、科学は今日にくらべまだまったく専門化することなく、高度に分類された研究分野は存在していなかったものの、パリにおいては一般的に科学の分野には境界があった。たとえば化学者は動物学について学説を立てることは期待されていなかったし、植物学者は数学理論に精通しているわけではなかった。パリの科学はまた、証明と理論の厳密な規準に固執していた。カイロでは、分野の境界は曖昧になり、パリの厳密さは消えた。学士院の庭で、建築家は博物学者と動物や古代の建造物について論じ合い、物理学者と天文学者は地理学者とともに、ヒエログリフの文字の意味や古代文化の年代について議論した。学者たちのあいだでのこうした会話は、啓蒙思潮というものの最高の理想を象徴するものだった。とくに若い参加者たちにとっては、境界のない刺激的な知的訓練に踏み出すための効果をもった。

彼らをよりいっそう陶酔させることになったのが、ナポレオン本人の頻繁な臨席だった。「わたしが受けているすべての恩恵は、まさに天佑です。」家への手紙に、ジョフロワ・サンティレールは感激してこう書いた。「わたしはパリにいたときよりももっと豊かに暮らしています。輝かしいリーダーに近づき、頻繁に食事をともにするのは幸せなことです。彼の華々しい軍事行動は、彼を世紀の人物と呼ぶにふさわしい名声をもたらしていますが、親しく話して、わたしは彼が人間としても最高であると知りました。」

カイロに着いてから最初の数カ月のあいだ、このように多方面にわたる探求の姿勢が学士院の定期的会合を活気づけた。科学者たちは、太陰周期、エジプトの音楽、そして最近掘り出されて解剖されたミイラの身体的性質についての報告を読んだ。たとえば九月十二日の会合で科学者たちが論じたのは、エジプトでパンを焼く方法から、一連の代数方程式、新聞の発行、あるアラビアの本の翻訳、さらにはエジプトの風土病——赤痢やオフサルミアを含む——についての内科軍医監のルネ・デジュネットの報告等々であった。

もちろん、この「理性の燃える中核」が西洋文明の領域からきわめて離れていたことは、無視できない問題であった。パリで考えられていたように、もともとエジプト学士院は国内のフランス学士院と接触を保つと想定されていた。サヴァンたちは、彼らの報告を母国のアカデミーに提出したが、すぐにそれは象徴的なジェスチャーにすぎなくなった。たしかに、科学者たちがときたま論文を母国に送り戻そうとしたのは事実である。だが艦隊が全滅し、イギリスが地中海を支配していたために、パリとカイロのあいだはほとんど音信が途絶していた。イギリスはフランスの往復文書をほとんど傍受するようになり、それを皮肉な注釈つきで公表した。母国から何も言ってこないことは、時がたつにつれてフランス人の士気をひどく弱めた。まもなくイギリスは、エジプトでホームシックに苦しんでいる寂しいフランス人の書いた手紙をヨーロッパじゅうにばらまくという、効果的なプロパガンダを始めた。

フランス＝エジプト間のすべての通信をイギリスが遮断する前、パリの学士院からは指示の手紙が数通届いていた。なかには、天文学者ピエール＝シモン・ド・ラプラスがエジプトにいる彼の同僚たちに、ある天文学的観測を頼んでいる手紙もあった。だがほとんどの場合、パリからの手紙は届くことなく、エジプト学士院は勝手にやっていくしかなかったのである。

サヴァンの個人的な手紙もイギリスの手中に落ち、大いに敵を喜ばせた。風刺画家のジェイムズ・ギルレイは、不運なフランスの学者たちがワニに追いかけられているところや、怒ったアラブ人やトルコ人に囲まれてポンペイウスの柱のてっぺんに立ち往生し、ノートや器具が空中に舞っているところなどをからかった漫画を描いた。だがウィリアム・ハミルトンのようなイギリスの古物愛好家たちは、学者たちが探っているものに鋭い関心の目を注いでいた。そのことを数年後、不幸にもフランス人は思い知ることになる。

おめでたくも自分たちのイメージがヨーロッパで物笑いの種になっていることに気づかないまま、学士院は仕事をつづけていった。まもなくその仕事は、彼らの印刷機によって二つの刊行物に掲載され、学者も将兵も全員が、学士院内部のみならずエジプトじゅうの出来事について知ることになった。そのひとつは一〇日目ごとに発行され、学士院の会合で読まれた報告の抜粋を紹介する学術誌「エジプト旬報」(*La Décade Égyptienne*)であった。新聞の「エジプト通信」(*Le Courrier*)のほうはもっと頻繁に発行され、エジプト国内のニュースやゴシップ(典型的なものとしては、一〇〇〇人のヌビア人がカイロに到着した記事や、上エジプトでのマムルークとの最近の戦いについての記事などがある)、そして入手できたヨーロッパからのニュースが掲載されていた。

ナポレオンの最初の布告を除けば、エジプトでのはじめての印刷物という意味で、この二つの刊行物は歴史的意味をもつ。マムルークの宗教指導者たちは情報をきっちりとコントロールしており、印刷機械の使用を禁じていたのである。彼らは、書物がその力と完全性を保持するためには、手で写され、個々に分析される必要があると信じていた。

エジプト学士院は会合の夥しい記録を保管していたが、十九世紀はじめの時期にフランスにあったそれらの記録は失われてしまった。だが「エジプト旬報」は保存されて長い年月を生き延びた。これらの報告は、エジプト学士院がしばしば科学的証明の規準に従いながらも、ときにはいわゆるポピュラー・サイエンスの範疇にさまよいこんだことを示している。会員や会員以外の人々によるカイロ門外への旅行報告(ダチョウ、アラブ馬、そしてエジプトのハエについてのちょっとした観察を含んでいた)、ナイルのレモン、地誌学的調査、アラビア語の詩の翻訳、疫病の患者にオリーブオイルがもたらす効果についての報告、さらに後になるとジョフロワ・サンティレールの「解剖学の原理」に関する考察が現れる――。

専門的であったとはいえ、会合はきわめて活気づくこともあった。一七九八年秋、科学者たちはジョフロワ・サンティレールの報告に誘発され、ダチョウが実際に飛ぶことができるかどうかという問題について、三時間も論議を闘わせた。エジプトではダチョウはいたるところにいた。多くの兵士がダチョウ狩りに精を出していたから、侵入から数カ月もすると、帽子にダチョウの羽根を粋に挿していない兵士はほとんどいないほどだった。フランス軍の将校が、たまたまこの延々とつづく議論のあった会合に出席していた。学者たちがいかに些細な事柄に興味を寄せているかを知り、彼は憤然とした。巨大な鳥の羽の目的について論議するとは！　戻って同僚たちに提出した彼の怒りに満ちた報告は、それまで科学者たちに対して将兵たちが感じていた怒りをさらに強めた。

カイロの熱と埃のなかで、軍の人間と学者のあいだの関係は改善するどころか、いよいよ悪化した。兵士たちは町のいたるところにいるロバに「似非学者（demi-savants）」と綽名をつけた。最初のいくつかの戦闘で、ナポレオンは兵士たちに命じて、「ロバとサヴァン」を守るために彼らを中央に置いて方陣を形成させていたのである。「軍の嫉妬を鎮めるために、ボナパルトはおおっぴらにサヴァンについてジョークを言った」と、工学生のジョロワは日誌に書いた。彼はつぎの逸話をつけ加えている。「連中は女によく似てるだろう？」ある日、ナポレオンは軍医監のデジュネットにそう言ったという。「将軍、女はもっと楽しいでしょうが！」とデジュネットが答えた。「そうだがね、だがわたしが言っているのは、連中の内緒話と、ライバル意識、そして気取りのことなんだ！」

科学者たちはたいていの場合、兵士たちのあざけりを気にしなかった。彼らは将軍のお気に入りであり、保護され、大事にされ、発見という感覚に陶酔していたうえ、自分の仕事の重要性を確信していた。ジョフロワ・サンティレールは、キュヴィエに宛てた手紙のなかで、定期的に学士院の報告をパリに送る計画について述べ、さらにつぎのように書いている。「たしかに言えることは、これらの会合がフランス学士院の会合と少なくとも同じくらい興味深いものだということです。」

学士院の壁の外側で、ナポレオンはエジプト人の心をつかむのにほとんど成功していなかった。努力が足りなかったわけではない。彼は自分とフランス軍兵士たちに解放者の役を演じさせた。だが不運なことに、文化と宗教の分裂があまりにも広かったため、このレトリックは通用しなかった。アラブ人はヨーロッパからの侵略者よりも、マムルークの支配者のほうを好んだ。ナポレオンが法王を破ったことも、彼らにとって有利にはならなかった。イスラム教徒の世界では、異教徒のキリスト教徒のほうが、無神論者よりもまだ上だったのである。

ナポレオンは、早くに黙従していたエジプトのリーダーたちのあいだにはある程度食いこんだ（彼らが黙従したのは明らかに、フランスの三色旗を掲げなかったら「村々を焼き滅ぼす」という脅しの布告によるものだった）。マムルーク支配下のカイロでは、市民生活に対する究極的権威はウレマと呼ばれる法の長老《シャイフ》だった。彼らは宗教教師であると同時に法学者でもあり、法を司り「善を命じ、悪を否定する」任にあった。ナポレオンは彼らを代表として、中東での初の代議員議会を組織した。

九月はじめ、ナポレオンは各地域からの代表からなる大ディワン（統治諮問会議）を創設した。代表には、法のシャイフ、商人、ベドウィン、そして農民が含まれていた。モンジュとベルトレがフランス側委員として出席した。代議員は一年に一回だけ、十月はじめの二週間の会期に集まる。ディワンの会合は占領のあいだ、定期的につづけられた。ナポレオンはディワンに対して、地方議会、刑事裁判システム、そして現行の課税と土地財産所有権の構造の改善などを含め、エジプトの組織行政にとって最良の方法を討議するよう要請した。

時期は改革にとって適切だった。エジプトは封建国家だったが、マムルークの地主（彼らの下でエジプト人の九〇パーセントが苦役を強いられていた）は逃走中だった。そしてナポレオンの顧問のうち、社会主義者たちは資産の大規模な再配分を推奨していた——すべての農民にいくぶんかの土地を与えようというのだ。より保守的な顧問たちは古い封建システムをそのまま保持し、そのかわりに功績のあるフランス人のために土地を取り分けることを提言した。結局のところ、どちらの改革案もディワンの場に公式に持ち出されることはなかった。

一七九八年、エジプト人に民主主義をもたらすことを目標として開始されたディワンの実験は、幸先の良いものではなかった。学者で編年史家のジャバルティもその一員だった代議員団は、まず議長を選出する方法を知る必要があった。彼らのうちのだれ一人、投票した経験がなかったからである。二週間の審議のあと、グループは、現在の生活様式を変えるべきことはまったくないと勧告した。それでもディワンは占領のあいだずっと会合をつづけ、フランスのリーダーたちとエジプトの住民たちとのあいだのコミュニケーション手段として役だったのである——主に増税の知らせを全地域に送るために。

ナポレオンはまた、エジプトの宗教指導者たちとのあいだでも、運を試してみた。彼自身述べているように、「彼らの狂信的行為をうまくなだめて眠らせてから、それを根絶する」ことを望んだのである。そのために彼は、神学者たちに対して、自分も将兵たちもイスラム教徒になるのを望んでいると言った。だがこの計画は、宗教指導者たちから割礼と禁酒を求められるに及んで挫折した。

たとえナポレオンが改宗したとしても、それはエジプト人を味方につけるよりはむしろ面白がらせ、あるいは怒らせたことだろう。少なくとも一回だけ、ナポレオンは「トルコの」衣服——パンタロンとターバン——を身につけた。だがそれを着たナポレオンの姿があまりにも滑稽に見えたため、顧問たちは外に出る前にもとの服に着替えるように頼んだ。ナポレオンはのちに、その衣服を身につけたことを否定しているが、同時にまた、もしそうすることが政治的に好都合になりそうだったならば、自分は喜んで予言者への信仰を告白し、ターバンを巻いたことだろうし、軍隊にも同じことを命じただろうとも述べている。「全アジアの征服がかかっているとき、ターバンとズボンを身につけるのをためらう必要がどこにあろうか？」十数年ののち、追放中のナポレオンは側近の者たちにこう尋ねている。いずれにせよ、大量割礼にせよ、あるいは服装の変更にせよ、エジプトからの要求はなかった。

ナポレオンはつねに、自分の欺瞞的な宗教作戦を自慢していた。たとえそれが、せいぜいのところアラブ人をまごつかせるだけの効果しかなかったにしてもである。彼はけっしてそれを後悔しなかった。「たしかにあれはいかさま行為だった。だが最高級のいかさま行為だ」と、のちになって彼は自慢している。「個人の利益のために信仰を変えるのは許されない。だが、大いなる政治的結果のためとあれば、それは許されるだろう。」

エジプトで、ナポレオンはいくらかの崇拝者をかちえた。とくにもっとも貧しいエジプト人たちがそうであった。彼らは彼を「偉大なる指導者《スルタン・ケビル》」と呼んだ。ナポレオンはつねに、自分が真に軍事的、精神的指導者として運命づけられていると考えていたが、彼自身それにもっとも近いと感じたのは、生涯のどの時期よりもここエジプトでのことであった。とくに彼を喜ばせたのは、あたかもソロモンのようにふるまう機会を得たときだった。のちに彼は、取り巻きたちとともにそうした出来事の思い出話をしている。ある小さな村を訪れたときのこと、彼はベドウィンが一人の罪のない農民を殺したのを聞いた。ナポレオンは住民の前で誓った──その下手人の部族を追いかけて砂漠で皆殺しにしてやろう。村の長老たちは笑って尋ねた。「死んだ男はあなたの従兄弟なのですか？」ナポレオンはこう答えた。「従兄弟以上だ。われわれの支配下にある住民はすべてわたしの子供たちである。わたしに権力が与えられているのは、ただ彼らの安全を保証するためなのだ。」それを聞くと、長老たちは頭を下げて言った。「まことに素晴らしい。あなたは予言者のように話された。」

住民とのあいだでは、学者たちのほうが将軍やフランス軍よりもうまくやっていた。住民との交流において、彼らは侵略者というよりも対等者、あるいは少なくとも消費者という立場だったからである。フェラーヒン（農民）を雇って家事をさせ、商人からは食料、馬、用具類を買った。そして学僧たちに対しては、敬意を払って交わった。

サヴァンたちはしばしばカイロの宗教的リーダーを学士院に招待し、ベルトレとジョフロワ・サンティレールが電気、化学、解剖などの実験でもてなした。エジプト人たちは化学のマジックを前にしても無表情のままだった――微小な電気ショックを当てられたときには恐怖の反応を見せたけれども。学者たちは彼らの無関心ぶりに失望したが、あきらめはしなかった。もしエジプト人が、フランス人がどれほど自然界の基本的な力に精通しているか見ても退屈だというのなら、人間に空を飛ばせたらきっと熱狂するだろう。カイロに着いて最初の何カ月かのうちに、コンテは二つの熱気球を作り、ファンファーレが高鳴るなかでそれらを飛ばせ、人々に感銘を与えようとした。最初の気球はフランス革命記念日に打ち上げられた。フランス軍のカイロ到着の一カ月後である。気球は直径一二メートルという大きいものだったが、紙で作られていたためすぐに破けてしまい、火が燃え移った。気球の装置がまるごと炎に包まれて落ちてくるのを見たエジプト人たちは、これが火器だと思いこみ、身を守ろうと逃げ出した。

コンテはあきらめなかった。彼は二つめの熱気球をカイロの中心部で打ち上げた。一七九八年十二月、リボリの闘いの記念日である。イタリア戦役でのナポレオンの武勲のひとつだ。この気球は帆布で作られており、最初のよりさらに大きかった。気球は昇り、しばらく空中に浮かび、そして何ごともなく着地した。だが今回はもっとも教育のある宗教者からもっとも貧しい農民にいたるまで、だれも驚きを見せなかった。気球を一度も見上げることなく広場を横断していった者たちさえいた。

この「西欧人《フランク》」の科学ショーを見たエジプト人の意見が、ジャバルティによって記録されている。「彼らが約束したことは実現しなかった。彼らが言っていたのは、素晴らしい科学技術によって一種の船が空中を旅するというものだった。実際には、それは奉公人たちが休日や祝祭の催しに作る凧にすぎなかった。」

はっきり表明することはなかったにせよ、アラブの神学者は科学者たちのメソッドを賛嘆していたと、ジャバルティは認めている――彼らの唯物主義やとほうもない言説はべつとして。「わたしたちは他の実験も見せられた」とジャバルティは書き、つづけて電気や化学作用の公開実験のありさまを描写している。「どれもこれも驚くべきものだった。われわれの理解力では想像することも説明することもできそうにない。」

失われて久しいとはいえ、イスラムには強い知的伝統があり、それはイスラムだけでなくヨーロッパの学者たちにも馴染みのあるものだった。だが、ヨーロッパの科学は久しい昔からアラブの学問をしのいでいた。アラブの科学は、七世紀から十二世紀に及ぶヨーロッパの暗黒時代のあいだ、古典の知識を守ってきた。疫病と戦争によってヨーロッパ人がぎりぎりの生存と野蛮の状態を余儀なくされていたこの時代、アラブ人はギリシャの学問を翻訳し、発展させ、哲学者で医学者のアヴィケンナ（イブン＝スィーナー）、自分の実験室で現代化学の基礎を築いた科学者のアル・ラーズィーら、多くの偉大な思想家を生み出したのである。彼らはすぐれた数学者であった。わたしたちが今日使っている数字がアラビア数字であるのは、理由のないことではない。バグダードとカイロの宮廷では一時期、天文学者が欠くことのできない廷臣であった。彼らは万能の知識人であり、占星学と天文学をひとつの科学に組み合わせて研究し、ときには詩も書いた。これらの天文学者－詩人のなかで、ヨーロッパでもっとも知られているのは、詩人のオマール・ハイヤームである。

だが一七九八年当時、すでにずっと以前から衰退していたアラブの科学はどん底の状態にあり、宗教書の解釈だけが研究に値すると見なされていた。ヨーロッパの科学者グループは、カイロの宗教学者たちを恐がらせただけでなく、彼らの好奇心をも刺激した。ジャバルティはフランス人一般に対しては低い評価しかもっていなかったが、科学者たちの図書室と、知識に関して彼らが示す寛大で開かれた態度に感銘を受けた。「フランス人たちは大きな図書室を設けている。そこでは何人かの司書が書物を管理して、必要な人々に手渡すのだ」とジャバルティは書いている。「そこを訪れようとするイスラム教徒は、拒まれるどころか、逆に大歓迎された。フランス人は、イスラムの訪問者が科学に関心を示すのを見ると、とくに喜んだ。わたし自身、何度もこの図書館を訪れた。」

二〇年後ナポレオンは、エジプト人たちがサヴァンを評価するようになったと書いている。「住民たちは（最初は）彼らが黄金を作っていると考えた。」だが、やがて科学者たちが住民のなかの名士ばかりでなく労働者とも一緒に働き、道路の建設をはじめとする市民生活の改善に取り組みつつ、彼らに工学と化学のしくみを教えていくにつれ、エジプト人はサヴァンたちを「高く評価」するようになったというのである。

ヨーロッパの科学とテクノロジーについては無関心のように見えたカイロの住民も、フランス人のいくつかの習慣についてはあからさまにショックを受け、また腹を立てた。なかでも彼らにショックを与えたのは、フランス人の女性に対する態度だった。文化衝突にからむこの局面はこれまでに先例がないもので、双方を当惑させた。何世紀にもわたってイスラムは、女性に対し拘束する姿勢を作り上げた。女性については慎ましさが他の何よりも尊ばれた。もっとも有力なムスリムの女性たちでさえ、つねにベールをかけ、隔離された生活を送っていた。フランス人がエジプトに到着したとき、一行のなかには士官の妻など女性の同行者が数百人いた。彼女たちは自由に男たちと出かけ、公衆の前に姿を見せた。顔をベールで隠すこともしない。ロバに乗ってカイロの町を乗りまわす。肌を露出した服を着て、たまたま出会っただれとでも、笑ったり、話しかけたりする――相手がアラブでもフランス人でも、男でも女でもお構いなしだ。そのうちアラブの女性のなかにも、ヨーロッパ風の服装や態度を真似する者たちが出始めた。だが、そうした見せかけの自立のジェスチャーは、フランスがエジプトを占領していたあいだしかつづかなかった。フランス軍が去るとすぐ、宗教指導者たちは公衆の面前でこれら反抗的な女性たちの何人かの首をはね、道を逸れた姉妹たちへのみせしめとした。

フランス人はフランス人で、あれほど慎ましいはずのカイロの女性たちがとくに祭のあいだ、公衆の面前で積極的に淫らな振る舞いをするのを見て度肝を抜かれた。ベルノワイエは、一人の女性がみごとな雌馬に丸裸でまたがり、町じゅうを乗りまわしているのを見たと書いている。その女性は六十歳くらいで、乳房は鞍の上に垂れていたが、ベルノワイエの目に彼女は魅力的に映った。「姿は気品があり、若々しかった。かつては非常に美しかったにちがいない」と彼は書いた。「彼女の灰色の髪が馬の灰色の毛と釣り合っていた。奴隷が馬の手綱を持ち、ゆっくりと引いていった。」ベルノワイエは人々が一人一人その裸の女性に近づき、この上なく恭《うやうや》しげな仕草でその尻に指先で触れるのを、まごつきながらも驚きをもって眺めた。「通訳がいなかったので、わたしはこの女性の尻のありがたみを知ることができなかった！」

『エジプト誌』の最後の巻に、学者たちはエジプト人の「奇妙な悦楽」と名づけたものについて報告している。若いエンジニアのジョマールは、サントン（イスラム神秘主義の修行者）によるさらにもっと淫乱な光景を目撃した。「彼らにはすべてが許されている」と、彼は『エジプト誌』に書いた。「彼らは何でも好きなことをするのを許される。おそらくモハメッドに霊感を受けたのだろう、一人のサントンがいつも丸裸のまま町を歩きまわっていた。彼を見た女性たちは避けるどころか、立ち止まってその手に接吻した。」またあるサントンが混み合った通りの真ん中で女性をつかまえ、彼女を「仰向けに」した（ジョマールは婉曲に書いているが、おそらく性交のことであろう）という話を聞いたと書いている。そこにべつの女性が通りかかり、ベールを脱いで、その二人の上に掛けた。そのあと最初の女性は人々の前で長々と弁舌をふるい、この気高いお方（サントン）がここに現れたのはほかならぬ予言者の霊感のおかげであり、二人の結合からは信仰篤き信者が生まれることだろうと言ったという。

十月も終わりに近づいたころ、フランス人とエジプト人の平和的共存という幻想はある朝とつぜん崩壊した。カイロは反抗した。フランス軍からのさまざまな要求、とくにアブキール湾での多額の損失を償うために課せられた苛酷な重税に怒りを燃え立たせたのである。全市民が、町の宗教指導者たちに煽動されて蜂起した。反乱の中心地は、巨大なアル・アズハルのモスクである。神学のセンターでもあるこの黒と白の大理石の砦は、九六八年に建てられた。無秩序に広がった敷地に三つのミナレット——ひとつはシーア派、ひとつはスンニー派、そしてひとつはこの二つのイスラム分派の和平のためのもの——がそびえるその建物群は、今日に至るまでカイロの中心に立ち、あたりを睥睨《へいげい》している。優美な列柱と青いタイルの祈禱コーナーのあるこの聖域に、三〇〇〇人の学生とシャイフが学んでいた。その複雑な幾何学的パターンは不思議なことに素粒子物理学の直観的知識を示唆している。

十月二十一日の朝、神学者たちの命令のもと、信仰の徒は武器をとってフランス人を駆逐せよという勤行時報係《ムアッジン》の呼びかけが、一〇〇のミナレットから町じゅうに響き渡った。この事件を目撃したあるアラブの詩人（トルコ人ニコラス）が語っているように、フランス人は住民の隠れた怒りに気づかなかったが、神学者たちはそうでなかったのである。「ある晴れた日、アル・アズハルのある長老が、通りを大声で叫びながら駆け抜けていった。『唯一の神を信ずる者たちよ、アル・アズハルのモスクに来たれ！　今日こそは異教徒を叩きのめす日なのだ！』」数分もしないうち、群衆は棒や剣をふりかざして通りを駆け抜けていた。一七八九年のパリの光景を思い出したフランス人もいたはずである。それにもかかわらず、当初ナポレオンはあまり危機感をもたなかった。軍隊を警戒態勢に置いたあと、彼はいくつかの要塞を視察するために町をあとにした。二時間後、ナポレオンが戻ってみると、一人の将軍が撃たれ、街路には死体がうず高く積まれていた。

学士院はナポレオンの豪壮な総司令部から一マイルほど離れており、科学者たちは自分たちで身を守るしかなかった。群衆が敷地の壁の外に集まり、詠唱し、石を投げているあいだ、中にいた学者たちは、とるべき方針について言い争った。何人かは逃げるべきだと主張したが、主導権を握ったモンジュは彼らの逃げ腰をなじった。「われわれの手に委ねられている科学のための道具を見捨てようというのか？」と彼は怒鳴った。反論しようとする者はいなかった。

壁の中では、軍事戦略をまったく知らない一〇〇人以上の民間人が、パニックに襲われながら、自分の命と科学のための器具を守ろうとしていた。彼らはナイフと棒でテラスを壊してタイルを集めた。攻撃してくる敵に投げつけようというのである。戦略などなかった。全員が混乱しきっていた。「だれもが自分だけの考えで動き、人の言うことなど聞こうともしなかった」と、ドノンはあとで書いている。何人かがドロミューに指揮をとるよう懇願した。彼はかつてマルタ騎士団にいたからである。だがドロミューはそれを断った。

隣接する宮殿にいた少数のエンジニアたちは、攻撃が始まって数時間のうちに殺された。壁を破った群衆に虐殺されたのである。殺された人々のなかには、エジプトの地図製作に当たっていた主任地図製作者のドミニク・テストヴィドもいた。彼は天文学と数学の器具を守ろうとして建物の中にいたのである。略奪者たちはそこにあった夥しい量の科学装置や器具を破壊したあと、エンジニアたちの遺体（なかにはまだ生きている者もいた）を放り出して野良犬に食わせた。

暴動は二日二晩つづいたが、科学者たちはなんとか自分と建物を守ることができた。ナポレオンは連絡がつくとすぐに副官を送って学者たちの生存を確認させ、四〇挺のライフルと一二〇〇の弾薬筒で彼らを武装させた。

カイロの町とアル・アズハルがフランス軍の大爆撃によって粉砕され、反乱側が鎮圧されるまでに、二〇〇人のフランス将兵が死んだ。その過程で殺されたエジプト人は二〇〇〇人に上る。「砲撃は悲惨ですさまじいものだった。町の住民はかつてそのようなものを見たことがなく、叫び声をあげながら、神の加護を祈り始めた」とジャバルティは書いている。「反乱側は攻撃をやめたが、フランス軍は砲撃をつづけた。馬、店、宮殿、宿――すべてが破壊された。砲声が耳をつんざいた。住民は家からとび出し通りを走って穴の中に身を潜めた。」

まっさきにアル・アズハルの構内に突入し、暴動の中核を粉砕することになったフランス人将校は、トマ゠アレクサンドル・デュマ将軍だった。彼は馬に乗ったまま神殿に突入した。鼻孔から血を噴き出した馬にまたがり、サーベルを頭上に振りまわして駆けめぐる彼の姿は、聖書に出てくる幻影のように見えたらしい。アラブ人たちは口々に「天使だ！　天使だ！」と叫びながら逃げまどったと、息子である小説家のアレクサンドル・デュマは書いている。

デュマ将軍は、サント・ドミンゴでフランスの侯爵とカリブの愛人とのあいだに生まれた混血の私生児だった。彼は、ナポレオンのもっとも偉大な戦士の一人となった。黒い髪、彫刻のように整った顔立ち、ヘラクレスのような体格をした彼の華々しい武勲は、伝説となっているほどだ。ときどき彼は、四挺の歩兵銃を床に据え、それぞれの銃身に指を突っこんで、いっぺんに肩の高さまで引き上げる芸当をしては友人たちを楽しませた。若者のころ通っていた乗馬学校では、鐙《あぶみ》に足を入れたまま立ち上がって頭上の梁をつかみ、馬ごと地面から持ち上げることができたと言われる。

デュマは情熱的な闘士であり、嵐のアレクサンドリア上陸行では陸に向かった最初の男たちの一人だった。上陸したあと、ただちに彼はマスケット銃を借り、一団の勇敢な部下たちとともに内地に突っこんでいった。やがてナポレオンのエジプト戦争計画のまずさに嫌気がさした彼は、早々にエジプトから送り返された。だが帰還の航海では、乗っていた船がイタリアのタラント付近で遭難し、捕えられて数カ月間投獄されることになる。ようやくフランスに戻ったあとも、彼の軍隊での階級は回復されなかった。

軍隊によってカイロの秩序が回復されると、ナポレオンは生き残った暴徒数十人を公開の場で斬首刑に処した。フランス人の多く——人道主義者のドノンでさえ——は、将軍の態度が寛大に過ぎ、反抗的なムッラー〔イスラムの僧・法学者〕たちへの今後のみせしめにもっと多くのエジプト人を処刑すべきだと文句を言った。事実、反乱は根絶されたわけではなかった。行く手には、もっと大規模で長期にわたる、そしてもっと被害の大きな反乱が待ち構えていたのである。

暴動の鎮圧後、フランス兵士たちがアル・アズハルを荒らしまわり、略奪し、冒瀆したことは、エジプト人ばかりでなくイスラム教徒全体から深刻な侮辱と受け取られた。黒と白の大理石の縞模様からなるこの広大な建造物は、カイロの中心部に何エーカーもの敷地を占める巨大なモスクであるとともに、イスラム世界全体にとって最古の、そしてもっとも崇敬される宗教教育施設だった。暴徒への復讐として、ナポレオンは軍馬をモスクの中庭に繋ぐことさえ許したが、それはまさに許されざる侮辱であった。ジャバルティはこの件についての叙述を、つぎのような怒りの文章でしめくくっている。「彼らは書物やコーランをゴミのように地上に投げ捨て、足と靴で踏みにじった。彼らはモスクをめちゃめちゃに破壊した。床に唾を吐き、放尿し、排便した。彼らはワインをあおり、瓶を中庭に投げこんだ。」ジャバルティは彼らを「サタンの群れ」と呼んだ。

兵士たちの掠奪のあと、「啓発の家」の学者たちにできたことといえば、遺棄品収集団を作るくらいだった。一団の科学者たちがモスクに行き、廃墟からいくらかの原稿を救出した。そのなかには、ラクダの皮に刻みこまれた古代のコーランの完璧な写本もあった。科学者がそれらを正当な所有者に戻したのか、それとも自分たちのコレクションに加えることになったのかは、さだかではない。ジョフロワ・サンティレールは、このとき古代の註釈付きのコーランを手に入れたことを自ら認めている。

第5章
エンジニア

幾度となくわれわれは武器を測量器械に置き換え、計測することによってある意味でその土地を戦いとり、征服することを要求された。

ジョゼフ・フーリエ『エジプト誌』

エジプト、一七九八年〜一七九九年秋と冬

パリでベルトレは、エジプト遠征のために三六人にものぼる学者の卵たちを理工科学校《エコール・ポリテクニーク》から徴募した。一七九八年の冬の終わりごろ、謎の遠征についての噂がこのエリート校で広まると、学生たちは選抜してもらおうと先を争った。遠征に参加した若いエンジニアの一人が書いているように、それはナポレオン・ボナパルトへの英雄崇拝によってあおられた「伝染性の狂気」だった。最終的に選抜された学生たちは、彼らの教授たちによって厳選された最優秀の若者たちばかりだった。教授たちもまた何人かは遠征に同行していた。

エコール・ポリテクニークの関係者は教授団を含めて、学芸委員会のメンバーのうちまる三分の一を占めていた。この学校は数学や物理学をはじめとするハード・サイエンスを教えていたが、思想の独立を奨励しており、当時としては実験的な教育がなされていた。学生たちは自分が取りたい

講義を選び、毎月の数学の問題と化学の演習についても、するかしないかは自由に任された。学生たちは製図、とくに画法幾何学についてきびしく訓練された。モンジュが開発したこの画法幾何学は、現実世界に数字を適用するための新しい方法だった。そのモンジュをはじめとして、教授たちはこの国のトップの数学者や化学者が揃っていた。彼らに要求されたのは、居眠りする生徒たちの前でものうげに講義をするのではなく、ソクラテス的問答法での教育だった。

学生たちはフランスじゅうから集まっており、パリの家庭に下宿していた。下宿先の家族は、町のいかがわしい場所から彼らを遠ざけておくように指示されていた。パリの人々は苦しい生活を送っており、食事は配給制で、パン屋にもパンは売られていなかった。そんななかで学生たちは団結心と、健康な競争感覚を培った。彼らのほとんどは裕福な家庭の出身だったが、革命後のパリの町は無秩序であり、少年たちは製図鉛筆の使い方だけでなく、拳を使うことも覚えた。学生たちの集団はしょっちゅう学校の敷地で喧嘩をくりかえし、学校の外でも兵士や町のギャングたちを相手に喧嘩した。

航海に出たとき、十六歳から二十歳の若者であった彼らは、船内では最下層の兵士たちと一緒に寝泊まりした。三〇日間というもの、彼らは艦隊でもっとも粗末な船の、それももっとも混み合った船倉で、タールと皮革のきつい臭いを放つハンモックの上で眠った。それも何層ものハンモックだ。上にも、下にも、両隣にも、兵士たちのハンモックが並んでいた。食べ物は乏しかった。兵士たちは少年たちを嘲った。彼らは保護されることもなければ監督もされなかった。

学生たちは名目上、軍の工兵司令官であるマクシミリアン・ド・カファレリ・デュ・ファルガ将軍の配下に置かれた。カファレリは、木の義足と、知的な精神で知られた戦争の英雄だった。イタリアでナポレオンとともに闘い、若き将軍がもっとも信用する軍人仲間の一人だった。あるときナポレオンの船上のサロンで、政府の理想的な形は何かという話になったとき、カファレリは即興のスピーチで私有財産を廃止すべきだとする詳細な提案を行った。この遠征について書いている後代の歴史家たちは、カファレリのこの提案を、文字にこそ記されていないがマルクスよりも前に完全に考えられた社会主義システムと見なしている。他の何人かの将校もそうだったが、カファレリはサヴァンたちを心の底から尊敬していた。彼はまた若者たちの味方となり、彼らを保護した。エジプトに上陸したあと、学生たちはどちらかというと冷淡な若い教授、ジョゼフ・フーリエよりも、戦闘の傷痕だらけの将軍を、思いやりのある指導者として見るようになっていた。

学生たちのほとんどは、パリにいるときからすでにおたがいに顔なじみだったが、船上でいっそう緊密な絆を作り上げた。学生たちのなかには、真面目にノートをとるような勉強家で従順な若者もいれば、独立心に富み、若さゆえの放蕩にふける手に負えない若者たちもいた。年長の学者たちと同じように、学生たちもまた全員が革命によって形成されていた。勉強好きなエドゥアール・ドヴィリエ・デュ・テラージュ（仲間のあいだではドヴィリエと呼ばれていた）は、貴族の息子で、恐怖政治のもっとも流血の激しかった時期に十代の何年かを過ごした。父親が投獄され、母親が死んだあと、彼は妹とともにパリの屋根裏に隠れ、家族の本や銀器をひとつずつ売って命をつないいだ。革命後、なんとかエコール・ポリテクニークに入学することができた彼は、そこで謎の航海の話を聞いて志願し、受け入れられたのである。

ドヴィリエの友人のジャン＝マリー＝ジョゼフ＝エーメ・デュボワ（遠征ではデュボワ・エーメと称した。民間人部隊には他にも五、六人のデュボワがいたからである）は、たくましく、情熱的な若者で、謎の航海に加わるずっと前から、冒険とスリルには馴染みがあった。祖先は貴族で、革命が起きたときは王家とつながりがあった。デュボワ・エーメの父親は国王の農場を管理していたが、王の処刑のすぐあと家族とともに国外に逃げた。十代のときデュボワ・エーメはフランスにこっそり戻った。しばらく身を隠してから、彼はパリにふたたび現れ、エコール・ポリテクニークに入学した。入学後の彼は、その喧嘩っぱやさと女性をひきつける手腕とで知られるようになった。

デュボワとドヴィリエはともに十八歳で、パリから教授たちと同じ馬車でマルセイユに着いた。女性に手の早いデュボワ・エーメは、船に乗る前にも小さなロマンスを楽しんだ。マルセイユで彼はイタリアの美女を誘惑した。この女性の名前は記録に残っていないが、じつは前述のデュマ将軍の愛人であった。このデュマ将軍というのは、「軍でもっともハンサム」であり「もっとも強い男」だという評判だった。デュボワ・エーメはデュマの魅惑的な愛人と数日間遊んだすえ、トゥーロンには仲間の学生たちに遅れて到着し、指定された船に乗り損なった。

大冒険が始まったとき、デュボワ・エーメはあまり感激しなかった。彼は断続的に日記をつけており、船上の生活が「どちらかといえば退屈」で、寝る場所は狭苦しく惨めだと書いている。「われわれは喧嘩する、文句を言う、猛烈な吐き気を感じる、汚い水を飲む――走る場所もなく、一瞬でも一人でいられるような小さな部屋さえない」と彼は書いている。臭くて狭苦しい寝場所を逃れようと、デュボワ・エーメは船の索具の高いところに体を縛りつけて、ほとんどの時間を本を読んだり、ビスケットとチーズをかじったりして過ごした。

友人のドヴィリエのほうは、彼ほど身軽にはなれなかった。二四人の兵士たちと一緒の戸棚サイズの段ベッドの中で、彼はひどい船酔いに苦しめられた。それでも吐き気の発作と発作のあいだに毎日日記をつけ、軍隊生活の残酷さと不快さについて記録した。船団が出航するとき、彼は二人の兵士が脱走しようとして舷側から海に飛びこみ、即座に撃たれるのを見た。その恐ろしい光景に動揺して、彼は自分のハンモックに這い上ろうとしたが、ハンモックが彼の体重で破れ、五フィート下の床に叩き落とされた。何日かのうちに、壊れたハンモックにあった寝具の残りも盗まれてしまい、べつの寝場所を見つけなくてはならなくなった彼は、甲板の上のロープの山を選んだ。

ドヴィリエの親友だったジャン＝バティスト・プロスペール・ジョロワは、トゥーロンを出航するまで、自分の出発を家族にさえ告げなかった。出航の直前に、彼は父親に電報を送り、自分が未知の遠征に出発しようとしていることを知らせた。二十歳のジョロワは、人生と運命に対して、きわめて哲学的な考え方をしていた。父に宛てた手紙のなかで彼は、船が錨を上げたときでさえ行く先は知らされていなかったけれども、それでもリーダーと自分の幸運を信じていると告げている。「多くの人々が抱いているこの盲目的確信を、政府が悪用しないことを望まなくては」と書きながらも、彼は逆の事態も覚悟していると付け加えている。「何が起ころうとも、自分は最悪の事態に向かって心の準備をしています。そうすれば、その予想が覆されるときの予期せぬ喜びが自分のものとなるのですから。」

学生たちのなかには、船が錨を上げるより前に、早くもホームシックになっている者たちもいた。十七歳の植物学の学生であるエルネスト・コックベール・ド・モンブレは、まだ髭さえ生えていなかったが、マルセイユから両親に手紙を書き、彼らの最後の手紙を読んで泣いたと書いている。「おふたりの思いやりとやさしさに、涙をおさえることができませんでした。」

その若者は何時間も無為に時を過ごし、目立たずに指定されたハンモックの中にいようとした。上にも下にも、何百人もの船酔いの兵士たちのハンモックが揺れていた。吐いていないときには、兵士たちは頬がすべすべしたこの少年をからかって楽しんでいた。コックベールはそれをストイックに耐え、ここで過ごす無為な時間についてだけ文句を言った。「仲間たちはみな、船上での退屈と無為とにひどく苦しめられています。本が足りないわけではありません。ただ、一日じゅうまったく本を読む時間がないのです。」学生たちはチェスとロトをやってみた。だがゲームはすぐに「退屈で長ったらしいもの」になった。ただし、少なくとも船の食事だけは悪くはない、と彼は書いている。

だが食事がよかったのは、ほんの少しのあいだだけだった。船上での生活は、下層の兵士たちにとってたちまちひどいものに変わった。このことは、この謎の遠征に計画性がいかに欠如していたかを暗示する初期の不吉なサインだった。何隻かの船では、数週間で食料不足に直面した。兵士たちはまもなく衣服と食料を交換し始めた。出航して二、三週間のうちに、船内に積みこまれたラムなどの新鮮な肉は腐り始め、もっと悪いことには生で供されたと、ドヴィリエは書いている。新鮮な水が不足し始め、水は飲用のためだけに限られた。出航して数日もすると、洗っていない体からの悪臭は耐えられないほどになった。

「三〇平方フィートの部屋に一一〇人。何という仲間だろう！　何という騒音だろう！」とドヴィリエは日記に書いている。「食事はまあまあだが、いちばん不快なのは、飲まなくてはならない水だ。黒くて臭くて、思わず後ずさりしてしまう。」

学生たちはまた、兵士たちが船内でやる気晴らしにたじろいだ。彼らはトランプをし、卑猥な唄を歌い、猥褻な寸劇を演じた。遠征の秘密の目的地が明らかにされると、当然それは美しい奴隷の娘の救出劇となった。年寄りのトルコ人のハーレムに捕えられ、宦官に守られたその娘をフランス兵士が救い出し、めでたく結婚することになる……。

兵士たちはまた、自分たちの船上での手持ちぶさたを埋めるために若い科学者たちをからかった。兵士たちから見れば、科学者は女より無用の存在だった。民間人は不器用で船に弱く、甲板員として使いものにならなかった。やわな体の軟弱な男たちが貴重なハンモックのスペースを占領するのは、兵士たちにとって我慢がならなかった。航海のはじめころ、ある将軍は公然と、役に立たない科学者たちを海中に投げこみたいと述べた。兵士たちはまた、チャンスさえあれば学者たちの寝具と寝場所を腕ずくで奪った。彼らがとくに腹を立てていたのは、若い教授たち――たとえば二十一歳の博物学者サヴィニーのように――が高い階級をもち、士官たちとテーブルをともにし、最高司令官と夜を過ごすことだった。ナポレオンはこうした文句を無視した。彼は自分のサヴァンたちに、軍の階級と報酬を与えた（制服は拒まれた）。

兵士は、サヴァンたちを、「将軍のお気に入りの情婦」（la maîtresse favorite du général）と呼ぶようになった。この呼び名はこの先何カ月、何年かにわたって、将兵たちが科学者を呼ぶようになった綽名のなかでも、かなりおとなしいほうだった。

船団がマルタ島に到着するころには、若者たちは、航海の神秘どころか、船上での虐待や窮乏生活にうんざりしており、旅という言葉を聞くのさえ嫌になっていた。何人かは、艦隊からの離脱を考えた。少なくとも女好きなデュボワ・エーメにとっては、悪名高い黒い目のマルタの美女たちは（街角に立つ売春婦は言うまでもなく）、できるだけ長く島に留まりたいと思わせる強力な誘因だった。海の上で三週間過ごしたあと、贅沢なマルタの宿舎でくつろげて若者たちはじつに幸せだった。宿舎の五〇フィートもつづく長い廊下の両側には、銀の額に入った騎士たちの肖像画が飾られ、新鮮なオレンジや上等のワインが貯蔵されていた。デュボワ・エーメと植物学の学生コックベールの二人は、マルタにこのまま留まり、最終的にフランスに戻る計画をひそかに企んだ。だがドヴィリエは、助けも励ましも与えなかった。

「なんとかデュボワの気持を変えなくては」と、ドヴィリエはマルタ滞在中の日記に書いている。

「どうしても彼が残ると言うのなら、わたしはひどく怒るだろうが、それでもわたしは彼にアデューと言い、彼のために残念に思うだろう。そんなことをしたら、彼はマルタまで来たすえに、これ以上つづけたくないという理由でパリに戻るという、何とも不面目なはめになるのだ。」
結局のところ、ドヴィリエはこの二人の若者を説得して船に戻らせることに成功した。ドヴィリエがエジプトについての魅惑的な絵を描いてみせたことも、彼らの気持を変えるのに効果があった。「わたしたちは航海の目的地をうすうす気づいている。もしそれが本当にわたしたちの信じているとおりだとすれば、まさしく冒険に満ちたものとなるだろう。」六月末の日記に彼はこう書いている。「わたし自身は、たとえ今より一〇倍もひどい状況になるとしても、ここでやめはしない。中途で濠《ほり》にぶちあたっても、レースをやめることはないだろう。」

若い工科学生たちがカイロに到着したのは、エジプト学士院の第一回会合が開かれる前日だった。砂漠の行進を避けて、彼らはナイル経由のルートをとった。何千年ものあいだデルタから瀑布までの水域を往復してきた小さな帆船に乗って、川を上るのである。蚊に攻撃され、ときには熱病にかかり、あるいは腹痛に襲われながら、学生たちは興奮と退屈、そして絶望のあいだを行きつ戻りつした。ある日はエジプトにいることのスリルに打ち震え、またべつの日には、ホームシックが彼らを襲った。そしてこの炎暑の国で、自分たちがこれから何をすることになるのだろうという不安と混乱に打ちひしがれた。

カイロに到着したとき、学生たちはエジプトですでに六週間過ごしており、ナイル川での生活にも慣れていた。彼らはその川に生息する住民——人間、昆虫、そして動物の——を観察し、焼けつくような日中の暑さから逃れるためにその川で水浴びした。すでに一人は、ロゼッタの川の渦のなかで溺れ死んでいた。

「わたしはナイル川を泳いで渡ってみた。幅はおよそ六〇〇メートルである。」ドヴィリエはロゼッタでの日記に書いた。「水は泥で濁り、先端の非常に鋭いヒレがついた小さな魚たちが刺しにくる。」川岸にはサソリが群れていた。エジプト人たちがフランス人に、サソリに噛まれたときには、燃えている「赤い鉄」をその痛む傷口に押しつければ治ると教えてくれた。それにしても、ときおり出会うサソリなど、至るところにいる蚊とハエの雲のような大群に比べれば何ものでもなかった。夥しい蚊にやられて、自分も仲間も疸瘡にかかったようになってしまったと、ドヴィリエは書いている。ある日の日記は、「いまこれを書いているわたしの手には、ハエが一二匹とまっている」という文章で終わっている。

アブキールの砂の上に流れついた何千人ものフランス人の死体を見て、若者たちはエジプトにおける死についてなにがしかを学んでいた。カイロに来るまでにも、彼らは忍耐の限界を経験していた。何人かはひどい病気にかかった。戸外で眠り、食べ物も水もないまま歩きまわり、昆虫、犬、そして人間たちに襲われた。それでも彼らは名目上は学生だった。だが、彼らはひとつの教訓を確実に学んでいた。その教訓とはすなわち、自分たちがパリで訓練を受けてきた高度の計測、建築図面の製図、地形の測量など、どれひとつとして、エジプトで生きるためには役だってはくれないということだった。

はじめてカイロを目にしたとき、ドヴィリエはロゼッタでかかった熱病にまだ苦しんでいる最中だった（はじめのうち彼はペストではないかと心配した）。ドヴィリエはカイロの町に、不快を感じるとともに興味をそそられた。到着した翌日、彼は日記にこう書いている。「家々の正面部《ファサード》は独創的だ。バルコニーは、美しい木の格子がめぐらされている。ほとんどの家には風呂があり、床はラグやマットで覆われている。大部分の家は崩れかけており、通りは胸が悪くなるほどだ。とくにアラブ人が燃料に使う厩肥を干す場所がひどい。もっとも奇妙な通りは、店の並ぶ一画である。一日じゅう、店主は店の外にすわって、コーヒーを飲み、パイプをくゆらしている。」

プロスペール・ジョロワは、カイロをはじめて見たとき快い驚きに打たれた。学士院の豪壮な敷地内にある自分の部屋が、彼をさらに喜ばせた。「カイロに来ることに自分が抱いていた嫌悪感、そして美しさを誇ることのない町に放り出されるのではないかという恐怖は、この町を見てから少しずつ消散していったことを、わたしは認める。状況はきわめて好ましく思われた。」九月半ばの日記に、彼はしかつめらしく記録している。

若者たちがカイロに入ったのは、ナイルの洪水と予言者の誕生を祝う祭の真っ最中だった。着いた最初の夜、町中が灯りに照らされたなかで、彼らは蛇使いや猿使い、いななくロバ、ジャグラー、ベリーダンサー、ダルウィーシュ〔神秘体験を得ようとする修行者〕、そして大道詩人などが生み出す不協和音に遭遇した。「夜の九時、だれもが外に出ていて、歌ったり、奇妙な踊りをしている。」ドヴィリエは書いている。「歌は母と子の叫び声を模しているとされる。一〇人以上のダンサーが手をつなぎ、サントンに先導されていく。彼らは相手を窒息させるほどきつくおたがいの胸をつかみ、体を揺すり、叫び声をあげ、見物人の手に接吻し、自分たちの手をさしのべて接吻させる。まるで最後の別れをしているように見える。彼らのうちの一人が疲れきって――しばしば死んで――倒れるまで、これをつづけるのだ。」ドヴィリエはサントンに魅了された。「彼らはいくぶん正気ではない人々で、きわめて尊敬されており、何でもしたいことをするのを許されている。彼らからの侮辱は誉れと見なされる。彼らは女性さえ侮辱する。」

最初のころ若者たちには、通りの光景を眺め、それを理解すること以外、カイロではあまりすることがなかった。この時期、ドヴィリエの日記は「目新しいことなし」（rien de nouveau）という文句でいっぱいである。金をかせぐために、彼は仕事についた。ジョフロワ・サンティレールは彼に、フランスの将校たちが徴用しているマムルークの邸宅からダチョウを集める役目を与えた。彼は学士院の動物園のために一羽捕まえたが、二度目は不発に終わった。「パシャの家からもう一羽ダチョウを捕まえてくる予定だったが、その家の人々が主人の留守中に食べてしまっていた。」八月二十六日の日記に彼はそう書いている。

カイロの町は学生たちを魅了した。だが、パリで数年にわたり建物や橋の設計施工を勉強してきた新進のエンジニアである彼らが本当に望んだのは、人間の手になる世界最古の建造物を調査することだった。それらはギザにあり、靄に包まれ地平線にちらちら輝いていた。遠くから見ると、そのピラミッド群は黄色みを帯びた空を背にした半透明の青い三角形であり、夢のようにはかない姿だった。埃っぽい大気と、それ自体の優雅なアングルのために、それらはまるで地上に浮かんでいるように見える。近づいてはじめて、その実体が明らかになる――人間の作った巨大な荒削りの四角い岩の山だ。

これら古代の工学技術の記念碑に近づくのを、学生たちは待ちきれなかった。だがカイロからギザまでの唯一のルートは水路であり、学者たちがそこに行くためには軍とのあいだで特別な打ち合わせが必要だった。プロスペール・ジョロワは、最初に行った学生の一人だった。当然ながら彼は頂上まで登ろうとしたが、それは見た目より簡単ではなかった。「信じられないほど苦労して、わたしはピラミッドの中途までたどりついた。層になっている石組は、時の経過とともにほとんど摩滅しており、上段の石の破片にふさがれて、足場はきわめて不安定だった。一度ならずわたしはもろい傾斜面を歩いたが、歩くたびに足下で崩れるのだった。そのうえ、わたしの上を歩く人々が落とす石が猛烈な勢いで飛んできて、当たった人間を倒しかねなかった。わたしは引き返すことに決めた。」

結局、ジョロワはもっと安定したルートを選んで頂上によじ登った。彼は近くのスフィンクスの顔を調べ、その全身が「砂の下にあると言われる」と記している。

ドヴィリエとデュボワ・エーメもまたピラミッドを訪れた。年長の学者グループの集団に勝手に押しかけたのである。モンジュとベルトレは、自分たちをはじめ学芸委員会の指導的メンバーのための遠征を計画したが、学生たちはそこに招待されていなかった。それを聞きつけた二人の若者は、前の晩にナイルを横断し、すっかり身支度をして近くのギザの宮殿に隠れていた。朝になると、彼らはピラミッドに向かう船を待つ行列の先頭にいた。年長の学者たちが乗船したときには、二人はすでに船内におさまっていた。学者のリーダーたちは学生を見て驚いたが、だれも彼らを叱責しなかった。

このときナポレオンはモンジュに向かって、大ピラミッドの頂上まで競走するようにけしかけた。九月の燃える太陽の下、あいかわらず威勢のよい幾何学者は、いつも携行しているブランデーを一口あおると挑戦を受けて立ち、若者たちを打ち負かした。頂上にたどりつき（物理的な高さだけでなく感情の高ぶりでもまさに頂上だった）、ナイルの渓谷を見渡したモンジュは妻への手紙のなかでこう予言した。ヨーロッパ人はいつの日か寒さを避けてエジプトで冬を過ごすことになるだろうし、あと五〇年もしたら、フランスは地上の楽園を手に入れるはずだと――。

ものに動じることのない年長の学者たちのこの態度は、ドヴィリエを感嘆させたが、数日後、彼はふたたび彼らの超人ぶりを目撃するはめになった。学士院の部屋でベルトレとジョフロワ・サンティレールの二人と同席していたとき、たまたまドヴィリエがそこにあった銃を、装塡されていたのを知らずに手に取った。弾丸が飛び出し、二人の学者たちの頭のあいだを通過して、壁の真ん中の鏡を割った。「二人とも、まるで何ごともなかったかのようだった！」仰天した学生はこう書いている。

数学者のジョゼフ・フーリエが、名目上は学生たちのリーダーだった。だがこの三十歳の教授は冷淡でよそよそしく、利己的な性格の持ち主で、ロゼッタやアレクサンドリアでは数回にわたって若い学生たちを放置し、悲惨な目に遭わせていた。学生たちは、彼の助けをあてにできないことを学び、他の保護者を捜すようになった。もの静かで堅実なベルトレの態度は、若者たちにとって慰めとなった。「エジプト滞在中、ベルトレは窮乏や疲労を意識しなかった。」ベルトレの伝記に、ジョマールはこう書いている。「何ごとにも満足を見いだし、何ごとにも文句を言わない姿は、まるでヨーロッパでの安楽な生活を楽しんでいるかのようだった。ベルトレの単純さは徹底していた。遠征隊の若い化学者たちに対して、彼は思いやりがあり、親切だった。」

学生たちの士気が衰え、あるいは物資が必要なときに、頼ることのできる人物がもう一人いた。カファレリ将軍である。彼は社会主義者で、エンジニアでもあり、数々の闘いを生き抜いた勇者だった。木の義足が、その軍功を誇らしげに示していた。「惨めで、打ちひしがれた気持になっているとき、半時間ほど彼と会話するだけで、立ち直ることができます。」若い植物学者のコックベール・ド・モンブレは、両親に宛てた手紙にこう書いている。

だが兵士たちは、この工兵隊司令官に腹を立てていた。このエジプト遠征が不運な失敗であることに気づきつつあった兵士たちは、カファレリがこの計画の発起人の一人だと思いこんだ。彼が義足でそばを通りすぎるたびに、いつもだれかが聞こえよがしにこうつぶやくのだった――「何が起こったって彼には関係ないさ。どうせ足の一本はフランスに置いてあるんだから。」

九月のはじめにカファレリは、まだエコール・ポリテクニークを卒業していない最年少の工科学生たちに対して、数週間後に最終試験を受けるよう命じた。学生たちは本と鉛筆を取り出し、勉強にかかった。ジョフロワ・サンティレールのダチョウとマングースのいる楽しげな動物園のある学士院の構内は、勉強に集中するには理想的ではなかったが、静けさという点ではカイロにこれほどの場所はなかった。彼らは椅子を並べ、図書室の本の壁に向かって、計算、三角法、そして製図の勉強に打ちこんだ。

十月六日――パリにいるクラスメートたちが最終試験を受けているのとほぼ同じころ――学生たちはモンジュ、フーリエ、そしてベルトレからなる試験委員会の前に一人一人立った。彼らは全員合格した。卒業によって学士院への入会資格は与えられなかったが、地位は引き上げられ、軍人や若い教授たちに対してより対等な立場に立つことになった。これ以降、学生たちは学士院のあらゆる活動に参加し、会合に出席し、学士院の構内で学者や軍の高官たちとつきあい、食事をともにした。

試験に受かるとすぐ、若者たちは、学芸委員会のどの分野に加わりたいか決めるように言われた。軍事工学か、道路橋梁班か。ナポレオンはこの若者たちを必要としていた。彼らの活力、元気、そして厳しく訓練された知識と技術はきわめて貴重だった。年長者から少し指導を受けるだけで、彼らはもう地図測量を行い、道路を造り、橋を設計し、新鮮な水のありかをつきとめて運河に送ることができた。この若者たちが最終的にエジプトの他の面に興味をもつ――ほとんどの場合そうなったのだが――にせよ、第一にフランス軍のためになすべき任務があるのを忘れることは、けっして許されないだろう。

新人のエンジニアたちは、二つの分野の仕事を割り当てられた。地図製作と水路測量である。一七九八年当時、唯一利用できたエジプトの地図は、一七六五年にシュヴァリエ・ダンヴィルによって描かれた間違いだらけの地図だった。アームチェア地図製作者と評されるこのダンヴィルは、エジプトには一度も足を踏み入れたことがなく、その地図も本と古地図だけを使って作製したものである。遠征の最初の何年かのあいだ、エンジニアたちは、急ぎ軍のためにもっと正確な地図を作ろうとした。最新の器具が海底に沈んでしまったため、コンパスや測鎖を含めて、不正確な古い測量法に頼るしかなかった。そしてそのようにして得た結果を、この上なく複雑な天文学的な計算によって確かめたのである。

地図製作者たちが作った地図にいくぶんでも正確なところがあるとすれば、それはすべて元聖職者だった天文学者で、学芸委員会のメンバーであるヌエ神父のおかげだった。彼は海洋クロノメーター、経緯儀度盤、望遠鏡などの器具を、自分の個人的な荷物のなかに入れておいたのである。地図製作者が地理上の位置に相当する天文上のポイントを確かめるのを、ヌエはこれらの器具を使って助けた。

道具が不十分であることや実際に動ける範囲を考えれば、彼らが最終的に作成した地図が低水準だったのは驚くにあたらない。『エジプト誌』の最後の巻には地図が掲載されており、エジプトでの地図製作を指揮したピエール・ジャコタン大佐による説明がなされている。ジャコタンはそこで、地図の不正確さについて弁解し、精密機器の不足と、仕事にあたった人員の少なさ、そして軍の護衛が不十分だったことを原因として挙げている。

地図製作は次のように行われた。各エンジニアには、それぞれ天文学者らによって図示された一連の天文上のポイントに相当する地上部分が割り当てられる。天文上の一点から二番目の点まで、エンジニアは歩きながら、一定間隔に印をつけた紐で距離を計測する。一〇〇〇メートルから二〇〇〇メートルごとに、グラフォメートルと呼ばれる小さな縮尺スケールで紙の上に印をつける。新しいポイントに到着するたびに、そのプロセスをくりかえし、次の天文上のポイントに進むのである。

精密技術という点で地図製作のプロジェクトに欠けていたものを、彼らは分類と記述からなる科学の力で補った。計測機器とともに測量技師たちが携行したのは、記録用の書式だった。彼らは作業中に出会う人々、動物、植物についての詳しい情報を、その書式に記録するよう指示されていた。各書式は一〇列からなり、場所の名前（フランス語とアラビア語の音声表記で）、家族の成員数、仕事の形態、地域の農業のタイプ、地元の産業、商業、さらには木々の名前まで記録する枠があった。ノートには、水と空気の質、原産の動物、地元民の性格、部族の移動、習慣、そして関係があると思われるすべての事柄に関する総合的な観察が記録された。

人口統計学と土地測量という二重のこのプロセスは、うんざりするほど単調だったばかりでなく、危険でもあった。アレクサンドリアだけでも、地図の作成には三カ月かかった。夏のアレクサンドリアの極度の暑さが原因である。地図製作者は、野犬や武装した暴徒から走って逃げ、サソリやハエを追い払い、渇きに苦しんだ。機器のなかには砂が詰まり、目は感染症にやられて一時的に盲目になった。

エジプトの地図製作の任に当たったエンジニアは、当初はテストヴィドだったが、カイロの暴動で殺され、ピエール・ジャコタンが後任となった。ジャコタンが命じられたのはカイロの地図製作だった。二〇〇〇分の一の縮尺で、人々の群らがる首都の詳しい測量をせよというのである。カイロの地図製作の仕事はいかにも困難だと思われたから、エンジニアたちは命令が撤回されるのを望んだ。だがそうはならず、結局はジョマールがカイロの曲がりくねった路地に入りこむことになった。同行するのは、アラビア語が話せて、コプト語が読める数人のエジプト人通訳である。数週間にわたって彼はロバに乗り、ガイドたちとともに町をあちこち移動した。最初に彼は、町の道路、場所や建物、記念建造物、市場、公共の建物について、そのすべての名前（アラビア語とフランス語の両方で）を集めることから始め、その一方で産業と商業についての情報を集めた。日の出から日没まで、生気を奪う暑さのなかで仕事をしたあげく、彼はカイロの扉、小道、運河の河床、アーチについて、大部分のフランスの民間人が三年間で知ったことよりもはるかに多くを知ることになった。

三カ月足らずで、ジョマールは詳細な報告書を作成した。報告書の序には、自分がとくに苦労したのがカイロの扉だったとある。「この町はほぼ完全に、きわめて短い通りと曲がりくねった路地、それに無数の袋小路からなっている」と彼は書いている。「これらの道路のどの区域も門で閉ざされ、開けられるのは住人だけだ。その結果、カイロの内側を知るのはきわめて難しい。」

だが、ジョマールはそれを知るために最善をつくした。地図作製のために町を探索しながら、彼は場所の名前や地形測量ばかりでなく、それらをはるかに越えたカイロの文化の諸様相を記録した。狭い路地をロバと通訳たちと一緒にさまよい、ひとつの居住地区全体を隠した門を叩いて、彼はみずからのノートに、ヘビ使い、ベリーダンサー、宗教的神秘主義者との出会いを走り書きし、またマドラサ〔イスラムの教義を教える学校〕の入口から中をのぞいては、子どもたちが忙しくコーランを暗記している光景をメモした。コーランのこの教え方について、報告のなかでジョマールは、フランスのやり方よりもすぐれているかもしれないと述べている。

「ある公共の場所では、歌い手たちが集まり、管楽器や弦楽器を演奏している」と彼は報告している。「さらにまた、奇術師がいて大衆の前で奇術を行っている。フランスの奇術師と似たトリックもあるが、フランスではしないようなトリックもやっている。たとえば子供の鼻を切り落とすなどのひどく残酷なトリックがある。その子供が顔を血だらけにして金をとりに来るときには、思わずあとずさりしてしまう。奇術師たちはまた、訓練したサルを使ってトリックをする。サソリやヘビを使うこともある。」

　ジョマールはパリでとくに浮世離れした生活を送っていたわけではなかったが、それでもカイロで見た極端な貧しさとみだらな娯楽はショックだった。町の多くの通りで、挑発的なアルメーたちが芸を披露していた。これらのベリーダンサーは、ふつうはハーレムや金持ちの邸内で演技をするのだが、街路でも踊っていた。ここでするのは、ジョマールの推測によれば、踊りのなかでも少なくとも「もっとも卑猥なもの」だった。アルメーは、ラマダン期間中をのぞいて毎日、公衆の前で踊っていた。ジョマールはそのショーがおおっぴらに性的なのに仰天した。「二人のアルメーが一緒にダンスする場合、一人が愛人を演じる。その二人が披露するシーンは、露骨にみだらな仕草ばかりだ。」彼はそれらの卑猥な歌詞のいくつかを記録し、フランス語に訳している。そのひとつにこんな歌詞がある――「さあ、友よ、腰の紐をほどいて、わたしに迫っておいで。」

　カイロでもっとも貧しい住民層であるフェラーヒンの住居について系統的に調べたのも、ジョマールがはじめてだった。最初彼は、自分が通りすぎた地下壕式の住まいを、人間の住居だとは思わず、犬小屋だと考えた。石の混じった粘土で造られたその小屋は、てっぺんが開いており、四フィートの高さしかなかった。だがじきに彼は、それが犬小屋でなく人間の住まいだと知った。「人間がそこに住めるとは信じがたい。あまりにも低く、そして狭いからだ」と、彼は同僚たちに報告している。「一家族全員が、直径六フィートの穴の中に暮らすこともある。その汚さと悲惨さは、見る者に嫌悪を催させ、思わずあとずさりさせる。」黒くすすけた内部の壁は、住人が中で火を焚いている証拠だった。べつの場所で、ある家の三階の窓から犬、山羊、羊が頭を突き出しているのを見たとき、彼は上層階級の家族の住まいでも家畜が一緒に暮らしているのに気づいた。

最終的にジョマールたちエンジニア班は、たくさんの紙を使ってカイロをはじめとするエジプトの地形図を作成した。欠陥があるとはいえ、フランス政府はこれらの地図をきわめて貴重な資料と見なし、ほぼ三〇年ものあいだ、その公開を控えた。これらの資料に対する彼らの用心と誇りはおそらく、エジプトにおけるフランスの勝利についての消え去りがたい錯覚の反映だったのだろう。公表された四七枚のエジプトの地形図は、不正確な計測と、耕作地や土地の境界線についての誤った前提にもとづいており、当時としても低水準であった。それでもこれらの地図は、十九世紀前半においてエジプトに関して利用できる最良のものであった。それはあとの時代の旅人と地図製作者に、この国の地勢について少なくともそれなりの概略を提供した。そしてそれらの地図を見る者たちは、だれがその困難な仕事をなし遂げたかを思い出させられるのだった。地図製作者たちが彼らのエジプトの地図を公表したとき、どのシートにも左上の隅に、パリの子午線からの距離が含まれていた。

地図製作のほかに、若いエンジニアたちにはもうひとつ、同じように重要な任務があてがわれた。水のありかをつきとめること、その使用、そして管理である。フランス人が到着したとき、現在はダムが造られているナイル川はいまだに勝手気ままに暴れまわっていた。毎年の氾濫水位を決めるのは、人間ではなく自然だった。モンスーンが運ぶ雨のために、夏の終わりになると川は増水し、最高水位に達して堤から溢れ出る。水が後退したあとには、肥沃な有機質の土壌が残り、短い収穫シーズンを支える。つづく乾燥した長い時期、人間も、植物も、動物も、その収穫を食べて生きのび、次の氾濫がくるのを待つのだ。

一九〇二年に最初のアスワンダムが作られる以前、有史以来何千年間にわたってエジプト人の生活を規制したのはナイルの洪水だった。それによって人々は時を刻み、川を支配する神々の名をつけ、そのサイクルに沿って祭りを祝った。水位を測定する道具さえも神聖とされ、その管理は聖職者に委ねられた。フランス人が到着したとき、ナイル川のほとり、カイロのロダ島にある水位計、ナイロメーターは、レモンとオレンジの木立の中、長いイチジクの並木道の最端部に安置されていた。

ナイルの神秘性は、古代ギリシャとローマの神話のなかにまで浸透し、ヨーロッパのキリスト教にも影響を及ぼした。アリストテレスは、ナイル川にあると信じられている多くの魔術的特性について報告しており、たとえば、ナイルの水は他の水の半分の時間で沸騰すると書いている。さらにまた、エジプトの女性の繁殖能力はナイル川によるとも述べている。信じられているところによれば、エジプトの女性はしばしば双子を生み、しかも妊娠期間はわずか八カ月だというのである。古代ローマには、ナイルの水が宗教的な目的で運ばれてきた。バチカン宮殿にも、川の神の足下で戯れる一六人の子供を描いた大理石の象徴的な彫刻群「ナイル川」がある（子どもたちはそれぞれが一エル〔一エル＝四五インチ〕の身長で、ナイルの氾濫水位の一六分の一〔水位が一六エルを越えない場合は飢饉が襲うとされた〕を象徴する。「人類への恩恵において、ナイル川は人間の住む世界のすべての川を超えている」と、紀元前一世紀の歴史家、シケリアのディオドロスは書いた。またセネカは、ナイルに比べれば、他のすべての川は「卑しい水」にすぎないと書いている。エジプト人がワインを嫌うのは、ナイル川の水がきわめて美味だからだとも信じられた。

カイロへの燃える砂漠の行進を強制され、それに生き抜いたあと、フランス人はなぜエジプト人が、彼らにとって新鮮な水の主要な源であるナイル川を崇拝してきたのか、容易に理解することができた。その川が命の水であることに異論をさしはさむフランス兵士はいなかったはずだ。

砂漠を灌漑する方法を考案するほかに、フランス人が熱望していたのは、エジプトの水路に関するもうひとつのきわめて重要な疑問への答だった。二つの大洋がエジプトの沿岸を洗っていた。それぞれは手が届きそうなほどの近さにあり、一〇〇マイルほどの砂漠に隔てられているだけだった。アフリカ大陸の頂端を横ぎる運河を作ってこれらの大洋をつなぐことができれば、アジアに向かう船はもはやアフリカを回る必要はなく、インドと交易する商人も危険な陸路をとる必要がなくなるだろう。この運河が東洋の植民地支配にもつ潜在的重要性は、計り知れないものがあった。

運河というのは新しいアイデアではなかった。地理学者によれば、地球の歴史においては紅海と地中海のあいだの地峡は比較的最近まで海峡だった。二つの海を隔てる砂漠にあるいくつものアルカリ塩湖は、先史時代の水路の名残である。長い年月のあいだに二つの海は後退し、沈泥が堆積するにつれて河道も消えていった。おそらくファラオの時代の間には、堆積の進行はだいぶ進んでいたのだろう。古代エジプト人は、船がナイル川デルタを運航できるように多くの運河を掘ったけれども、延長一〇〇マイルの水路を作ってこの二つの海をつなごうとはけっしてしなかった。せいぜい彼らがしたのは、ナイルの水路を紅海につなぐことだった。砂漠に掘った壕を経由してスエズ港に出るのである。

実を言えば、紀元前七世紀にエジプト人は巨大な運河を掘った。ヘロドトスによれば、二つの軍隊が横一列に並べるだけの幅の水路を掘るのに、一二万人が死んだという。何世紀もたってから、ここに侵入したペルシャ人たちが運河の掘削を再開したが、未完成のまま、途中で放置した。なぜなら彼らは、紅海の水位が地中海よりも高いと信じており、この二つの海を運河で結ぶことで真水のナイル川が塩水で充満してしまうと恐れたのである。

何世紀も前からヨーロッパ人は、喜望峰を回るよりも容易な東西の通商路として、エジプトの運河に関心をもってきた。十七世紀には、フランスの商人ジャック・サヴァリー（旅行記作家のサヴァリーとは別人である）は、見こみのありそうないくつかのエジプトの運河計画を詳細に検討し、どのくらい費用がかかるかを計算した。紅海に面したスエズ港と地中海のあいだの運河についても、精密なプランを作成している。こうしてルイ十四世治下のフランスで、エジプトの地峡を開くことは国策となった。一六六五年には、フランスはトルコに対して、運河建設を援助すると提案した。フランス側は、運河によって関税収入が増加することから、トルコ政府がこの提案に同意するだろうと考えた。だが、キリスト教徒である西洋人に対してきわめて強い敵意を抱いていたトルコ人としては、どんな合弁事業にせよ、とうてい受け入れることはできなかった。それだけでなく彼らは、聖地に近いことから、紅海のいくらかの部分の通行をイスラム教徒以外には禁じていたのである。十八世紀に入ってもずっと彼らは、運河建設がいかに有利であるかというフランスからのたびたびの提言に対して、同じ論理で拒否しつづけた。

十八世紀末、世界の交易においてもっと大きな地歩を占めたいと考えていたフランスにとって、エジプトの運河への欲求はさらに強いものとなった。だがこれまでトルコ人は、フランス人に対してジッダより上の紅海海域を完全に閉ざしていた。メッカへの巡礼はスエズ湾を横断しなくてはならず、不信心者の船乗りが予言者の墓を冒瀆するかもしれないというのが、トルコ側の説明だった。一七九八年当時、フランス商人はこうした宗教的制限を受けながら紅海の下の流域で活動していたのである。彼らはアラビアからのコーヒー、そしてインドからの布を、海を横ぎって南の砂漠の諸港まで運び、そこで商品を荷造りして、古くからの隊商ルートを通って砂漠を越え、最後にナイル川を下って、地中海に出るのだった。イギリスはマムルークのベイたちと特別な協定を結び、インドからの荷を紅海を遡ってスエズまで運ぶ許可を手に入れていた。ナポレオンがエジプトに派遣されたころには、フランスはみずからの植民地的野望を果たすために――そしてイギリスの鼻をへし折るために――エジプトの運河をすこぶる必要としていた。

ナポレオンは、フランス政府の指令にあった最後の項目を忘れてはいなかった。「スエズ地峡を開削し、フランス共和国にとって紅海の自由かつ独占的な所有を確保するためのすべての必要な手段を取るべきである」というのがそれである。

一七九八年のうすら寒いクリスマス前夜、彼はお気に入りの科学者たち、数人のエンジニア、そして護衛部隊をつれて個人的な偵察ミッションに出発した。一行はカイロから東に向かい、砂漠に入った。モンジュ、カファレリ、ジャック＝マリー・ル・ペールの三人が、将軍とともに先頭を進んだ。このル・ペールが最終的に運河の調査を任されることになる。武装したフランス人キャラバンのあとには、カイロのさまざまな商人たちがつづいた。商人たちにとって、紅海に出るのにこれほど確実な方法はなかったからだ。ほぼ三〇〇人からなるこの随行集団とともに、将軍は出発した。

カイロから数マイル東に行ったところで、地形はひからびた砂利と砂からなる荒涼とした風景に変わった。ときたまダチョウやガゼル、そしてワシやタカのような猛禽の姿を見かけるほかは、生命のしるしはいっさい見られなかった。食料や燃料になる草木はまったくなかった。聖なるアカシアが一本だけ、砂漠のなかの巡礼基地であるハウラの位置を示していた。その枝は、メッカに向かう途中の巡礼たちが残した布きれで飾られていた。兵士たちがその木を燃料用に切り倒さないように、ナポレオンは自分がその木の下で眠るという予防策をとった。クリスマスイブのその晩、兵士たちはまわりの砂漠から拾ってきた動物の骨を燃やして、暖をとった。乾パンとビスケット、そして山羊皮の水筒から飲む水からなるクリスマスの食事は、公然たる無神論者である彼らには場違いであり、苦行僧にふさわしいものだった。ただしナポレオンとモンジュだけは、ローストチキンのディナーを調達していた。

　数日間行進したあと、一行は見捨てられていたスエズ港に到着した。沈泥に埋まった港には、ダウ〔アラビア人が古くから使っている木造帆船〕が数隻つながれているだけだった。だがナポレオンは、この「惨めで汚らしい場所」に可能性を見た。彼は港の浚渫を命じ、何隻かの船をカイロから送らせる手配をした。午後遅く、干潮になったとき、彼は一団の人々を率いて、聖書にあるモーゼの泉から水を飲むために半島を横ぎった。道中モンジュは、ユダヤの民が紅海を渡って逃亡し、シナイで放浪したという言い伝えについて、出エジプト記からの引用をちりばめて、ざっとした講義を行った。

　その晩、彼らはすんでのところで命を落とすところだった。紅海の水位は予想よりも早く上昇し、フランス人の「命の水《オー・ド・ヴィー》」で陶然となったアラブのガイドたちは、押し寄せる暗闇のなかで方向を見失った。人間も馬も、水に浸った砂に沈み始めた。まもなく海水は馬の腹を巻きこんだ。工科学生のリーダーだったカファレリは、ぬかるみのなかで木の義足をとられ、溺れかけたところを兵士に救われた。陸地から小型望遠鏡で遠征隊を見ていた護衛兵たちは将軍の一行が危機にあるのに気づき、一行を岸辺に導くために一軒の家に火をつけた。すでに夜になっていたからである。全員が無事だった（火をつけられたエジプト人の家はべつとして）。ナポレオンはのちに、カファレリを救った兵士に「紅海横断」と銘を刻んだ剣を与え、その功を讃えた。

　カイロへの帰途、ナポレオンは、渇いたワジ〔雨期以外は水のない河床〕の移動する砂の中に一〇〇〇年前の運河の遺構を発見した。旅は大成功と見なされた。だが一月七日のジョロワの日記には、つぎのような痛烈な文章が見受けられる（彼は遠征には同行していない）。「スエズに行った人々は全員戻った。その間、総司令官は従った者たちを多くの難儀に遭わせた。小旅行やら競走やらをやらせたあげく、二、三頭の馬を殺し、一人のガイドを失ったが、彼の熱意をさますものは何もなかった。」

一月の学士院の会合では、一人のエンジニアがエジプトの農業について長ったらしい退屈な報告を読み、東洋学者がアラブの詩のフランス語訳を発表した。やがて議論が仕事の割り当てに向かったとき、若いエンジニアたちの多くはようやく、自分たちがエジプトにいるのは軍隊にとって特別に重要かつ危険なフィールドワークをするためだということを悟った。協力を渋った者も何人かはいたが、だからといって彼らに選択する権限はなかったのである。

とくに辛辣な筆致で、ジョロワは自分たち若い学者が信頼を置いていたカファレリを非難している。「多くの小旅行が組織されている」とジョロワは書いた。「カファレリ将軍は、今まで彼の手から逃れてきた人々を捕まえようと必死になっている。彼はリストを作成し、好きなように仕事と目的地を割り当てる。学士院と学芸委員会のさまざまなメンバーに対して、将校たちが好き勝手に指示を与えるのを見るのは、じつに情けないことだった。」モンジュとベルトレがあるエンジニアに向かって、遠い前哨地でのとりわけ不快な任務を引き受けるよう説得しているのを見たとき、ジョロワの幻滅はいっそう強まった。「（彼らは）その仕事が不朽の名声をもたらすだろうと言って、相手を説得しようとしていた。だが彼らの意図は見え見えだった。原則として、彼らは将軍たちにはだれに対しても反対しないのだ。」運河の実地踏査の任に当たることになった三十九歳の工兵将校ル・ペールに対して、ナポレオンはその事業の重要性を強調するために、英雄的な（そして馬鹿げた）タイトル──「二つの海のあいだのすべての事業における主任エンジニア」──を与えた。

卒業試験に通ったばかりの学生たちのほとんどが砂漠に派遣された。提案された大運河のサイトの実地踏査を手伝うためである。ドヴィリエ、ジョロワ、そしてデュボワ・エーメはみな別々ではあったが、運河踏査の遠征に加えられた。彼らは、アブキールでの難破から回収したわずかな器具や、カイロで作られたレベルの低い道具類を携え、人間と虫の捕食者がはびこる砂漠に入っていった。彼らを護衛する兵士たちも、それらの捕食者にはほとんど歯が立たなかった。

この時期すでに砂漠のベドウィンには、フランス人を攻撃するためのもっともな理由があった。ナポレオンが新設したラクダ連隊用のラクダは、規定の方針として遊牧民の野営地から盗むことになっていた。ナポレオンのラクダ連隊は、当時シリアと呼ばれていた北方のレバント地方（現在のイスラエル、レバノン、シリア、ヨルダン）の大帯状地への侵攻を目的として、騎兵隊を補充するために結成されたものである。ラクダを盗んだだけでなく、そのあとナポレオンがしたことは遊牧民へのさらなる侮辱となった。彼はそのラクダ騎兵隊を、遊牧のアラブ人を模した砂漠軍としてデザインした。彼らは槍を与えられ、灰色の制服にアラブ風のクローク〔袖なしの外套〕を着用し、ターバンをかぶった。

こうした軍の方針は、砂漠を踏査中のエンジニアや測量者に大きな犠牲を強いた。ベドウィンは、フランス人と出会ったらすぐその場で殺すようになっていたからである。敵はワジに身を潜めたベドウィンだけではなかった。人間に襲われないときでも、砂が彼らの機器を詰まらせた。何よりもエンジニアたちは、自分たちの粗雑な計測法が仕事の究極的な価値を疑わしいものにすることに、痛いほど気づいていた。たとえば彼らの水準測量用望遠鏡には十進法の目盛りがついていたが、測量杭は十二進法の目盛だった。得た結果をダブルチェックする必要があることはわかっていたが、食料と水が不足していたため、カイロに戻らざるを得なかったのである。

軍は、測量者たちの不満を無視した。一七九九年二月に行われたある小旅行が失敗したあと、ジョロワはとくにカファレリを非難した。彼の書いているところによれば、民間人たちは帰還するとカファレリ将軍に会いに出かけたという。「カファレリは耳に快い言葉で彼らを迎えた。将軍はラクダが必要だったため、あくまで礼儀正しい口調は崩さずにエンジニアたちから数頭のラクダを巻き上げるのに成功した。金を払うと約束していたが、支払いは実行されなかった。与えられていた護衛隊も、しばらくのあいだ彼らから取り上げられた。そのため彼らは仕事をつづけることができなくなった。」

こうした困難にもかかわらず、大運河を踏査測量するために、エンジニアたちは三回にわたって砂漠に入りこんだ。しばしば彼らは文字どおり闘いの渦中に身を置くはめになった。ガイドたちとベドウィン集団や地元のアラブの暴徒とのあいだに小競り合いが起こると、学者たちは隠れ場を求めて逃げまわった。十一月と十二月に、デルタ地域にあるメンザラ湖への遠征行に出かけたエンジニアたちが湖の輪郭線を計測しようとしていたとき、地元のアラブ人が小規模の暴動をしかけ、「もっとも恐ろしい争乱」を引き起こしたと、ジョロワは書いている。アラブ人たちはフランスの兵士を無防備な場所で一人ずつ狙い撃ちした。フランス軍はその地域を暴徒に明け渡すことに決めた。「地域の全住民の反乱と湖の漁民の暴動に恐れをなしたフランス部隊は、下エジプトをあとにすることを決意した。この踏査行のあいだ、エンジニアたちが経験した困難は数えきれない。一度ならず、彼らは膝までの泥とヘドロの中を裸で歩かなくてはならなかった。」こんなふうに泥の中に膝までつかり、弾丸から身をかわしていないときには、吹きつける砂が彼らを盲目にした。

カイロの東の砂漠では、ドヴィリエがべつの不運な遠征を経験した。軍の護衛たちが予告なしに民間人を置き去りにしたため、護衛なしで仕事をするはめになったのである。アラブ人のガイドまでが、自分の部族がシリアに行くのを保護するために、渇きで苦しむフランス人たちを井戸から離れたところに連れていった。スエズからの獲物を求めて徘徊するアラブ人の噂に恐れをなして、結局この遠征は一六時間かけてのカイロまでの命がけの帰還で終わった。この踏査行の折、ドヴィリエは自分の粗雑な砂の詰まった機器に絶望して、現地調達の独創的な計測方法に転向した。「ラクダの足どりは完全に一定不変である。まさしく真の動物時計だ」と彼は日記に書き、どのようにして自分がカイロとスエズのあいだ、聖書には「放浪の荒野」として知られる砂漠地域を測量したかを述べている。

エンジニアの指揮をとったル・ペールは、道具や設備の不足によって測定の誤りが起こりうることに完全に気づいており、測量者たちには、もし計算の正確さについてほんの少しでも疑いがあれば、二度三度と測量し直すように命じていた。それにしても同じ土地をくりかえし測量することがほとんど不可能だということは、彼にもよくわかっていた。エンジニアたちがこの命令に従うことなど、まずありえなかった。

エンジニアたちは砂漠から数値を持ち帰った。問題は、それらの数値が誤った結論を導いたことだった。

一八〇〇年末、ようやくル・ペールはナポレオンに暫定的な報告書を提出した。その報告は、直接二つの海を結ぶのではなく、エジプト・デルタ内の湖を経由して、紅海をナイル川と結びつける方法について論じていた。ル・ペールがこの回り道のルートを選んだのは、とほうもない測量の誤りのせいだった。ル・ペールとその指揮下のエンジニアたちの計算では、紅海が地中海よりも三三フィート水面が高いという結論が出ていたのである。こうしてフランスの踏査測量は、二つの海のあいだに運河を造ればエジプトは塩水で水浸しになるという、七世紀のペルシャの誤った考えを支持したことになった。

学者の全員がル・ペールの結論を受け入れたわけではなかった。フーリエは、そのような海面の不均衡は、水面レベルと平衡に関して知られている自然の法則に反すると推定した。その考えは正しかったが、彼は自分が安全にフランスに戻るまでは、公式に異議を表明するのは控えた。一八〇九年に最終的に運河の報告書が発表されたときには、フランス人の関心はヨーロッパの緊急の諸問題に向いており、ナポレオンは砂漠の溝などにはほとんど関心を失っていた。
一八四七年になって、フランスの測量者たちは新しい計測によってようやくその過ちを訂正した。ドヴィリエはナポレオン遠征隊のエンジニアのなかで、存命していた少数のメンバーの一人だったが、訂正されたことにひどく怒り、自分と仲間たちが正しかったと主張した。一八六〇年代には、べつのエンジニア団がフランス人フェルディナンド・ド・レセップスの指導のもとで、現実に運河の掘削に手を染めた。現在のスエズ運河である。最初の踏査から半世紀以上もたっていた。もしも一八〇〇年の最初の踏査でナポレオンのエンジニアたちが正しく計算していたならば、そして将軍が権力の絶頂に近づきつつあったときにフランスが運河の開削に成功していたならば、当時の世界も今の世界も、ずっと違ったものになっていたかもしれない。

運河に関しては、ナポレオンのエンジニアたちの仕事はみごとな失敗だった。だが彼らは、奇妙な記号の刻まれた中くらいの大きさのピンクがかった石を発見した。やがてその石は、人間の歴史の巨大な空白部分を明らかにすることになる。最終的に古代エジプトの文書を解き明かす鍵となったそれは、ロゼッタで発見された。一七九九年七月末のその日、暑いことは暑かったが、ほかにはとりたてて変わりばえのしない夏の日だった。ナイル川の西岸にある古い十字軍の砦を補強するために、壁に沿って掘っていたとき、ピエール＝フランソワ・グザビエ・ブシャールという名の工兵将校が、岩屑のなかに文字の刻まれた大理石の石があるのに気づいた。埃を払うと、三つの文字で彫られた碑文が現れた。ひとつは明らかにギリシャ語であり、もうひとつはヒエログリフだった。ブシャールは、石の発見についてロゼッタ地区司令官のジャック・ムヌーに報告した。ムヌーはその石を自分のテントに運びこみ、洗わせたあと、ギリシャ語の部分を翻訳するように手配した。これがきわめて重要な発見だということは明らかだった。ムヌーは、エンジニアたちに命じて、もっと多くの断片を捜索させた。かけらでも見つかれば「体重分のダイヤモンドの価値がある」と言われたにもかかわらず、兵士たちは最初の石のほかには何も発見できなかった。

数日後、民間人エンジニアのミシェル＝アンジュ・ランクレが、カイロにいるモンジュとベルトレに手紙を送り、この発見について知らせた。八月中旬、ムヌーはその石を学者たちに送った。最初に調べたのは、遠征隊の東洋学者、ジャン・ジャック・マルセルである。彼は中央の文字が「民用文字」（古代エジプト語の比較的単純化された大衆バージョン）であることをつきとめた。学者たちは興奮した。ひょっとすると、この五四行からなるギリシャ語と、三二行からなる民用文字によって、テキストの一番下にある一四行からなるヒエログリフの翻訳が可能になるかもしれない。

フランス人がこの石を発見したとき、すでに一五〇〇年前からエジプトのヒエログリフ文字をひとつでも読める人間はだれ一人いなくなっていた。古代文明は数千年つづいたが、エジプトの異教信仰の消滅は突如起こり、それも完全だった。三世紀にエジプトを征服したキリスト教徒は、エジプト人が古代の宗教的文字を使うことを禁じた。新たにキリスト教に改宗したコプト人は、その命令におとなしく従い、ギリシャのアルファベットに転向した。古代文明がすでに深刻な衰退期にあったこともあり、この「神々の文字」を解読できる者がいなくなるまでに、ほんの一世代か二世代しかかからなかったのである。

最初にヒエログリフの記号が個々の文字の音ではなく魔術的な知識を表していると考えたのは、古代ギリシャ人だった。中世のアラブ人もこれに同意した。彼らは神秘的なこれらの記号を、al-keme（「エジプト的なもの」を意味するアラビア語）の諸相と見なした。ちなみにこの語から、現代化学の中世における先駆ともいうべき錬金術を指す英語 alchemy が派生している。ルネッサンス期のヨーロッパの学者たちもまた、ヒエログリフが魔術的記号だと教えた。ナポレオンの科学者たちの何人かもまた、完全には同意しないにせよ、面白半分にそういう見方をした。「ピラミッド・パワー」という神秘の概念は今日までつづいている。

その石の発見は、学者にとっても兵士にとっても、等しくめくるめくような高揚した瞬間だった。九月に「エジプト通信」は、ヒエログリフを解く「鍵」の発見について報じた。コンテは、その石を銅版刷のプレートに見立て、白地に黒でヒエログリフのプリントを作った（この作業で彼が使ったインクは、ストーンブラックと言われるようになった）。学士院はコンテのプリントをパリに送った。驚いたことに、それらのプリントはイギリスの封鎖網をくぐり抜けた。このあとほぼ二年のあいだ、学者たちと母国のあいだの最後の公的交流となったのは、まさにこの大発見のニュースだった。

第6章
医者

荷を積んだラクダの長い列がシェルターを求めて「シタデル」に向かって進んでいた――そのときカムシンが塵埃を吹き上げて襲ってきた。砂塵は薄黒いベールであらゆるものを掩い、太陽そのものすら鉛色に変えた――金持ちの葬列が幾度も平原を横ぎっていった。雇われた泣き屋たちの泣き叫ぶ声が時おり聞こえてきた。一人のトルコ人がフランス兵士の死体を載せたロバを駆って、かたわらを過ぎた。男が頭に籠をのせて大股で歩いていった。ムスリムの葬式の歌をつぶやいていた――籠から突き出した子どもたちの小さな腕と足は、富める者にも貧しい者にも、強い者にも弱い者にも、同じときに同じ死神の大鎌が振り下ろされることを、わたしに示していた。

デュボワ・エーメ『エジプト誌』

シリア、一七九九年春と夏

ラ・ペスト（la peste）――フランス人はそれをこう呼んだ。

野戦の軍医たちは、めったにその名を口にしなかった。口に出せば士気を挫くと考えたのである。英語圏の人間にとって、その言葉はそれほど危険には聞こえない。英語でペストと言えば、害虫、それもどちらかといえば軽い苛立たしさをもたらすようなハエやブユ、ノミといった虫を指す。だがラ・ペストとは、語源的にはもっと長く、もっと不吉な pestilence、すなわち腺ペストに結びついていた。黙示録の四人の騎士のうちの一人がこれである。フランス軍による占領のあいだ、エジプトに蔓延していた腺ペストは、恐るべき殺し屋だった。これにかかると、体の内側から腐敗していき、ときには四八時間もしないうちに見るも恐ろしい状態で死んでしまう。

古代エジプト人は、この伝染病のことを知っていた。彼らはそれを、女神のセクメトから発散される疫病だと信じていた。ライオンの頭をしたこの女神は戦争、暴風、そしてペストを支配するとされた。怒りが静まっていれば、セクメトは病を治した。怒ると、彼女は破壊した。ナイル川に沿った古代遺跡であるカルナックの砂の中には、黒い石でできた一群のセクメトの像が埋もれていた。この遺跡を、サヴァンたちはいずれ探検することになる。女神の意味が人々に知られるようになる何年も前に、フランスの学者たちは、同じ形をしたネコ科の動物の石の顔面に首をひねった。それらの石のつやのない表面は、人間の苦痛に無感覚だった。

マムルークの戦士、イギリス海軍、オスマンの陸軍、アラブの反乱者たち……フランス人がエジプトで直面したすべての敵のなかで、もっとも恐るべき敵は、いよいよ手遅れになるまで姿を見せなかった。どんな医者も予防や治療のすべを知らなかった。多くの医者が治療を試み、自分も命を落とした。

ペストがなくてさえ、エジプトはフランス人にとって健康によくない土地だった。ラクダに噛まれるとか（ラクダはときどき狂暴になり、「発情期」には噛まれることがよくあった）、サソリやヘビに噛まれる、体内に入りこんだヒルに噛まれる（汚染した水を飲むことによって）などのほか、気管支系の感染症、あらゆる種類の寄生虫、性病、そして熱病などにかかるのは、日常茶飯事だった。ペストと同じように悪性の伝染病ながら、はるかに破壊的ではないものに、赤痢がある。ほぼ二五〇〇人がこれにかかって死んだ。さらにオフサルミア（エジプト眼炎）がある。極度の痛みをともなうものの、致死的ではない目の感染症で、これにかかると膿でまぶたが閉じてしまい、一時的に盲目になる。エジプトにいたフランス人のほぼ全員が、少なくとも一度はこれにかかった。

　だがペストは、かかった人がほぼ確実に死ぬという意味で破壊的であり、恐るべきものであった。遠征隊でそれにかかった不運なフランス人は一二人のうち一〇人の割合で死んだ。かかると、すぐにそれとわかる。最初まず、吐き気を覚える。口の中に嫌な味がし、吐いて、そのあと眼もくらむような頭痛と高熱が襲う。どんどんひどくなる譫妄状態に陥ってから数時間、あるいは何日かすると、腺ペストの間違いようのない徴候——よこね（ビューボ）と呼ばれる青味をおびた腫脹——が腕の付け根と鼠径部にできるのだ。最後は、これらの腫れ物が破裂して、腐臭を放つ膿が流れ出す。幸い、病人のほとんどはそのころまでには、まず意識を失っている。

　エジプトにおけるこうした悲惨な衛生状況について、ナポレオンは無関心ではなかった。カイロでの彼の最初の仕事は、新たにフランスの病院を作ることだった。病院ができると、彼は楽士たちに命じて、建物の外で毎日正午に軍楽を演奏させた。入院中の患者たちが、「陽気な音楽で元気づけられ、過去の戦役での素晴らしい瞬間を思い出すことができるように」というのである。

　ナポレオンは気づくのが遅すぎた。彼の軍隊の三分の一を殺し、その東方計画を挫くことになるのは、じつは戦争ではなく、疫病だったのである。ナポレオンに従ってエジプトに赴いた五万人の男たちのうち、おそらく一万人ほどが病気で死んだと思われる。

学士院の医学会員たちは、エジプトという土地に固有のさまざまな病気について、定期的に報告を行っていた。だがたいていの場合、学者たちは特定の病気については自らの経験で知ることになった。彼らのほとんどはエジプトで、いつかしら重病にかかっていた。少なくとも一時的に盲目になったし、熱病や発疹、下痢に苦しんだ。学者でペストにかかって死んだのは一〇人だけで、軍人にくらべるとはるかに少ない割合だった。理由はおそらく、その特権的な住環境によって感染から守られていたからだろう。

占領が終わるまでは、フランス人のほとんどはペストの犠牲者を、荷車に載せられて通りを運ばれていく死体として見ていた。主な目撃証人は軍医たちだった。彼らはじかにこの病気の処置を行い、定期的に学士院に報告していた。彼らの観察報告は、エジプト遠征隊のフランス人たちが置かれていた悲惨な日常を浮き彫りにしている。いたるところで彼らは、フランスでは知られていない虫や病気の危険にさらされていた。そして治療法――もしあるとしてだが――にしても、これまたまったく知られていなかったのである。

遠征隊の二人の主任軍医監は、学士院の有力な活動メンバーだった。陸軍の内科軍医監は、もと貴族で頭の回転の早いルネ・デジュネットだった。彼はナポレオンの戦闘に従い、征服地において軍の病院を統括したことで知られる。外科軍医監のドミニク＝ジャン・ラレーは中流階級の出身で、軍の外科部隊を率いていた。彼は、最初の救急車を発明した人物として記憶されている。

二人の医者は年齢も近く（三十七歳と三十二歳）、一応礼儀を守ってチームを組んで仕事をしていたものの、たがいにあまり好意をもってはいなかった。「二人は完全に違うタイプの人間だった。彼らの出身も、教育も、趣味も、性格も、根本的に異なっていた」――デジュネットの伝記作家はこう書いている。ラレーは、出自によってではなく、自らの仕事によって名声を手に入れた。彼にはどこか洗練されてないところがあったが、これは麻酔のない時代の外科医には必要な要素だったかもしれない。熟練した外科医だったが、繊細さを欠いていた。その繊細さこそは、チームを組んだ相手のデジュネットが、名流の家系と金のかかる教育によって得たものだったのである。

ラレーは大学で外科学を学んだ。革命が勃発したとき二十三歳になっていた彼は、すでに熟練した優秀な医者として、自力で名をなしていた。恐怖政治のあいだの激動の年月を、彼はパリで教育と臨床に携わって過ごした。そして一七九二年に、ライン軍の軍医少佐に任命されたのである。

ラレーは「機動的救急車」を発案したことにより、十八世紀の医学に貢献した。これは戦場を不定期に走り回って負傷者に応急処置を施す荷馬車のことである。それまでは、負傷者は助けが来るまでのあいだ、時には何日間も戦場に捨ておかれた。エジプトでは、彼は救急車をラクダに合わせて作りかえた。フランス軍はベドウィンからラクダを盗んでいたが、ここでもまたこの融通のきく動物が役に立ったのである。

一方のデジュネットのほうは、教養のある明敏な人物だった。彼は一七六二年、古い貴族の家柄に生まれた。父親は弁護士で、母親は小貴族の娘だった。革命前の彼の名前は、男爵ニコラ＝ルネ

＝デュフリシュ・デ・ジュネットだった。恐怖時代、叔父の一人がパリでギロチンにかけられたあと、彼は何カ月ものあいだノルマンディーに身を隠した。パリに戻ると、彼は貴族の称号を捨て、名前の綴りをもっと民主的で単純な一語に変えた。だがもって生まれた階級の特徴は、つねに彼につきまとった。「そのゆったりした物腰、言葉づかいやふるまいの考え抜かれた優雅さ、非の打ちどころのない礼儀作法、さらには十八世紀末の医者や社交界の特徴でもあった一種のエレガントでぞんざいな皮肉癖さえ、本人が生まれ育ち、若い時代を過ごした環境によるものだった」と、彼の伝記作家は書いている。

デジュネットが軍隊に加わった理由は、主に革命の大鎌から身を守るためであった。彼の自信に満ちた懐疑的態度と痛烈な皮肉は、幾度となくナポレオンとの反目を招いた。公的な場での彼らの言い争いは学士院の記録に残っている。有能な医者で行政官でもあったデジュネットは、言葉と会話を愛した。医療の仕事に加えて、カイロでの彼は、学士院の学術誌「エジプト旬報」の刊行を統括した。

ラレーとデジュネットは、遠征中のフランス軍全員の健康管理の任務を分担していた。状況が悪化するにつれて、ナポレオンは二人に新しい仕事を与えた。健康上の理由で帰国したいと願い出る多くの士官たちが本当に病気かどうかを調べる任務である。このような立場にいながら、彼らはけっして賄賂を受け取ろうとしなかった。学士院の会員として、二人の医者と彼らのスタッフは、エジプトの現地病と土地の医療を学んだ。デジュネットは軍医たちに命じて、エジプトに古来伝わる医療について記録させ、フランス人にはまったくと言っていいほど知られていない土地固有の病気の治療法として、現地の療法を評価させた。

『エジプト誌』に掲載されたエジプトの医療についての報告は、中世の偉大なアラブ医術の時代まで遡る療法が多少は残っていると述べている。このアラブ医術の遺産から、ヨーロッパの医学は多くを学んできたのだった。その一方で、エジプト人がしばしば医療を施さず、病気に対してはどちらかというと宿命論的な姿勢をもっていることに、フランス人は気がついた。その理由を彼らは、エジプト人の強い宗教上の信念に帰している。「大部分のイスラム教徒は、すべては運命によって前もって決められていると考えており、病気が医療によって治るということを、本心では信じていない」と、サヴァンたちは書いている。「清潔と節制の教えに従い、それでも病気になったとすれば、それは神から贈られたものと彼らは考え、文句も言わずに勇敢に病気に耐える。そんな彼らが最後になってようやく医療にすがろうとしても、もはや効果をあげるには遅すぎるのだ。この運命論的な姿勢は、医学という学問を貶めるものではないにせよ、少なくともその進歩を阻む原因となっている。これがまさに、医学が生まれたこの国での状況なのである。」

フランス人は、エジプトのいくつかの民間療法のカタログを作成したが、彼らが興味をひかれたのはそれよりもむしろ、悦楽を追求するための薬のほうだった。これを彼らはつぎの三つのカテゴリーに分類した。アヘン＝「真の、もしくは理想的な悦楽を手に入れるため」、浴用薬＝性的悦楽もしくは性的能力を増すと考えられるもの（報告には、エジプト人は「官能とオーガスムへの飽くなき欲求をもっていると思われる」とある)、化粧用薬＝皮膚を白くし、あるいは髪を染めるためのもの。

エジプトの民間療法を、フランス人たちは傲然と見下していた。それは「めくら滅法で野蛮であり、おこがましくも無知な床屋によって行われる」とある軍医が書いている。だが現代の規準からすれば、十八世紀フランスの医療もまた「めくら滅法で野蛮」だった。ペストの伝染経路(ネズミ、衣服、あるいは寝具についたノミに媒介される)について何の手がかりもなかった彼らは、その病気が、「身体を出入りする水分の流れが抑えられること」によって引き起こされるという考えにしがみついた。ラレーは、一時的に盲目を引き起こす眼の感染症「オフサルミア」の原因が、気温の突然の変化――たとえば砂漠の日中の暑さから夜の冷気へ――によって発汗が阻まれるからだと考えた。同じようにデジュネットもまた、良い発汗をさせることでもっとも悲惨な病気も治ると考えていた。

彼らの「治療」は恐るべきものだった。たまたま回復することはあっても、それは患者が幸運だったか強壮だったがためであった。「水分の流れ」を強制するために、医者たちはひどい重病人や重傷者にまで、さまざまな強さの下剤や吐剤を投与した。苦痛を伴う眼疾患の治療では、ラレーはつねに患者のこめかみにヒルをあてがい、あるいは皮膚に乱切を施した。麻酔なしで腰や肩を切断するなど、彼が戦場で行った手術に関する描写は、ほとんど見るに堪えないものがある。

上陸してすぐ、フランス人たちは住民のあいだに最初のペスト患者を見た。その最初の秋、ペストの伝染はカイロのもっとも貧しい地区をつまみ食いしただけで、すぐには都市部に広がらなかった。十二月に入ってすぐ、ペストはアレクサンドリアにいたフランス人を襲った。二週間以内に三〇人が死に、一カ月たらずのあいだにさらに一三〇人のフランス人の命が奪われた。

皮膚にオリーブオイルを塗り、下剤を投与する以外に、医者たちにはペストへの対抗手段が二つあった。酢と火である。彼らは病人の衣服と寝具を焼かせたが、それは同時にノミも駆除した。だが部屋と道具類を酢で消毒するのは、酸っぱい匂いをあとに残す以外何の効果もなかった。ペストが主にネズミとその体に寄生しているノミに媒介される事実が知られていなかったため、戦場の兵士たちはいたるところで感染の危険にさらされていた。死者の衣服や毛布を使い回しにしていればなおさらだった。

少なくともデジュネットの勘は間違っていなかった。彼は兵士たちに、ペストで死んだ者の衣服や寝具を使い回しせずに燃やすよう求めた。だが兵士たちはその忠告を無視したし、将校たちも節約のために、完全に使える制服と寝具を燃やすのを喜ばなかった。この状況に、ナポレオンが介入した。彼はデジュネットの方針を支援するために命令を出し、そのなかでこう述べた――「わたしがここに来たのは、ヨーロッパの関心を古代世界の中心地に向けるためであり、富を蓄えるためではない。」イタリアとマルタでの略奪を知っている兵士たちは、それを見てせせら笑い、あいかわらず死者の持ち物を貯めこんだ。

衣服は捨てられずに使い回されたが、女性のほうはどうやら「使い捨て」だったようだ。アレクサンドリアの兵士たちのあいだでペストによる死者が出はじめたあと、カイロのフランス軍はきわめて厳しい予防策を実施した。フランス人と関係をもったすべての売春婦は、命令によって袋に入れて海に投げこまれた。軍が町の売春婦の大虐殺を命じたのは、たしかに予防手段としての意図があった。フランス人はペストがどのように伝染するのか、正確なところは知らなかったが、どうやらそれが男たちがどこで、だれと、どんなものの中で寝たかに関係があるらしいことには、気がついていた。自分の服と寝床に固執させることで、いくらかの人々が病気から守られたのは事実だろう。エジプトの売春婦は明らかにペストの源泉ではなかったにしろ（ペストにかかったら兵士たちの相手をするだけの元気はなかったからだ）、彼女たちのベッドには、病気を運ぶノミがたかっていたかもしれない。

ペストにかかると死亡する率はきわめて高かったから、フランスの兵士たちはほとんど迷信的なまでにそれを恐れた。エジプトでの滞在が長くなるにつれて、彼らはペストの原因についてさまざまな理屈を考え出した。彼らはそれを特定の季節と気候によると考え（じつはネズミの数による）、あるいはまた病気を無視するように前向きな気持でいればペストにかからないですむか、かかっても軽くすむとも考えた。学者たちの多くもまた、この後者の考え方にしがみつき、運動し前向きな気持でいればペストにかかっても治ると考えた。死ぬのはこの病気をもっとも恐れる人々だけだ——そう彼らは信じたのである。

その病気を間近に見た医者たちもまた、兵士たちに劣らずペストに恐怖を抱いたことは考えられる。ボワイエという外科医は、アレクサンドリアの病院でペスト患者の治療を拒んだ。これを聞いたナポレオンは、彼を捕え、女性の服を着せて、馬で町中を引き回した。背中には、「死を恐れるこの人物はフランス市民であることに値しない」と書いた紙が貼られていた。デジュネットが回想録で述べているところによれば、この罰はフランス軍のある大佐夫人を怒らせたということだ。「女性の服を着せて卑怯者のシンボルとしたことに、彼女はひどく怒っていた。」

優雅な物腰のデジュネットは、みずから率先してもっとも勇敢な医者の一人であることを証明した。だが彼もまた他の医者たちと同じように、ペストの真の原因や治療法についてはまったくわかっていなかった。彼はペストを治療するにあたって一番良いのは、頭から足の爪先までオリーブオイルで掩い、患者にたっぷり汗をかかせることだと信じていた。オイルを塗布する看護人に対しては、患者に近づく前にオイルスキンの保護服と木の靴をはき、自分の体にもオリーブオイルを塗りこんでおくように警告した。華氏一〇〇度を越える砂漠の暑熱のなかで、この治療は患者にも看護士にも桁はずれの発汗を引き起こした。その療法にノミを駆除する効果がなかったのは確かであろう。

ペストがいまだ物陰に潜み、表舞台に躍り出ていなかったころ、ナポレオンは当時「聖地」として知られていた地域に先制攻撃をしかけるべく、一万三〇〇〇人の部下を召集した。この地域は大シリアといって、今日「聖地」という言葉が連想させるのよりはるかに広大であり、今のイスラエル、シリア、レバノンを含んでいた。一七九九年二月に、ナポレオンは軍勢を率いてカイロを出発し、そのシリア地方へ向かった。この時期、イギリスとトルコは不安定ながら休戦状態にあった。フランスという共通の敵が、この両国を結びつけたのである。イギリスはとりあえず、流血の陸戦をオスマン軍に任せて、海上にとどまっていた。オスマン軍はフランス軍に対決すべく、トルコから南に向けて進軍しつつあった。イギリスはフランス軍が敗北することを確信しており、その断末魔のあがきを海上から見張って、必要なときに海からトルコを助けようと待機していた。常識的に考えれば、フランス軍は最終的には敗北を認めるはずであり、これ以上の大規模な征服を企てはしないだろう。現時点でも、またその後の数カ月のあいだも、イギリス軍はフランス軍と陸上で交戦するためにいま以上の兵力を配備する必要など、考えもしなかったのである。

イギリスから見れば、ナポレオンがいま、大シリアなるその広大な地域への侵入を決めたことは、そもそものエジプト侵入以上に無分別な行為だった。どうやら将軍は判断力を失ったらしい。補給線が吹き飛ばされ、フランスからの増援軍の望みはまずなくなったことを百も承知のうえで、部下たちに砂漠の行軍を強要するとは。明らかにナポレオンは、自分には失うものが何もないと開き直り、オスマンの領土の奥深くに陸路侵攻することで何かが得られるならばそれでよいと考えたのだ。

たしかにオスマン帝国が崩壊しつつあるのは衆目の一致するところで、ナポレオンの行動もこの確信に基づいていた。オスマンの人々は、もちろんこの悲観的な分析に同意していなかったが、「高き門」すなわちトルコ政庁は、帝国の欠陥に気づいていた。改革者で、トルコでは「霊感者」として知られるスルタンのセリム三世は、西欧理念のいくらかに魅了されていた。イスタンブールの有力グループはフランス革命を、帝国の将来の教訓になりうる世俗的実験として称賛した。フランスとオスマンとは、長期にわたって同盟国だった。最初の同盟は一五三六年に結ばれている。革命政府はオスマンに軍事指導者や技術者を送っていた。彼らはトルコに印刷機を与え、イスタンブールに「自由の木」を植えることで、封建帝国の心臓部に自分たちの新しい価値のシンボルを置いた。だがオスマンの権力中枢にいるほとんどのメンバーは、保守的だった（セリム三世は地方封建領主、イェニチェリ軍団、保守派官僚の反対にあって退位し、のちにその改革的姿勢のために殺害された）。彼らにとって、平等、自由、もしくは友愛などはほとんど用がなかった。一七九二年に、フランス人がルイ十六世の首をはねたとき、スルタンの私的秘書だったアフメト・エフェンディはこう書いている。「神よ、フランスの動乱が帝国の敵どものあいだに梅毒のように拡がり、彼らを長きにわたる相互の闘争の中に投げこみ、かくして帝国にとって有利な結果がもたらされんことを、アーメン。」

トルコを軽視したナポレオンが追求しようとしたのは、エジプト遠征軍の主要な目的のひとつ、「イギリス人を東方におけるその全属領から駆逐すべきこと」だった。シリアを取ることは、イギリスとの植民地競争における大きな獲物、インドへのさらなる一歩となるだろう。シリアに向けて発つ前、彼はフランスと同盟関係にあるインドのマイソール王国のスルタンに向けてメッセージを送り、いまやアジアにいるフランス軍との共謀を要請した。イギリスはこの反抗的なインド人の領土を奪い、スルタンを殺して、その可能性をつぶした。後年、ナポレオンはシリアの先制攻撃について、少なくともアブキール湾に船団を残したことについてと同じ程度に悔んでいる。それでも彼はけっして、自分が過ちを犯したとは認めなかった。

学芸委員会のメンバーのうち一一人が、このシリア遠征に同行した。モンジュ、ベルトレ、そしてサヴィニーの三人もそのなかにいた。ナイルで「モンジュベルトレ」がマムルークの手にかかって殺されそうになった事件以来、ナポレオンはお気に入りの学者ペアから離れることを拒み、どこに行くにも彼らを連れていった。この恩典を、ときに彼らは迷惑に思ったにちがいない。シリアからの帰りの道中、モンジュは重病にかかった。おそらくペストにやられたのだろう。だが彼は回復した。モンジュはのちに、このとき自分が治ったのは、野戦病院でベルトレが献身的に介護してくれたからだと述べている。

ほとんど地図のないシナイ砂漠を北に行進しながら、フランス軍の兵士たちは、またもや絶望的な怒りに燃えていた。イギリス軍相手に地理上のチェスゲームに勝つという栄誉も、兵士たちにとってはこの悲惨な砂漠を行進するほどの価値はなかった。彼らは途中でイギリス人に一人も会わなかったし、自分たちがイギリスとインドを繋ぐ陸路を断っているかもしれないという考えは、渇きで死にかけているときには慰めにもならなかった。男たちは銃剣で水桶を突き刺し、騒ぎ始めた。「彼らは馬上の人々を侮辱した」と、ナポレオンの秘書官だったブーリエンヌは書いた。「兵士たちは共和国とサヴァンたちに脅し文句を浴びせかけた。サヴァンたちが遠征の立案者だと、彼らは考えていたのである。」

シナイ半島の地中海沿岸アル‐アリーシュで、フランス軍はトルコ軍と衝突した。これが有名なアリーシュの戦いである。ラレーが考案したラクダ救急車がこのときはじめて野戦の現場に入りこんだ。懐疑的なデジュネットにくらべナポレオンに対しおおっぴらに疑念を呈することはあまりなかったラレーは、これまで自分の苦悩を秘密にしていた。「愛するラヴィーユ――われわれが直面している窮乏と悲惨さがどんなものか、そしてこの不幸な遠征のあいだわたしがどれほどの苦しみに耐えているか、あなたには想像もつくまい……。」カイロに到着してまもなく、彼は妻に宛てた手紙に書いた。「だが、われわれの不幸はまだ終わっていない！　わたしもまた、現代のアレクサンドロスが引く戦車に、断ち切ることのできない鎖でつながれた者の一人なのだ。」

苦悩する外科医に、運命はさらに苛酷な舞台を用意していた。最初の戦闘のあと、ラレーがトルコ人のあいだで病人や負傷者を治療していたとき、彼は敵の守備隊のなかで負傷者たちの体じゅうにウジがはいまわり、鼠径部にはよこねができているのを見た。膿が流れ出る傷口と、熱にうかされた瀕死の男たちを見て、「わたしははっきり悟った――敵軍にペストが存在する」と、彼は日記に書いている。これまでフランス軍は、ペストとのランデブーに向けまっすぐ行進していたのだった。そしてラレーには、オリーブオイルと酢のほかには、何ひとつ戦う手段がなかったのである。

アル＝アリーシュから沿岸を北上して数日間行進したあと、ヤッファに到着したフランス軍は、べつのトルコの守備隊を四日間包囲した。ヤッファの市街に入るや、兵士たちは荒れ狂い、レイプと掠奪のかぎりを尽くして、自分が置かれた状況への怒りを発散した。若いエンジニアでエジプト学士院会員であるエティエンヌ＝ルイ・マリュスは、ここで狂気のような集団の羽目を外した暴力を目撃した。のちに彼が書いたシリア戦役回想録（*L'Agenda de Malus*）には、生々しい描写があふれている。「大量殺戮、壊されるドア、炎と銃撃の轟音に揺れる家々、女たちの叫び声、積み重なって投げ出された父親と幼児の死体、母親の死体の上でレイプされる娘、服に火が燃えうつって死んだ人々からの煙、血の匂い、傷ついた人々のうめき声、息を引き取ろうとしている者からの掠奪品をめぐってたがいに争う勝利者たちの怒鳴り声、傷を負った人々の叫びに対して怒りの叫びをあげ、くりかえし殴打して応える兵士たち。やがて血と黄金に満足した男たちは、死体の山の上に疲れきって倒れこむ——その晩、この不幸な町に訪れたのはこのような光景だった。」

ヤッファでは、降伏すれば許されるという条件で、四〇〇〇人のトルコ人がフランス軍に投降した。ここでナポレオンが下した決定は、彼の伝説のなかでもっとも暗い汚点のひとつとなった。食料もなく、彼らを取り締まる兵力もなかったナポレオンは、これらの無防備な非武装のトルコの囚人たちを海岸まで連行し、殺させたのである。弾丸と火薬を節約するために、ナポレオンは部下たちに命じて、銃剣で虐殺させた。兵士たちは命令どおり彼らを虐殺した。打ち寄せる波に向かって逃げようとする者たちを追いかけ、砂が赤く染まるまで彼らを刺したのである。「いまもこの残虐な光景を思い出すたびに、身の毛がよだつ」と、ナポレオンの秘書ブーリエンヌは書いている。泳いで逃げようとする捕虜たちに向かって、フランス軍の兵士たちはトルコ人の休戦の合図を送って騙し、岩礁から現れた彼らを銃剣で刺し殺したと述べたあと、ブーリエンヌはこうつづける——「流血のこの日に起こったことは、いかなる想像も寄せつけない。」旅行者らは二年後になっても、この土地には腐敗しつつある死体の匂いがすると主張した。

古代エジプト人が予知していたように、戦いは嵐とペストに結びついていた。この恥ずべき大虐殺のあとまもなく、ペストがフランス軍に報復に訪れた。

二十三歳のマリュスは、フランス軍によるヤッファでの残虐行為とペストの来襲がはっきり関係していると考えた。「狂った略奪行為が毒気を運びこんだ。その毒は彼らが貪欲に奪った衣服のなかに含まれていた。死に至る効果はすみやかだった。疫病はよこねと瘍という形をとって、戦場に出現した。『ペストだ！』——恐ろしい叫び声があがった。その声は軍全体に広がり、もっとも勇敢な男たちの心にさえ恐怖を打ちこんだ。」

この若い科学者はヤッファで、最初は間に合わせの野戦病院を作るために軍のエンジニアとして働いたが、やがて自分も患者となってその病院に入った。デジュネットと同じくマリュスもまた、上流階級出身で、父親はルイ十六世の財政顧問の一人であった。貴族の血をひくという理由で学校から追放されたあと、唯一の選択肢として軍に入ったのだが、軍の上官たちにその知的能力が認められ、エコール・ポリテクニークで学ぶのを許された。モンジュはこの優秀な若者にとくに興味をもち、三カ月間彼を個人的に教えたほどである。マリュスはエンジニアではあったが、きわめて学究的であり、文章を得意としていた。エジプトにいるあいだ、彼は偏光に関する理論を組み立て始めた。この理論によって彼は、パリに戻ってのちに不朽の科学的名声を得た。

シリア戦役についての回想録のなかで、マリュスは、ヤッファのペスト病院と自分自身の病気についての陰惨な報告を述べている。彼の最初の仕事は、ヤッファの修道院を病院に変えることだった。増えてゆく死体の山を片づける手段を考え出すのもまた、彼の責任だった。「軍が出発するとただちにわれわれは扉をバリケードし、穴を修理し、通りと家々をふさいでいる死体を埋めるのに精を出した。」瀕死の人間と死体のあいだで働き始めてから一〇日後、彼自身も感染した。ペストの死体との接触が原因である。ペストの徴候――熱と頭痛――に気づいたとき、彼は「その朝も営々と働いており、この汚水溜めの感染した悪臭のなかで過ごしていた。そこには隅々まで病人が詰めこまれていた……下痢がつづき、少しずつ、ペストの徴候が現れてきた。」

マリュスが他の不運なフランス兵士たちとともにヤッファで譫妄状態に陥っていたあいだ、ナポレオンと五体満足な者たちは沿岸部に進軍していた。三月十五日には、彼らはサンジャン・ダクル（アクルの聖ヨハネ）と呼ばれる古い十字軍の砦に到着した。これは聖ヨハネ騎士団の騎士たちに因んで名づけられた。一二四四年にエルサレムがサラセンの手に落ちたあと、騎士たちはそこに退却したのである。その場所は聖地におけるキリスト教徒の最後の敗北にからんでおり、さまざまな黒い伝説がつきまとっていた。塔のひとつが蝿の塔と呼ばれていたのは、おそらくそれがサタンの蝿の王たるベルゼブブに捧げられた神殿があったとされる場所に建っているからだろう。べつの塔は「呪いの塔」と呼ばれ、ユダがキリストを売って手にした銀貨三〇枚で建てられたと言われていた。十字軍の流血の歴史のなかでもとくに陰惨な出来事のひとつは、近くのアクルの修道院で起きた。イスラム教徒がキリスト教徒から町を奪い取ろうとしているのを見た修道女たちは、レイプされないようにみずから鼻を削ぎ落として醜い容貌にした。おかげで彼女たちはレイプをまぬがれ、ただ殺されただけですんだ。純潔は汚されなかったのである。

フランス人がこの荒廃した場所に到着したとき、そこは地元では虐殺者《エル・ジェッザー》の綽名をもつ悪名高いトルコのパシャと手下のトルコ兵の一団に支配されていた。「虐殺者」という綽名は、この人物が日常的に残虐行為を行うためばかりでなく（囚人を二人一緒に縛り、袋に入れて海に投げこむ、みずからの手で首を切り落とすなど）、その異常に独創的で悪魔的な想像力のためでもあった。フランス軍が到着する少し前にも、彼はロシア・キリスト教徒の囚人たちを、砦を囲んで強化する壁の割れ目に生きたまま押しこみ、頭だけモルタルから突き出るように漆喰で塗りこんだ。こうしてゆっくりと死んでいく生きた壁を作り上げたのである。フランス軍が到着したとき、頭蓋骨のいくらかはいまだに周辺の壁を飾っていた。それほど独創的なやり方を思いつかないときでも、ジェッザーは捨てた妻たちの皮膚をはぎ、両手、耳、そして鼻を切り落とした。どれもほんの些細なことで招いた怒りの結果だった。

ラレーは、ジェッザーよりもペストのことを心配していた。フランス軍が砦を攻撃する用意をしていたとき、彼は軍の外科医につぎのような命令を送った。「市民諸君、各部隊における病人の数、蔓延する病気の特徴につき、五日ごとに報告されたし。」彼は軍医たちに、この「蔓延する病気」が「ある段階で伝染性をもつ」ことを警告し、兵士たちに対してはトルコ人の毛布を使ったり、砂の中の穴に眠ることは絶対にしないように忠告した。

疫病への恐怖が軍の内部でいよいよ増していく状況で、ナポレオンはデジュネットと話し合ったうえ、その伝染病がペストであることを公的に否定した。彼らはその病気をたんに「よこねをともなう熱病」と呼ぶことに同意した。学者たちは、病気の恐怖は実際に人をその病気にかかりやすくすると考えていたが、ナポレオンもそれを信じたのである。デジュネットはのちに、自分としては病気への恐怖と罹患しやすさとのあいだになんらかの関係があるとは確信していないと書いている。だが大事をとるために、彼はペストについて話さないことに同意した。「ある患者の病気が非常に危機的なとき、その病気について教えることはほとんどつねに無益であり、しばしば危険でもある。この状況においてわたしは、軍全体をその種の患者として扱うべきだと考えた」と彼はのちに書いている。一方、ラレーのほうは、おおっぴらにペストだと診断していた。

三月の末になると、フランス軍は難攻不落の砦の灰色の石壁の下に手も足も出ずにおり、ペストは彼らのあいだで大手を振っていた。将兵たちはまさに死の谷に住んでいた。夜、キャンプはヒエロニムス・ボッシュの絵のようだった。ジャッカルの群れがこそこそ歩きまわり、その吠え声と野犬の遠吠え、ロバの鳴き声、病人のうめき声が混じりあって、広がりゆく悪夢に不協和音のサウンドトラックを提供した。このシュールな絵は、夜になると軍を訪れてくるエジプト人のジャグラーと火食い奇術師の興業一座によって完璧なものとなった。

アクルの海岸のすぐ沖合に、サー・ウィリアム・シドニー・スミス率いるイギリス小艦隊が停泊していた。彼らはフランス軍の惨憺たるありさまを監視しながら、ジェッザーに武器と食料を供給していた。革命後にイギリスに逃亡していたフランス王党派の工兵将校でフェリポーという人物が、サー・シドニーを助けていた。フェリポーは、ナポレオンに個人的な嫌悪を抱いていた。二人は陸軍士官学校で一緒だったのである。シドニー・スミスと部下は自分たちの良心をきっちり封印し、残虐行為が行われているのを驚きの眼で観察していた。「トルコ側は六〇以上の首を手に入れた。」トルコ軍とフランス軍のあいだで起こったある戦闘のあと、スミスはこう書いた。ただし彼は、死んだ兵士の体を切断し、首をトロフィーとして飾るというトルコの風習については、それ以上とくに説明をしてはいない。

アクルを包囲してから一週間目に、ナポレオンはフランスの護衛船団がイギリス艦隊に捕獲されたことを知った。この船団は彼の軍を救援するために湾岸に沿って重砲を運んできたのである。重砲はアクルのような砦の壁を破壊するのにどうしても必要だった。カイロを発つ前、もしナポレオンがコンテの提言に耳を傾けていたならば、コンテの天才はここでも軍の不幸を防いだかもしれなかった。コンテのアイデアはこうだった。まず車輪の幅を特別広くして作った荷車をラクダに引かせて当座の道路を作り、そこに重砲を積んだ車輌を走らせていくというのである。だがナポレオンは、この陸路の実験に興味を示さなかった。

重砲をはじめ追加の武器調達が不可能となったいま、フランス軍は人海作戦で砦の石の壁に取り組まざるを得なくなった。第一の壁をなんとか登ると、その内側は深い壕になっていた。壕にとびこんで泳ぎ渡ろうとした勇敢な者たちは、トルコ側からやすやすと狙い撃ちされた。それまでペストの病人の治療に必死で働いていた野戦軍医たちは、いまや至近距離で重傷を負わされた何百人もの人々を受け入れ始めた。ラレーはジェッザーの厩舎に作られた野戦病院から負傷兵たちのもとに向かって、傷の手当てをし、損傷した腕や足を切断した。開いた傷口にあっと言う間にアオバエが集まり、卵を生み、二四時間もしないうちに孵化するのを見て、ラレーは驚いた。一世紀後、第一次大戦時の野戦医は、患者がかゆみを我慢することさえできれば、アオバエは治癒を促進するかもしれないことに気づいた。

工兵隊司令官のカファレリ将軍もまた、アクルで致命傷を負った一人だった。砲弾にやられた腕を、ラレーは肩のところで切断した。カファレリはその後一八日間生きたが、ついに感染症と熱で死んだ。彼の死はまさに現世における最高の英雄のそれであった。最後の時間、彼の希望でモンジュとベルトレをはじめとする友人たちがベッドのかたわらに集まり、モンテスキューのエッセイを声に出して読み聞かせ、政治経済を議論した。

ドノンはその後、自著のなかでカファレリを讃えている。「彼は人間性への愛と勇敢な戦闘への熱意とをあわせもっていた。念頭にはたえず仲間の幸福と保護があった。知と情を兼ね備えただれもが、彼の死によって父を、そして友を失った気がした。デッサンをしながら、わたしはしばしば思ったものだ、これらの絵を彼に見てもらえたらどんなにうれしかったかと。」エジプト人からもカファレリはきわめて好意的に見られていた。アラブの歴史家であるジャバルティは、彼の勇気と豪胆さについて書いている。

ナポレオンはカファレリの死を重く受け止めた。彼にとって年上のこの将軍は、友人であるとともに信頼のおける顧問だった。彼はカファレリの心臓をミイラにし、のちに自分とともにフランスに連れ帰った。

将軍だったカファレリは、ベッドで死ぬ特権に恵まれた。だが病人と負傷者のほとんどは、薬も与えられずに厩の床で死んだ。遠征隊の主任薬剤師だったクロード・ロワイエは、命令に反してシリアに薬やリネン類を携行しなかったのである。カイロで病人のための資材を積みこむかわりに、彼は酒、コーヒー、その他の贅沢品をラクダに山積みし、道中それを売ってたっぷりと利益を手にした。ナポレオンは射殺を命じたが、医師団が助命を願い出た。彼は釈放された。この人物はのちにカイロでイギリス側に逃亡し、新しい仲間たちのあいだで、いかに自分がナポレオンの命令でペストの犠牲者たちを毒殺したかを吹聴し、すこぶる人気者になった。

イギリスとトルコの共同作戦にも増して、ペストはフランス軍の力を弱めるのに効果をあげた。

アクルでペストの感染が拡大するのをくいとめるため、ラレーとデジュネットは患者を南のヤッファの病院まで移送させた。ヤッファでは、一日三〇人の割合でペストの患者が死んでいき、一人死ぬごとに、新しい患者が到着して入れ替わった。六週間にわたって、病人はアクルの前線からヤッファに荷車で運ばれ、マリュスが書いているように「死にゆく者たちの倉庫を肥やした」。感染者の多くは、到着してから四八時間以内に死んだ。

恐怖におののく部下たちの士気を高めようと、ナポレオンはヤッファの病院を訪問した。のちにフランスの画家グロは、ナポレオンが死にゆくペストの犠牲者の片手を掲げている瞬間を絵に描き、後世に残した。その光景を見たある人物が、恐ろしげにこう書いている。その患者の服は、「腫れものからの泡だった膿にまみれ、吐き気をもよおすようだった」。絵のなかでは、デジュネットは瀕死の患者から安全な距離を保っている。ナポレオンは感染しなかった。

デジュネットもまた、治療のためのデモンストレーションを試みた。アクルの野戦病院で、彼は医者や兵士たちの前に立ち、よこねの膿に浸したメスで、自分の鼠径部や腕の付け根を刺し、ペストが回復しうる病気だということをわからせようとした。だが彼はただちに石鹸と水で体を洗い、結局一度もペストにはかからなかった。

ヤッファの病床で意識が混濁していきながら、マリュスはどんなプロパガンダのジェスチャーも届かないところにいた。ペストの証拠を示す塊が鼠径部に出現したあと、彼は一週間瀕死の状態にあった。自分がまもなく死ぬだろうと考えた彼は、迫りくる死のための用意をした。個人的な持ち物を友人に送ったあと、彼は訪問者や召使いがペストにかかってまわりで死んでいくのを無関心に眺めていた。「わたしは一人だった。力もなく、助けもなく、友人たちもいなかった。たえざる下痢と化膿で消耗しきっていたため、頭が異常に弱っていた。夜になると熱ははげしくなり、しばしば幻覚が襲い、残酷にわたしを苦しめた。世話をしてくれていた二人の召使いはつぎつぎに死んでいった。」

三週間後、助けが海からきた。マリュスは他の患者たちとともに、エジプト行きの船に乗せられた。船長はすでにペストにかかっていて、船が錨を上げてまもなく死んだ。だがマリュスは船上で回復し始め（彼は「海の空気」のせいだとしている）、エジプトに着くころには、ふたたび食べられるようになっていた。上陸すると彼は隔離病院に閉じこめられた。そこには医者もおらず、「ペスト患者が積み重なっていた」。病人も健康な者も一緒だった。感染していない者は「すぐに病気にかかり」、「最後の一人まで死んでいった」とマリュスは述べている。

「ここに入った不幸な人間が、この地獄のような牢獄を出るというのはまれなことだった」と彼は書いた。「しばしば彼らは水を欲しがり、与えられないまま、怒りの声をあげて死んでいった。要求された相手は聞こえないふりをし、あるいはそんな必要はないと言うのだった。貪欲な墓掘人たちは、死にかけた者が最後の息を吐く前に、その着衣をはいだ。衛生管理を任されたこの野蛮人たちが医者のかわりだった。犠牲者が動きを止めるか止めないかのうちに、彼らはその体を川の向こう岸に運んで捨て、犬や猛禽類の餌食にした。しばしば彼らはその遺体に少しばかり砂をかけて掩うのだが、すぐさま風にむきだしにされた。この廃棄場は戦場の忌まわしい光景のようだった。」

マリュスはペストでは死ななかった。だがフランスの医者たちは、それが彼の肉体に生涯つづく危うい脆さを残したと考えた。彼はパリに戻って教授になったが、原因不明の伝染性の熱病で若くして死んだ。三十代半ばであった。妻も同じ病にかかって死んだ。

アクルの包囲は六週間つづいた。フランス軍は一六回、砦の壁をよじ登った。すべては無駄な努力だった。ナポレオンはついにその事実を受け入れ、カイロへの撤退を命じた。五月二十一日、兵士たちは南のエジプトに向かって出発した。歩ける病人や負傷者は行進に加わった。瀕死の者たち（数十人とも数百人とも記されている）はあとに残され、歴史に悪名を残す安楽死の犠牲者になった。ナポレオンの主張は、彼らを連れ帰れば健康な者たちに伝染させる危険があり、一方生きたまま残すことはトルコ人による拷問にさらすことになるというものだった。彼はデジュネットに向かい、不運な男たちに致死量のアヘンチンキを与えるように命じた。

デジュネットは唖然とした。回想録に彼はこう書いている。「早朝、将軍ボナパルトは彼のテントにわたしを呼び出した。そこには彼と参謀長がいるだけだった。軍の衛生状態について短いやりとりがあったあと、彼はわたしに言った。『もしわたしがきみの立場にあれば、ペストの犠牲者にアヘンを与えてその苦痛を終わらせ、同時に彼らがわれわれに与える危険を防ぐのだが……。』わたしははっきりと答えた。『わたしの仕事は病人を守ることです。』『きみの意見に反論しようとは思わない』と彼はつづけた。『だが、わたしの意図をきみより評価してくれる者たちは見つけられると思う。』」

ナポレオンが見つけた人々のなかには、例の裏切り者の薬剤師ロワイエもいた。彼はのちにイギリス人たちに、自分で薬を投与したと吹聴した。フランス軍が撤退したあと、ヤッファに押し寄せたイギリス兵士たちは、五〇〇人以上のフランス人患者たちが安楽死させられていたと主張した。その後ヨーロッパじゅうの新聞でこの事件が報道され、ナポレオンの評判に永久に汚点を残した。フランスは公式に否定したが、目撃者たちはその行為を確認している――もっとも彼らは犠牲者の数はこれよりはるかに少ないとしているが。デジュネットによれば、ヤッファでは二五人か二六人の患者が致死量のアヘンチンキを与えられたが、全員は死ななかったという。「ある者たちは吐き、それを拒んだ。そして生き延びて、のちに起きたことのすべてを語った。」

ナポレオン自身は、毒殺を命じたことを頭から否定し、その話を「誤解」だと非難した。だがデジュネットのほうは、自分になされたその要求をけっして忘れなかった。ナポレオンへの彼の敵意は、カイロで開かれたエジプト学士院での公式の議論の場で爆発した。

アクルを去ったフランス軍は完全に士気を挫かれていた。一二〇〇人がそこで死んでいた。ペストで死んだのが七〇〇人、傷を負って死んだのが五〇〇人である。そのほか負傷者は一一〇〇人にのぼった。フランス軍のアクル撤退の様子を見ていたサー・ウィリアム・シドニー・スミスは、家への手紙でこう描いた。「撤退には極度の混乱が現れていた。そしてアクルとガザのあいだの道筋全体に、疲れからか、あるいはわずかな負傷のために倒れた人々の死体がまき散らされていた。」

内陸部では、またしても夏の暑さが激しかった。水は乏しかった。フランスの兵士たちは松明を掲げ、道中出会ったすべてのもの――村、畑、収穫物――に火をつけ、掠奪した。自由の高貴な軍は、生きるための自暴自棄の軍になった。男たちは負傷者を担架から投げ捨て、暑熱の野原のなかでうめき死ぬがままに放置した。ナポレオンはついに、すべての馬、ラクダ、ロバから大口径の銃を捨て、傷病者を乗せるよう命じた。ただし彼自身は、ペストの犠牲者を自分の馬に乗せるのは拒んだ。

フランス人に対する最後の試練は、カムシンという形をとってやってきた。とつぜん襲来する強力で破壊的な砂嵐だ。最初にまず、遠い空に血のように赤いしみが見えてくる。これが先触れになって、すぐさま土埃の波が襲来し、ありとあらゆる生きものを窒息させる。ラクダとアラブ人は、地平線上のふくれ上がるほのかな赤みを見て、すぐさま止まって身を隠すべきことを悟った――人間は毛布の下に、ラクダは鼻を嵐からそむけて地面にうずくまるのだ。けれどもフランス人の反応は遅すぎた。土埃の壁が彼らを盲目にし、息をつまらせ、失神させた。

ヤッファの略奪、アクルのペスト、フランス軍の最終的撤退、さらには恥ずべき病人の放棄事件。そしてこの砂嵐。このすべてを、ラレーは「悲嘆にくれる目撃者」の目で見ていた。「数分間もがき苦しんだあと、わたしは失神して倒れた――サリヤ（エジプトの国境の砦）にたどりつけるという望みもなく。家畜の多くは窒息死していた。死んだのはとくに馬が多かった。軍の全員が激しい苦しみにあえいでいた。この日、われわれに同行した回復期のペスト患者の多くは死んだ。」

だがペストとカムシンで拷問は終わったわけではなかった。ようやくフランス軍が新鮮な水を見つけたとき、その水にはヒルが生息していた。一つ一つが馬の毛くらいのごく小型のヒルである。喉の渇いた男たちは水と一緒にヒルを飲みこんだ。すぐさまその生きものは彼らの喉にはりつき、そこで普通のヒルの大きさにふくれ上がった。

ラレーはのちに仲間の科学者たちの前で、ヒルの経口摂取の効果について論文を読んだ。「渇きにあえいだ兵士たちは、水のへりに身を投げ出し、新しい敵が潜んでいるなどとは疑いもせずに、その水を大量に飲んだ。多くはたちまち刺すような感覚を受けた。刺されるとただちに喉にひりひりとした刺すような痛みを感じ、吐き気を催す。通常は、酢と塩水のうがいで、ヒルを取り除くことができるが、ときにはピンセットを使う必要があった。」

カイロに残っていた学者たちは、ペストについて楽天的なままだったし、恐ろしいヒルのことも、死をもたらす砂嵐のことも知らなかった。ペストがアレクサンドリアで発生したときも、学者たちは気にしなかった。ジョロワは日記のなかで、フランス人はペストが出たというニュースに対して、冷淡とは言わないまでも多分にブラック・ユーモアをもって受け止めたと書いている。「ペストがアレクサンドリアで発生したということだ。ペストは海兵病院で発生し、フランス人は全員町の外で野営しているという。この地域からきた手紙には、酢がしみこんでいた。この知らせはフランス人を少し落ちこませたものの、それも長くはつづかなかった。次の日になると彼らは笑っていた——ほかの何についても笑っていたように。」

ジョフロワ・サンティレールの弟のマルク＝アントワーヌは、軍の将校だった。一七九九年六月にジョフロワは父親に手紙を書き、弟が治りやすい軽い「腺熱」にかかったが、治ったと報告している。じつはマルク＝アントワーヌは、ペストから回復した少数の幸運な人々の一人だった。ジョフロワ・サンティレールは父親への手紙のなかで、いま弟は「この疫病について軍のほかのみんなのように」冗談を言っているいると書いている。「みんながこれを、腺の病気と呼んでおり、もう恐れてはいない。」

ブラック・ユーモアは学者部隊のなかに広まっていた。デジュネットによれば、学者や将軍の肖像をスケッチしていた画家のデュテルトルは、シリアでの恐ろしい事件よりも、絵のモデルがいなくなったことのほうに心を痛めていた。デジュネットは次のように回想している。「デュテルトルは尋ねたものだ――『だれそれはどんな調子だ？』『死んだよ』『畜生！ まだ彼の肖像は仕上げてないんだ』。それからもう一人。『彼も死んだよ』『ああ、いいんだ。彼の絵はもう仕上がってるから。』」

貴族出身のこの医者と将軍が公の場で衝突したのは、軍がシリアから帰還して最初の学士院の会合だった。学芸委員会のメンバーだったエンジニアのピエール＝ドミニク・マルタンによれば、デジュネットはまだヤッファの件で怒っており、たまたまメンバーのあいだで化学反応に関する議論がなされていたとき、ナポレオンがそれを偉そうな態度でそっけなく中断させようとしたのに反発した。「ボナパルトはくだらないと思ったその議論に苛々し、つぎの言葉でそれを打ち切らせた

――『貴君ら全員がおたがいに手を握りあっていることはわかる。化学は医学の厨房であり、医学は暗殺者の化学なのだ』。デジュネットは、将軍をじっと見つめて答えた。『それでは征服者とは何なのか、定義していただけますか？』」

数分後、将軍と医者の口論はほとんど喧嘩と言えるまでに発展した。学者たちは、ペストの件を軍にどう報告するかを論議していた。ナポレオンがいまだに病気の真相を隠したがったのに対して、デジュネットはもはやごまかしによって予防するという方針は終わらせるべきだと述べた。カイロのような都会で感染が広がれば、悲惨なことになりかねないと彼は主張した。ナポレオンは反対した。デジュネットは、ヤッファでの患者の毒殺事件を持ち出した。その糾弾ぶりがきわめて激烈だったため、学士院のメンバーたちはデジュネットが殺されるのではないかと心配したほどだった。だがナポレオンは「怒りで青ざめ」ながらも、主張を取り下げた。

これほど将軍と意見を異にしていたにもかかわらず、デジュネットはナポレオンに仕えるのをやめようとしなかった。もっとも彼は先の衝突のあとすぐ、健康上の理由から帰国を要請した。ナポレオンは拒んだ。最終的に将軍は彼を男爵に叙して報いたが、デジュネットは悪びれずにそれを受けた。このとき彼の心には、革命を生き延びるために貴族の生得権を投げ捨てたあと、ふたたびここで貴族の称号を与えられることの皮肉がはっきり見えていたことだろう。

第7章
数学者

友よ、たとえわれわれがフランスに向かうとしても、今日の昼までそのことはまるで知らなかったのだ。

エジプトに学者たちを残していくモンジュが最後に口にした言葉

カイロ、一七九九年夏と秋

一七九九年八月十五日の夜、エジプト学士院の学者たちは、彼らの「理性の燃える中核」のオレンジの花のあいだで科学的議論を楽しんでいたわけではなかった。反対に彼らは、現代のアレクサンドロスが、学者と兵士たちを後に残して急いで逃げようとしているとの噂について議論していた。ナポレオンがアクルから帰還して、ほぼ二カ月がたっていた。彼は公的祝宴を開き、聖地における「勝利」を祝っていたが、そのジェスチャーに騙される者はいなかった。病人だらけで靴もなく、反乱状態に近い軍の兵士たちはとくにそうだった。

エジプトにおけるフランス軍の状態が不安定だということは、だれもが知っていた。だがエジプトを去る？　ナポレオンが？　そんなことはとうてい考えられなかった。

八月はじめ、サー・シドニー・スミスは五月と六月のヨーロッパの新聞を、大喜びでフランス軍にばらまいた。フランスはふたたびオーストリアと交戦状態にあり、軍勢はドイツとイタリアから追い出されていた。それまでのナポレオンの最大の業績を無にした形である。総裁政府は揺らいでおり、共和国の完全な転覆は切迫しているかに見えた。アクルの悲劇の直後にそのニュースを読んで、ナポレオンは、もはやアレクサンドロス大王の東洋へのはかない夢を追いかけている時ではないと心を決めた。もはや一分たりとも無駄にするわけにはいかない。エジプトをこっそりと抜け出しパリに戻るために、彼に必要だったのはただ月のない夜と、イギリス艦隊がエジプトの沿岸の一区域に一時的にいないことだけだった。仲間や親密な副官たちに向かって彼は、パリの状態がここよりもっと切迫しており、自分を必要としているという理屈をこねた。幸運が彼に味方した。イギリス海軍としては、さぞかしこの小柄なフランスの将軍を戦利品として船で連れ帰りたかっただろうに、艦隊はたまたま沿岸のべつの海域を監視しており、機会を逸したのである。屈辱的ではあったが、将軍は少数の仲間たちとともに、すべての灯りを消した船で出ていった。

エジプトから脱出するにあたって、ナポレオンは学士院のラッキー・トリオに同行するよう招待した。ベルトレとモンジュ、そしてドノンである。この三人はできるだけ秘密を守ったが、ゴシップ好きな狭い学者コミュニティは、疑いを強めていった。前の日、学士院は週一回の会合を開いた。そのときには、だれかがそんな疑いを口にしても、一笑に付されていたことだろう。その会合で、ナポレオンは学者たちの二つのグループに対して、上エジプトへの調査行を命じていた。彼は学者たちに詳細な指示を与え、どこから見てもその企画に夢中になっているかのようにふるまっていた。だが午後も遅くなってから、彼は砂糖、ワイン、コーヒー、そしてアルコール類を、待機中のフランスの船に宛てて「ムッシュ・スミス気付」という暗号名で送った。こうして帰国の道中のための贅沢な貯えを確保してから、彼はディワンのメンバーのために豪華なディナーを主催した。モンジュとベルトレもそこに招かれた。

学士院では、民間人たちが一晩中議論していた。ナポレオンがエジプトを去るなどということは信じられないとする人々は、その出発が迫っているとする意見を声高に否定した。だが噂は力を増した。何人ものサヴァンがそれぞれの目撃情報をもっていたからである。ジョフロワ・サンティレールはそのことに疑いをもたなかった。彼はナポレオンにある草稿をパリの同僚に送りたいと話したのだが、こういう返事が返ってきたという。「それを渡してくれ。すぐにパリに着くからな。」コンテも情報をもっていた。将軍はその日三回にわたって、愛人のポーリーヌ・フーレの肖像画を描くよう彼に頼んだのだという。コンテはまた、モンジュから個人用のワインの貯えをもらっていた。これはどう解釈したらよいのだろう。べつの学者は、モンジュが蔵書を全部学士院の図書館に寄付したと報告した。そのうえモンジュ自身にも、何か高揚した雰囲気がつきまとっていた。その感じはこの三、四日ずっと目立っていた。何もかも非常に奇妙だった。

モンジュとベルトレが将軍のディナーから戻ったとき、一瞬会話がとぎれた。二人はまごつきながら、ナポレオンと一緒にメノウフの緑濃いデルタ地方に旅する予定だと言って、荷造りの理由を説明してみせた。

二日後、すべての見せかけが終わりを告げた。夜の六時、ナポレオンはイギリス＝トルコ艦隊が通過し、沿岸が一時的に危険がなくなっているという報告を受け取った。モンジュ、ベルトレ、ドノンの三人は九時に、出発の用意をせよという命令を受け取った。彼らは部屋から学士院のゲートまで荷物の山を運び始めた。十時に、軍の護衛のついた馬車が到着した。三人の男たちが一言も言わずに急いで外に出るのを、同僚たちは狼狽と驚きで声も出せずに見守っていた。彼らはまだ、疑いを声に出すのを恐れていたのだ。

ついに一人のエンジニアが、からかうように呼びかけた。「市民モンジュ、われわれはテーベの遺跡で会合を開くことになりますかね？」モンジュはまごつきながら答えた。「ああ、そう、デンデラで会うことになるだろう。ああ、デンデラのどこかでな。」

「ダミエッタ経由で行かれるのですか？」とフランソワーズ＝オーギュスト・パルスヴァル・グランメゾンが呼びかけた。委員会の公認詩人だ。「わからない」とモンジュが答えた。「下エジプトに行くのだと思う。」聞き取れないような低い声で彼はもごもごとつぶやいた。「将軍が遠征に行くときにはとにかく急ぐからな。」

待っている馬車に三人が飛び乗ったとき、学士院の事務局長であるフーリエが呼びかけた。「委員会はみなさんの突然の出発に驚いています。われわれを安心させてもらえませんか。こちらには今後の責任がありますから。」ようやくモンジュは頭を馬車の窓から出して告白した。「友よ、たとえわれわれがフランスに向かうとしても、今日の昼までそのことはまるで知らなかったのだ。」

その言葉とともに、馬車は将軍のマムルーク宮殿へ向かって走り去った。そこではナポレオンが、庭で愛人のベリロットをはじめとする人々に別れを告げていた。学者のうちの何人かもそこにいた。ジョフロワ・サンティレールもその一人だった。彼はモンジュに前もって打ち明けられていた。この博物学者がのちに述べているところでは、ナポレオンはカイロでの最後の時間を、モンジュとベルトレを相手に物理学と粒子の引力についての議論をして過ごし、自分自身が偉大な科学者になっていたかもしれないというものいつもの戯言で彼らを喜ばせていた。「わたしはアレクサンドロスのようにエジプトを征服した。だがニュートンの例に倣うほうがはるかに趣味に合っていただろう。そういう思いは、十五のときからわたしの心を奪ってきた。」そのあと将軍は、惑星の運動に関するニュートンの発見の素晴らしさについて長広舌を披露し、自分もまた物質を構成する最小の微粒子についての普遍的法則を発見したいと述べた。英雄崇拝者のジョフロワ・サンティレールは後世のために一言一句を記録しており、ナポレオンの裏切りによって置き去りにされたことについては、ずっと後になるまで不満をもらしていない。

真夜中少し前、将軍と彼のパーティーはランタンの光に導かれてカイロを抜け出した。三日間ナイル川を航行したあと、八月二十二日に、灯りを消した小さな船で海岸からエジプトをあとにした。この船はまさしくオリアン号の正反対だった。最後の瞬間に詩人パルスヴァルが彼らに加わった。船が錨を上げようとするとき、半狂乱で小舟を漕いで近づき、乗せてくれと叫んだのである。ナポレオンはこの物書きを後に残したかったが、モンジュがとりなした。

七週間の航海のあいだ、彼らはつねにイギリス軍への恐怖のなかにいた。ナポレオンはモンジュに向かって、イギリス軍が追いついた場合はこの船を爆破するように命じていた。忠実なモンジュはこの命令を少々言葉どおりに受け取りすぎた。ある日の午後、謎の船団が水平線上に現れた。船の全員が、敵の攻撃を食い止めるための位置についた。結局フランス船だとわかって、攻撃の停止命令が出されたが、その後もモンジュの姿はなかった。探し回った仲間たちがようやく見つけたとき、彼は火のついたランプを手に弾薬庫の中におり、まさに船と乗員を全滅させる寸前だった。

ナポレオンの突然の帰還は、彼がエジプトに見捨ててきた人々を悲しませたが、それと同じくらい民衆を喜ばせた。ドノンはトゥーロンでの光景をこう書いている。「総司令官の旗がメインマストに上がったとたん、浜辺はボナパルトの名を呼ぶ人々でいっぱいになった。熱狂は最高潮に達し、大騒動となった。伝染病《ペスト》は忘れられた。まさに爆発的な熱狂ぶりだった！」

パリでは政情は不安定だった。総裁政府は陰謀と中傷で攪乱されていた。ヨーロッパでの軍事的失敗に加えて、財政も窮迫していた。イギリスのプロパガンダによる圧力は言うに及ばずである。イギリスは、エジプトからのフランス人の手紙を差し押さえ、フランス政府が気まぐれかつ故意に、何万人もの哀れなフランス兵士たちを犠牲にしたという注釈付きで、本にして出版していた。左派の議会（五百人会議）はそれに同意し、議員たちは、総裁政府が「わが国の軍隊のエリートであるボナパルト将軍と、わが国のサヴァンの精華である学者と画家をアラビアの砂漠に追放した」ことを、おおっぴらに非難した。

ナポレオンがエジプトから戻ってきたとき、すでに総裁政府のなかでも数人のメンバーはクーデターを計画していた。ナポレオンは、自分が最大の権力をもつという約束でこれらの陰謀のひとつに加わった。だが左派の五百人会議が、ナポレオンの提出した条件（事実上の憲法の差し止めと、ナポレオンを含む三人の執政による支配）を受け入れるのを拒んだとき、将軍は部下の兵士たちに銃剣を装用させて議会に派遣した。議員たちは窓から飛び出した。数時間後、ナポレオンは丁重かつ慇懃に、暫定政府の三人の執政の一人として、元老院から任命を受けた。一七九九年十一月九日から十日にかけてのことである。ナポレオンは第一執政として最高権力を握った。「ブリュメール十八日の無血クーデター」として知られるこの騒ぎにも、フランス国民は無関心だった。このことは革命の時代が終わったことを示していた。ナポレオンが打ち立てた新秩序は次の十何年かつづくことになる。それはまさに、打ちつづくヨーロッパの戦争とフランスの勝利と敗北のサイクルの年月であった。執政となったナポレオンの最初の行動のひとつは、カトリック教会との合意だった。コンコルダート〔一八〇一年のナポレオンとピオ七世との協約。カトリック教会をフランスに復興させるかわりに司教任命権をフランス政府に与えるというもの〕と呼ばれるこの協約は、革命後のフランスにふたたび宗教をもたらした。

アブキールの海戦での大敗の噂はフランスに届いていたが、国民は、エジプトにおける悲惨な状況について相変わらず知らないままだった。ペスト、アクルの悲惨な包囲、反乱寸前の軍隊などの陰惨な事態は、広く知られていなかった。東洋の冒険は、日の出の勢いの若きリーダーの評判に輝きを加えるだけだった。広報の名人だったナポレオンは、エジプト遠征の物語を決定的に自分の利益になるように作りかえた。パリに戻った彼はただちに戦役を記念するためのメダルを鋳造させ、みずからを栄光に満ちた勝利から飛んで戻ってきたメルクリウス（ヘルメス）に擬した。この国は深刻な難局と混乱のさなかにあり、しかもナポレオンが獲得したヨーロッパでの利得がすべて失われ、政府は崩壊しつつあった。そんなとき、海を隔てた何千マイルもの彼方で五万人のフランス軍に何が起こったのかを分析したり、暴露したりする余裕はまったくなかったのである。重要なのは、その偉大なる戦士がフランスに帰ってきたということだった。その帰国は、もっとも深刻な危機にあるこの国を守るのに間に合うはずだ。

ドノンは喜びと悲しみの入り交じった感情でエジプトを去った。「わたしは帰国という夢を実現させてもらえた。」ナポレオンが彼をフランスへの帰還に同行させてくれたことについて、彼はこう書いている。「だがわたしを襲ったのは、説明できないものへの感傷だった。その感傷がわたしにカイロを離れがたくさせた。わずかしか住んでいなかったが、わたしはこの町を悲しみとともに去った。」穏やかな天気と渇いた砂漠の空気、そしてこの町の奇妙な魅力を、彼は賛美した。そしてこう付け加えた。いくらかのヨーロッパ人たちは「カイロに数カ月間のつもりでやってきては、結局はそのまま居つき、その町を去ろうという気には一度もならずにそこで年老いていく」。ドノンはもとのパリのアパルトマンに、エジプトから持ち帰った戦利品の収集品――テーベのミイラからのパピルス、完全なミイラの足、そして彼のスケッチなど――を運びこみ、そこでエジプトについての手記を書き始めた。図版をちりばめたこの手記〔『ボナパルト将軍麾下の上下エジプト紀行』〕は、エジプトについての十九世紀最初のベストセラーとなる。つねに女性に対して心づかいの行き届いたプレイボーイだったドノンは、彼のパトロンだったジョゼフィーヌに、小さなアフリカの猿という風変わりな贈り物をした。この猿は手紙に封蝋で封をするように訓練されていた。

パリに到着したモンジュとベルトレは、まさしく乞食のような格好だった。臭いもまた乞食のようだった。エジプト出国以来、服を着替えていなかったのである。モンジュの妻の門番は、汚れきった主人を見てドアを開けるのを渋った。この二人組はすぐさま汚れを落として身繕いし、フランス学士院での席を回復した。ナポレオン自身は、十月末の学士院の二つの会合に現れた。科学者たちは立ち上がり、拍手して彼を迎えた。一週間後、彼はまた出席し、ロゼッタ・ストーンについて話し、またフランスのエンジニアたちがエジプトでしている偉大な仕事――運河開削の方法の調査――について述べた。

一方カイロでは、リーダーが逃げ帰ったという知らせが、学者にも兵士にも一様に恐怖と反感と絶望をもたらした。軍は壊滅状態に近づきつつあった。このことはナポレオンも暗黙のうちに気づいていた。エジプトを去る一カ月前、彼はシタデルに収容されているトルコの囚人たちに、フランス軍に加わることに同意するならば給与を支払うと申し出ている。ナポレオンが後任としてエジプトを委ねたジャン＝バティスト・クレベール将軍は、すでに何カ月も前からナポレオンとそのエジプト戦役への信頼をすっかりなくしており、それを公言してはばからなかった。ある日の日記に、彼はこう書いている。「何についてもあの男には組織や管理の能力がない。それでも何でも自分でやりたがり、自分ひとりで組織し、管理する。そのためにわれわれは、豊かさのただなかにあって、何ひとつ持たず、何もかも窮乏しているのだ。」

学者のなかでもナポレオンをもっとも崇拝していた人々は、当然ながら彼の脱出でもっとも落胆し、打ちひしがれた。他の学者たち、たとえばデジュネットなどはナポレオンに対してすでに低い評価しかしていなかったから、その卑怯な逃亡にも、すでに抱いていたナポレオンへの失望があらためて裏づけられただけだった。

以前からナポレオンへの信頼を失っていた学者の一人に、地質学者のドロミューがいた。彼はすでにエジプトを出ており、恐ろしい運命のさなかにいた。ドロミューがナポレオンを怒らせたのは、アレクサンドリアの建築遺跡についての報告を作成したときが最初だった。その報告文で彼は次のエピグラフを使った——Tempus edax rerum（時はすべてを消し去る）。言うまでもなく、これはナポレオンのお気に入りの言葉ではなかった。だが、ヨーロッパじゅうに知られ尊敬される地質学者であったドロミューには、権力に取り入るために科学をねじ曲げることはできなかった。彼がナポレオンを怒らせたのはそれだけではなかった。エジプトの土壌が農業に適するかどうかを調査するよう命じられて、その地質学者が提出した報告は、ナイル川に穀倉地帯を作ろうという将軍の望みをへこませるものだった。彼は野外調査を行い、デルタ地帯ではすでに生産されている作物以外、大して多くの食料を生産できないと結論した。将軍は怒ってドロミューをにらみつけた。その会合から急ぎ足で逃れながらドロミューはつぶやいた。「ライオンの爪から自分を救い出すところだよ。」

一七九九年一月、ドロミューが健康上の理由からフランスに戻る許可を願い出たとき、ナポレオンは喜んで彼を帰還させた。剛勇の将軍デュマも一緒だった。ひどい嵐と船の水漏れで、この小集団を乗せた船はシチリアに寄航せざるを得なくなった。シチリアでは、王党派のナポリ人たちがすぐさまフランス人たちを投獄した。捕えた者たちのなかに、亡命していたマルタ騎士団員がいた。彼らは大喜びでドロミューを手に入れた。この男こそは、ナポレオンのためにマルタの陥落を交渉に来た裏切り者なのだ。騎士団員たちはドロミューを反逆罪で告発し、ほとんど光のささない湿った地下牢に閉じこめた。一〇×一二フィートの狭い空間で、ほぼ二年間を彼は苦しみのうちに過ごした。幽閉中、彼は革新的な地質学論文を書き上げた。石炭の燃えさしを使い、聖書の欄外に走り書きしたその論文は、「鉱物の哲学」と呼ばれる。やがて彼はパリにいる知的コミュニティの精力的な努力のおかげで釈放されたが、フランスに帰国したときには衰弱しきっており、一八〇一年十一月に息を引き取った。エジプト遠征の仲間たちの最後のグループがフランスに戻るのと同時期であった。マルタの騎士としての誓いを守って、彼は生涯独身のままだった。ただ彼の伝記作家によれば、「ドロミューは女性を好むことで知られていた」という。

若い学者のなかには、ナポレオンの裏切りを知ってすすり泣く者たちもいた。「われわれはこの逃亡に情緒的に反応したが、やがて落ち着いた」とドヴィリエは書いている。将軍の出発は彼らの士気を打ち砕いた。だがそれ以上に、彼らはもっとも重要なメンバーを三人失ったのである。

イギリスの封鎖によって母国からの通信が途中で奪われていたため、学者たちはよけいに同僚や家族から忘れられているように感じた。彼らは手紙を書いたが、めったに返事は来なかった。ナポレオンが去ってから数週間後、ドヴィリエは弟に手紙を書き、家族が手紙をよこさないと文句を言った。「わたしは死ぬほど退屈している。わたしの人生と健康において最良の年月を、こうして悲しみのなかで失っていくのだ。」その手紙で彼は、若い人たちはみんな同じように感じていると も書いている。彼の唯一の望みは、パリに戻ったモンジュとベルトレが、残った学者たちもまた近いうちに帰国できるように嘆願してくれることであった。なんとかフランスに到着した手紙でも、宛先に配達されたときにはしばしば読めない状態だった。一七九九年九月、ドヴィリエが父親に送った手紙は、マルセイユで施された防疫措置のおかげで、到着したときにはまったく判読不能だった。ペストを恐れたフランスの当局は、エジプトからのすべての手紙を酢につけたのである。ドヴィリエの家族はその手紙をベルトレのもとに持参した。ベルトレは化学技術を使って手紙の文字を復活させた。読めるようになったとき、一同は気がついた。父親に宛てたその手紙には、どうかモンジュとベルトレを訪ね、エジプトに取り残されている学者たちのために帰国の斡旋をしてくれるよう依頼してほしいと書いてあったのである。「わたしは家族の夢を見ます。そしてこの夢の慰めから目覚めて哀しい思いをするのです。」手紙はこう結ばれていた。

ナポレオンに捨てられたとき、学者たちはエジプトに来てまる一年になっていた。母国に戻るのを切望していたとはいえ、一年たったいま、彼らはこの国の気候、文化、そして窮乏にも、比較的慣れるようになっていた。だがエジプト人のほうは、フランス人の存在には相変わらず慣れておらず、いっこうに幸福ではなかった。反対に彼らは反フランス感情で煮えたぎっていた。一七九九年三月、軍の主任行政官はすでに警告を発している。「住民は激しやすくなっている。彼らはキリスト教国の支配に対してきわめて苛立ちをつのらせており、ほんのわずかな火花でも、暴動を引き起こすことだろう。」

学者たちはその火花を与えないように注意していた。だが、何万人ものフランス兵士たちが毎日無数の侮辱や無礼を働いているとき、一五〇〇人の非武装の民間人が世論に影響を与えることなど、ほとんど不可能だった。ドヴィリエは砂漠における地図測量の仕事のあいだ、フランス兵による典型的な残虐行為を目撃した。ある朝、エンジニアと軍の護衛たちからなる一行は、ラクダを連れたアラブ人家族に出会った。父親、母親、そして十代の息子である。フランス人たちは彼らをスパイだといって尋問し、その一方で「二五人の兵士たちはその哀れな女性にもっとも恥ずべき暴行を加えた。」最後に、兵士たちは情報を与えなかったという理由で、その少年を撃ち殺した。少年が倒れたときの光景は、その若いエンジニアの心に永久に焼き付けられた。父親のほうは走って逃げ、茂みの蔭に隠れたが、兵士たちは彼を捕えて殺した。その同じ日、もっとあとになって、フランス人グループは九歳か十歳の少女が羊の群の番をしているのに出会った。兵士たちは運べるだけの羊を殺し、その少女をラクダに乗せてスエズに連れていき、「将軍のスタッフは、ヤンボーから来たある船長に少女を売った。わたしはスエズに戻ったが、心は見てきたものでかき乱されていた」。ジャバルティもまた、日常的なレイプについて書いている。

もちろんサヴァンたちは、兵士よりも平和的にエジプト人と交流した。食料、宿、ロバあるいはラクダを手に入れるときは、たんに押収するのではなくきちんと金を払ったし、アラビア語も覚えた。コンテやエルネスト・コックベール・ド・モンブレのようにきわめて堪能になった者たちもいた。コンテはエジプト人の職人たちと話す必要があったし、若い植物学者兼司書のほうは、図書館で多数の教育あるエジプト人と出会う機会があったからである。サヴァンたちはときどき、社会の不正な行為に気づいて介入しようとした。たとえばデュボワ・エーメとジョロワは、メノウフというデルタの町で税徴収人に打たれていた農民《フェラーヒン》たちを助けようとした。二人はそこでコプト人の税徴収人の大きな家の一部を借りて住んでおり、コプト人は階下に住んでいた。二階の窓からは、そのコプト人がしじゅう農民を打っているのを見ることができた。進んで税金を払わないからというのである。二人は哀れな者たちのために取りなそうとした。だがコプト人は、フェラーヒンは痛めつけると脅さないかぎり税を払わないのだと主張した。「男たちは何度も打たれたすえ、ようやく口やターバンのひだの中から要求された金を引き出し、徴収人に渡す。この光景はしばしば目撃された」と彼らは書いている。

若い学者たちは、自分たちの行動がエジプトにおけるフランスのイメージをよくしていると感じた。自分たちが示す同情と感謝の気持を、エジプト人はフランス人の特性と考えるだろう――そう彼らは信じていた。「個人の名前は重要ではない。ただ『フランス人がわたしのためにしてくれた、フランス人がこのように助けてくれた』と言われるだけでよい」と彼らは書いている。

だが現地の文化がもつより苛酷な側面に直面したとき、学者たちは必ずしも本能に基づいてそこに介入できたわけではなかった。ドノンの例がそれを物語っている。エジプトを出る数カ月前、アレクサンドリアの外に広がる砂漠を兵士たちと旅していたあいだ、彼は目をえぐり取られたばかりの女性に出会った。女は目のない顔面に血をしたたらせ、幼児を抱いて、食べ物を乞うていた。部隊が立ち止まって水を与えようとしたとき、夫だという男が馬で駆けより、助けるのはやめろと叫んだ。「この女は貞節を汚した。」夫は叫んだ。「この女は俺の名誉を汚した。この子どもは俺の恥だ。その子は不義の子なんだ！」震え上がったその画家はなすすべもなく、その男が短刀を引き抜き、女を刺し殺し、それから幼児を地面に叩きつけて殺すのを見守っていた。ドノンはエジプト人のガイドたちに、こうした残忍な行為は法に反していないのかと尋ねた。ガイドたちは、その男の行為は法では認められていると答えた。ただし慣習では、そうした殺人はよしとされないだろう。「その男が女を殺したのは間違っていた」とドノンは言われた。「四〇日過ぎれば、彼女は家に受け入れられ、食べ物を恵まれるのだから。」

夫による殺人と嬰児殺しを目撃したことも、ドノンのなかのエジプトへの情熱を消すことはなかった。彼はフランスの将兵たちがエジプトを誹謗中傷しているのを軽蔑した。「彼らは黄金を求めた」とドノンは書いている。「だが黄金は見つからなかった。彼らがまわりに見るのは、燃える砂、シラミ、ブユ、眠りを邪魔する犬、頑固な夫たち、いつも同じ首のほかには何も見せないベールルをかぶった女たちだけなのだ！」

この種の出来事を目撃したフランス人のほとんどは、すぐさまエジプト人というものについて判断を下し、たとえばアラブ人の性格は「不可解」であり、「冷血」だと述べている。フランス人は、きわめて信仰心のあついイスラム教徒のなかに超俗的な精神性を見たものの、それがどこから来ているのか理解することはなかった。「何ものも彼らの心をかき乱さない」、あるフランス人将校はエジプト人についてこう書いた。「彼らにとっての死は、イギリス人がアメリカに航海するようなものだ。」

フランス人は、エジプト人のあからさまな女性嫌悪を見て仰天したものの、じつは彼らの多くも現地の習慣にならって女奴隷を所有した。ベルノワイエは、エジプトでそばに侍らせるために完全な女奴隷《オダリスク》を探すのに費した夥しい時間と金について、逐一記録に残している。フランス人のなかには、エジプト女性の魅力を受けつけない者たちもいた。エジプトに数カ月過ごしたあとで、ある科学者はサヴァリーの作り話にあるような川岸に立つ異国風の裸婦を見つけるのに絶望して、こう書いた。「われわれは川のなかに水牛を見た。だがエジプトの女性はカタツムリのように汚く、もぐらのように真っ黒だ。」

エジプトの女性に真の愛を見いだした者たちもいた。フランス人大尉のジョゼフ＝マリー・モワレは、カイロの市場で出会ったベールの美女に夢中になった。賄賂を使い、しつこくつきまとったすえ、彼はなんとか彼女の名前を探り出した。まもなく彼は、彼女に向かってひそかに投げキッスをすることができた。彼女はそれを受け入れた。彼は彼女が「ズリマ」という名で、グルジア出身のハーレムの白人女性だと知った。彼はエジプトにいるあいだずっと彼女を愛人にしていたが、フランスに戻るとき上官らに説得され、彼女をエジプトに残さざるを得なかった。必ず迎えにくると約束したものの、彼には彼女の運命がどうなるか十分にわかっていた。フランス占領軍の不信心者の愛人だった彼女が、悲惨な運命をたどるのは明らかだった。彼は彼女と二度と会うことはなかった。

フランス占領軍は残虐さではマムルークの独裁者と似たようなものだったが、マムルークと違って不信心で好色であり、ワインと女性を好んだ。十八世紀末のカイロにおけるマムルークの文化はきわめて宗教的で、厳格だった。ただし苦行は求められなかった（この町を非常に長いあいだ支配していたため、八世紀のバグダード時代の先祖ほどは克己的でなくなっていた）。女嫌いも徹底していた。ヴォルネをはじめとするヨーロッパの訪問者たちは決まって、マムルークが少年とのセックスを好むのに仰天した。「なかでも彼らは、つねにギリシャ人とタタール人の悪徳であったこの忌まわしい不道徳に染まっている。主人から受ける最初のレッスンがこれなのだ」と彼は書いた。「この嗜好の理由を説明するのは難しい。とくに彼らは全員女性を所有しているのだ。少年とのセックスに彼らが求めるのは、女性とのセックスにはない（彼らが許さない）拒絶という刺激なのかもしれない。それにしてもこの堕落行為に染まっていないマムルークは、ただの一人もいない。そしてこの悪徳は、カイロの住民のあいだに、そしてその町に住むシリアのキリスト教徒たちのあいだにさえ、蔓延している。」

中世の時代、宗教の命令で禁じられるまで、女性のマムルークは男の衣装を身につけて相手を引きつけた。マムルークは妻とハーレムをもっていたが、彼らの社会における女性の地位は、広汎なイスラム世界でも異例だった。女性の処女性はイスラム社会ではきわめて尊ばれていたが、マムルークはそれを大して重要と考えなかった。子供たちは生物学的父親の身分の高さを受け継がなかったから、女性の受胎能力も他のコミュニティほど重要視されなかった。マムルークの女性は自分がつねに性的に望ましくいられるように、出産を避け、しじゅう堕胎をくりかえしたことで悪名高い。マムルークでも、女性の処女性に個人的な趣味があれば、彼女たちを一ダースも買えるだろう。だが彼が自分の特権的身分を伝える相手は、どこからか購入され、伝統的な戦士スタイルで育てられた少年だけなのである。

他の女性ほど性的役割を与えられていなかったうえ、主人がビジネスや不動産事業を女性的な仕事と見ていたこともあって、何人かのマムルークの女性はかなりの財政的手腕を発揮した（彼女たちもまた男性と同様にカフカスから買われた女性たちで、アラブ人ではない）。きわめて富裕なマムルークの妻たちは、家の中だけでなく外でもビジネスに携わった。マムルークの夫婦は、そろって税金をとりたて、土地と富を蓄え、ときにはこうして「掠奪」したものを、貧者への宗教的慈善の形で住民に返したりもした。

カイロにおける女性マムルークの歴史は、陰謀や毒殺、そして宮廷での駆け引きに満ちている。カイロの女性マムルークのなかで、最後の、そしてもっとも有名な一人は、ナフィサ・アル・バイダという女性だった（ナフィサ・ハトゥンとも呼ばれる）。一七九八年にフランス軍が到着したとき、彼女はマムルークの最高指導者、ムラド・ベイの妻だった。ナフィサ自身は、アナトリアかカフカスで買われた出自のはっきりしない女奴隷だった。彼女は美しく、また洗練されていることで有名だった。肖像画は一枚も残っていないが、「白い宝石」という愛称は、この女性の容貌についてであるイメージを与えてくれる。アラビア語とトルコ語の読み書きができたうえ、フランス語と英語を話し、フランス、イギリス、マムルーク間の仲介者となった。

一七九一年のマムルークのある法律関係の書類には、彼女に対してなんとも絢爛豪華な呼称が使われており、その強力な地位を示している。「ベールをかけた女性たちのあいだで高貴に輝く、尊敬すべき女性たちの誉れ、隔離された禁断のカーテンの陰で高貴なベールを掲げる高名な女性たちの王冠、隠された美しい宝石、咲き誇る秘蔵の貴石――レディ・ナフィサ」。一七九六年に彼女が作らせたカイロの公共用噴水は、寄贈者が女性であることを讃えて、乳房と心臓のモチーフで飾られている。

ナフィサの権力への道すじは、マムルークの女性にとっては典型的なものだった。彼女の最初の主人はマムルークのベイで、ナフィサを家族からか、あるいは誘拐者から買い取った。彼は彼女の美しさと機知にひどく心を打たれ、ついに彼女と結婚して、広大な土地の管理を任せた。やがて夫はムラド・ベイに殺され、彼女はムラドの妻となる。結婚したとき、彼女は五〇人以上の女性と何人かの宦官、何エーカーもの土地、複数の宮殿、そして商売の事業を持参した。ナフィサは連れてきた女奴隷の多くを解放し、立派な家に嫁がせた。この解放された女奴隷たちを通じて、ナフィサはマムルークの社会序列《ヒエラルキー》のなかで自分だけの権力ネットワークをもつに至ったのである。

　フランス軍が到着したとき、ナフィサはカイロ・エリート集団の強力なメンバーだった。夫が砂漠でフランス軍と戦うために町を出ていたため、彼女の力はいっそう強いものとなった。占領のあいだも、ナフィサがとほうもない金持ちだったのは変わらなかった。フランス軍が大量の黄金の拠出を要求しても、彼女の資産はほとんど損われなかった。

　ナフィサのようなマムルーク女性は、子供はいなかったか、いたとしてもきわめてまれだった。彼女たちは母親であるよりもビジネスで力を揮うか、あるいは男を誘惑する女性の役割を好んだ。現実に子どもをもった場合、その子どもに特権的生活は恵まれるにせよ、軍事的貴族になる保証はなかった。子どもたちはマムルークの奴隷ではなかったからである。彼ら自身が決めた規則に従って、マムルークの子供たちは父親が属する戦闘エリートにはけっして加わらなかった。その名誉は、買ってこられた奴隷の少年にだけ取っておかれた。マムルークの子供たちはエジプト社会においては、寄生的エリートとして以外の意味をもたず、行政の面でも重要な役割を果たすことはなかった。

フランス軍が到着した当時は、マムルークのシステムは腐敗と入り組んだ権謀術数によって崩れつつあった。ジョフロワ・サンティレールはしばらくカイロのマムルーク部族のあいだで暮らしたが、ベイのなかには自分の子どもをわざわざ奴隷の地位に戻し、それによってマムルークの特権を与えようとする者たちがいたと確信している。家への手紙のなかで彼はこう書いた。「彼らは子供たちを遠方に送り、外国人に売らせ、そのあと買い戻しています。そうすることによって、彼らをより尊敬される立場に引き上げ、高い地位に育てようというのです。」その時代のエジプトを調査した学者たちは、マムルークの子どもは身体的に虚弱で、エジプトでは生き延びることができないと報告している。彼らはマムルークの子どもたちについて、連れてこられた土地に根づくことができない外来種の植物になぞらえている。「子どもたちのほとんどは非常に若くして死ぬ。彼らの血筋が次の世代までいくことはめったにないと言われている。」はたして彼らの子どもたちが若くして死ぬのか、外国に送られてふたたび買われるのか、それともたんに生まれなかっただけなのかはべつとして、カイロのマムルークは子孫に頼ることなしに自らを永続させていく支配階級だった。

マムルークは、自分たちの派閥の純粋性を保ち、力と富をみずからの手に保持するために、厳密な規則を作り上げた。現地の住民との区別をはっきりさせるため、マムルークはトルコのファーストネームを名乗り、トルコの方言を話した。エジプトの住民と話すときは通訳を使った。アラビア語は彼らの住んでいるエジプトの公用語であり、彼らの信奉するイスラム教の公式の言葉だったにもかかわらず、彼らは仲間うちでアラビア語を話すのを拒んだ。マムルークの奴隷を所有できたのは、マムルークだけだった。同じ奴隷でもマムルークと黒人のアフリカ奴隷では、質的に異なっていた。現地の金持ちのアラブ人やキリスト教徒らは黒人奴隷を使っていたし、マムルークの邸にもアフリカ人奴隷はいたかもしれないが、アラビア人がマムルーク奴隷を所有することは絶対になかった。この慣例は十八世紀のカイロだけのものではなく、それまで何百年ものあいだ変わらずにつづいてきた。

カイロで馬に乗ることが許されていたのは、マムルークだけだった。アラブ人と外国人が乗るのはロバに限られた。他のイスラム諸国と同じように、マムルークのエジプトでも、ユダヤ人とキリスト教徒は特徴的な色の衣服をまとい、決められた長さのターバンを巻かなくてはならなかった。

エジプトのマムルークは残酷で貪欲な支配者だったかもしれないが、それでも彼らはカイロと深く結びついていた。カイロを離れるのは闘いをするときだけで、頻繁に訪れるペストの流行のあいだも、自分の宮殿にとどまった。しかもペストがマムルークに与えた打撃は、現地の住民への打撃よりもはるかに激しかった。たとえば十四世紀の黒死病の流行期のあいだ、彼らはカイロを逃げ出すことを拒み、全守備隊がこの病気で死んだ。

彼らの宮殿はまさに、イギリスの詩人サミュエル・テイラー・コールリッジがアヘンによる幻想のなかで描いた「クブラ・カーン」さながらの悦楽の館だった。壁で囲まれた構内は、豪華なラピスラズリと黄金のタイルが張られ、町の喧噪のなかに浮かぶ悦楽のオアシスとなっていた。中庭には噴水がきらめき、ジャスミンとオレンジの庭が邸を囲んでいた。その邸宅は、わかりにくい間取り、秘密の通路、隠されたいくつもの部屋からなり、それらの秘密の部屋には、宝物、女性、宦官が匿われていた。宮殿の中には、倉庫群、穀物庫、店、厩、数カ所の台所、夥しいスチームバスを備えた自給の村のようになっているものもあった。

　マムルークたちはこれらの「家」に一緒に暮らしていた。買われた白い少年たちが何十人も、そこで宗教と軍事的技術を学んでいたのである。少年たちはおたがいを「兄弟」と呼び、主人を「父」と呼んだ。十分に成長すると、主人は正式に彼らを解放した。こうして彼らはマムルークの権力ネットワークの一部となった。成人が父親と家族に結びつくように、彼らは主人と階級《カースト》に結びついた。解放されたマムルークは、自由人であることを示すために髭を生やした。

　一七九九年も夏ごろになると、サヴァンたちは現地の慣習にすっかり馴染みつつあった。多くはイスラム教徒ふうに髭を生やした。ジョフロワ・サンティレールはキュヴィエに宛てた手紙のなかで、髭のない者は奴隷と見なされるから、自分も他の学者たちも剃るのをやめたと説明している。水煙管を吸い始めた者もいた。それにもかかわらず、出版された絵のなかでは、仕事をしている学者たちはきれいに髭を剃り、フロックコートを着こんでいる。おそらくヨーロッパ人の感性に合わせたのであろう。

　ヨーロッパ人にとってもっとショッキングだったのは、サヴァンの何人かが奴隷を所有するという現地の習慣を取り入れたことだった。ジョフロワ・サンティレールも二人の奴隷――少年と老女――を所有した。家への手紙で彼は、自分がこの二人を家族の一員と見ていると書いている。「ここでわたしはとても平和に暮らしており、博物学の研究、馬の世話、そしてわたしの小さな黒い家族のことで、忙しくしています。ヨーロッパの自分の家族に届けることのできない思いやりを一時的に、彼らに対する優しさで置き換えているのです。」一七九九年六月に彼は父親への手紙に書いた。「わたしは十一歳の子供を二五〇フランで購入し、コレクションに注意を払うことと、動物に餌をやる仕事を教えこみました。そのあと、家事がきわめて上手な黒人の老女を贈られました。十一歳になる忠実なテンデルティのために、わたしはロバを買いました。」

フランスでは奴隷制は嫌悪されている以上、母国の人々がこうしたニュースを聞けば眉をひそめることはわかっていた。そこでジョフロワ・サンティレールは、説明に苦慮した。「ここの奴隷制はアメリカのそれとは違っています。ここでは奴隷とは文字どおり養子を意味します。わたしの二人の奴隷はわたしを父としか呼びません。わたしもまた彼らの仕事ぶりに非常に満足しているので、彼らに対して同じ気持を感じます。」その手紙で彼は、エジプトにおける奇妙な地位の逆転ぶりについても触れ、マムルーク社会では奴隷は解放民よりも尊ばれていると書いている。

奴隷を所有して楽しんでいたのは、ジョフロワ・サンティレールだけではなかった。軍工兵隊主任のジラールは三六〇〇リーヴルで「カフカスの女性」を買った。軍の記録担当だったベルノワイエはその回想録のなかで、一七九九年四月に自分と仲間のフランス人がカイロで理想的な女奴隷を求めようとして奮闘した顚末を何ページにもわたって書き連ねている。あるときドヴィリエは、ダルフールでフランス兵がキャラバンを略奪するのを目撃した。掠奪の口実は、キャラバンがフランス軍に対する襲撃に使う武器を運んでいるというものだった。襲撃に参加した兵士たちが手に入れた戦利品には、数々の貴重品、ラクダ、そして男女の黒人奴隷があった。そのあと兵士たちは公開市場で奴隷を売り、代金を自分のものにした。

ナポレオンがエジプトを去ったとき、後任の総司令官としてあとを引き継いだクレベール将軍は、金髪で背が高く、フランス‐ドイツ系の筋骨たくましい偉丈夫で、すでにエジプト戦役にすっかり幻滅していた。ナポレオンは、その新しい任務について直接クレベールに知らせるのを恐れ、何も知らない将軍を意味のない特命をつけてロゼッタに派遣しておき、自分がカイロを去るときに、いくつかの指示とともに任命の辞令を送った。

ナポレオンがエジプトに伴った二七人の将軍のうちで、あとがまとしてはクレベールは奇妙な選択だった。（将軍の仕事はとくに危険の多いものだった。遠征が終わるまでに、二人が暗殺され、三人が戦いで致命傷を負い、九人が負傷したが生き延び、二人が病気で死んだ）。彼は文筆にたしなみがあり、建築を学んでいた。イタリア戦役の英雄だった彼は、アクルの戦闘でナポレオンをまるっきり信頼できなくなっていた。ナポレオンの逃亡を聞いて、クレベールはかんかんになった。手紙を手渡されたとき、彼は怒りを抑えることができなかった。「あのゲス野郎はわれわれを自分の糞だらけのズボンといっしょに捨てやがったんだ！」手紙にざっと眼を通したあと、彼は怒鳴った。「ヨーロッパに戻ったら奴の顔にこの糞を塗りつけてやるからな！」

ナポレオンの顔に糞をなすりつけるにしても、問題はどうやってヨーロッパに帰るかということだった。手紙のなかでナポレオンはクレベールに、一定の条件下でだけ降伏を認めていた。「もし来る五月までに、フランスからの援助も連絡も得られない場合、またあらゆる予防策にもかかわらず、年内にペストによって一五〇〇人以上が死亡するようであれば、たとえエジプト撤退が第一の条件であってもオスマン政府とのあいだに和議を結ぶことを認可する。」

ナポレオンの手紙には、要塞、病院、イスラム教徒と良好な関係を保つこと、アレクサンドロスの遺産を思い出すこと等々についての決まり文句がちりばめられていた。彼はペストが「軍隊のもっとも恐るべき敵のひとつである」ことは認めたが、軍がいまや一文無しであることにも、病気であることにも、トルコ軍が彼らをエジプトから駆逐するために八万の軍勢を送りつつあることにも、言及していない。

クレベールをはじめ軍の指導者のうちの相当数は、このエジプト戦役をできるだけ早く、そしてもっとも不名誉でない降伏条件で終わらせたいと考えていた。他の「植民地主義的」な将軍たちはいまだにエジプトがフランスの東洋の宝石になることを望んでいた。少なくとも観光地、よくてもイギリスのインドに匹敵するだけの商業センターというわけだ。後者のなかにはジャック＝フランソワ・ド・ビュセー・ド・ムヌー将軍がいた。この人物はイスラム教徒の妻を娶り、自らもイスラム教に改宗して「アブドゥラ」と名前を変えたが、それ以来いっそう植民地主義に傾倒していった。理屈から言えばナポレオンのあとのエジプト総司令官としては、クレベールよりもムヌーのほうが妥当な選択だったろう。ナポレオンが植民地主義者のムヌーではなくクレベールを選んだのはおそらく、クレベールが兵士たちから好かれていたためであり、ナポレオンとしては自分が去ったのちに軍が分裂するのをくいとめようと考えたのだろう。いずれにせよ、クレベールは残されたこのひどい状況をなんとか切り抜けざるを得なかった。

実際、クレベールは兵士や学者たちから非常に好かれていた。軍人のなかの軍人だった彼の第一の関心は、軍の利益であった。軍の将兵に食料と衣料を与えるために、彼はエジプト人に対して苛酷な税を課した。民間人グループは彼の知的な精神を尊敬し、彼をエジプト学士院のメンバーに選んだ。クレベールは「公正で、勇敢で、謙虚だ」とドヴィリエは書いている。「最初彼は学士院のメンバーになるのを望まなかった。いったいどの分野に置かれるのかね、と彼は尋ねたものだ。だが最後には受け入れてこう言った——それでは美術の分野に入れてもらおうか。そこでならなんとかやれるだろう。」

渋々ながらエジプト遠征軍の指揮をとることになったクレベールは、トルコとイギリスに対して面子《めんつ》の立つ条件で降伏を交渉すると同時に、病気で供給の不十分なフランス軍をなんとか生き残らせ、体面を保たせておこうとした。そのため彼はナポレオンよりも、エジプト人に対してはるかに苛酷であった。ナポレオンがエジプトを出たあと、彼はじつに物々しくカイロに再入城した。二列縦隊からなる五〇〇人のトルコ近衛兵（イエニチェリ）が行進を先導した。彼らは手に持った儀仗で地面を叩き、「イスラム教徒よ、この方の前に跪《ひざまず》け！」と叫んでいた。カイロではトルコのイエニチェリは、フランス占領軍の警察力の一部として働いていた──カイロに駐留していたトルコ人の忠誠心は柔軟だったのである。クレベールがエジプト人に課したすさまじい重税は、住民のあいだに憎しみを燃え上がらせ、最終的に彼の最期を導いた。一八〇〇年の春、カイロはふたたび反乱を起こした。今回の反乱は三七日間つづいた。蜂起した者を、クレベールは前回のナポレオンよりもさらに残酷に鎮圧した。フランスの火砲はアズバキヤ広場周辺のすべての宮殿を破壊した。ジャバルティは、その結末をただ一行、哀しげな文章に書いている。「すべてがまばゆい火と廃墟になった──かつてあった魅惑的な大邸宅も、友人たちの集まりも、あるいは遊歩道も、あたかも何ひとつなかったかのように。」

ナポレオンがエジプトを出発したということは、自分たちもじきにここを出られるということだ──科学者たちはあえてこの希望にすがりついた。だが彼らは間違っていた。たしかにクレベールは、前任者のナポレオンにも今のエジプトの状況にも嫌悪を抱いていたが、やはり彼にも考えるべき自分自身の評判があった。いや、駄目だ、科学者たちを帰すわけにはいかない。

ナポレオンはクレベールへの指示のなかで、科学者たちの仕事が終わったら帰国させる権限を認めていた。ただもしクレベールが必要と考えた場合には、彼らをエジプトに引き留めておくことができると付け加えている。クレベールは、上エジプトの古代遺跡での学者たちのフィールドワークを監視し、彼らに現代のエジプトに関する調査を始めるよう命じた。クレベールはまた、本の編纂を提案した最初の人物だった。最終的にその本は、学者たちの仕事についての永遠の記念碑となった。だが当時は学者たちにとって、クレベールの命令はフランスへの帰還を遅らせるものとしか考えられなかった。このころジョフロワ・サンティレールは、自分たちが植民地主義の将軍たちに人質として使われることに強い不満をもらしている。「カイロの哀れなサヴァンたちは、ボナパルトの歴史にさらに一行の賞賛の文章を加えるためにエジプトに連れてこられた。そして彼らは、クレベール（の経歴）に不名誉が生じないように留め置かれている」と、彼は書いた。「こうして、弱いものはつねに強いものに弄ばれる。」

軍は新しい指導者をもったが、それは科学者にとっても同じだった。モンジュとベルトレが去ったあと、ジョゼフ・フーリエが学士院のチーフとなった。フーリエはきわだって有能だったが、仲間うちではとくに人気があるわけではなかった。それでも彼は優秀な管理者であり、同時にフランス軍を相手に駆け引きのできる有能な外交官であることを証明してみせた。フーリエは天才的科学者でもあった。マリュスとモンジュのように、フーリエもまた砂漠の気候に霊感を吹きこまれ、新しい考え方をつかんでいた。彼が最初に熱伝導に興味をもったのはエジプト滞在中だった。そのテーマについて彼がのちに発展させた理論はきわめて重要であり、「数理物理学の根幹」を形づくったと評されている。

エジプトに着いたとき、フーリエはすでにそのもっとも有名な研究を完成させていた。波動エネルギーの数学的基盤に関するその法則は、今でもフーリエの法則として、解析を学ぶ学生たちに教えられている。彼はまた、解析学におけるもうひとつの基本的な要素であるフーリエ級数をも発見していた。彼の理論は広汎で永続的な影響をもつものだった。「フーリエの法則は現代解析学のもっとも美しい成果のひとつというばかりでなく、現代物理学におけるほとんどすべての深遠な問題を解決するために、必要不可欠な道具と言えるだろう。」十九世紀イギリスの科学者ウィリアム・トンプソン（ケルヴィン卿）はこう書いた。

フーリエは貧しい家に生まれ、幼いころに孤児になった。革命前のフランスであったら、彼が世に出ることはありえなかっただろう。父親はパリの南東にあるオーセールという町の仕立屋だった。両親とも彼が八歳のときに死んだ。教会に預けられていたが、地元の司教がその学問への適性に気づき、ベネディクト派の陸軍学校に入れた。彼はそこで十二歳になるまで過ごし、パリの高位聖職者が読む説教の代筆をしていた。十代はじめには、彼が数学の天才でもあることが判明した。伝えられるところによると、夜、彼は人目につかない炉端の長椅子で勉強するために、学校の台所でろうそくの残片を集めたという。

フーリエは聖職者になるための勉強をしていたが、一七八九年に起こった革命が聖職者を追放した。決められていた道が閉ざされたことを、彼は少しも悔やまなかった。二十一歳のころには、フーリエはパリにいて、年長の一流学者たちの仕事をしのぐ数学方程式の論文を提出していた。

革命を熱狂的に支持していたフーリエだったが、恐怖政治によって排斥され、最悪の時期をオーセールに身を隠して過ごした。過激なロベスピエールの支持者に逮捕されたものの、学者仲間の命乞いでギロチンを免れた。一七九四年、政治情勢が穏やかになると、フーリエは新設のエコール・ポリテクニークの数学科の学科長に選ばれた。彼に与えられた肩書は、なんとものすごい「築城術講義指導教官」というものだった。そのとき彼は二十四歳だった。

フーリエは教授として卓越していた。革命政府は、古いタイプではなくより活気に満ちた新しいスタイルの教育者を望んだ。そのために新しい数学を作り出した研究者たちが雇われて、実地にそれを教えることになったのである。教授たちはノートを見て講義をしないように命じられた。即興で講義をする才能があったフーリエには、これはぴったりだった。彼の講義は無味乾燥で退屈な数学のだらだらした話ではなく、生き生きとしたもので、しばしば歴史の挿話や現実の生活のなかでの興味深い応用がちりばめられていた。

幼少時代の窮乏生活が、孤児のフーリエをクールで、どこか人情味のない大人に成長させた。数字と位置関係に鋭敏な彼は、同時に消化不良と不眠症に悩み、皮肉屋で、協調性を欠いていた。デジュネットはこの論理過剰の若者について、「人格に少しばかり欠けたところがある」と考えた。

ジョフロワ・サンティレールは、デジュネットよりもさらに彼を好かなかった。二人の性格は正反対だった。ドライでクールなフーリエは本来、何でも数字で説明することに徹していた。一方のジョフロワ・サンティレールは感傷的で、興奮しやすく、科学へのアプローチにしても、より思弁的だった。性格的にも科学への姿勢でもこのように違う二人だったが、その違いはカイロの小さな科学コミュニティのなかでは、いっそう明確になった。エジプトで何カ月、何年かを過ごすあいだに、彼らの性格は何度も衝突した。だが二人のうちで自分の感情を記録に残したのは、例によってジョフロワ・サンティレールだけだった。

エジプトから出した手紙のなかで、ジョフロワはフーリエの皮肉と尊大さについて文句を言っている。「きわめて近いところで仕事をしているうえ、彼の主張がますます横柄になってきたために、わたしたちは頻繁に衝突するようになっています」と、彼はキュヴィエに書いている。二人とも、なんとか努力して仕事仲間としての関係を作り上げようとしてはいたが、ジョフロワ・サンティレールはフーリエの尊大さにどうしても慣れることができず、フーリエが数学者やエンジニアのほうが博物学者や画家よりも頭が良いと決めてかかるのに我慢できなかった。「フーリエの目的は、卓越した理解力という名声をもつことだった――パリのラグランジュとラプラスに与えられて然るべき名声と同じものを」と、この博物学者は書いている。

フーリエは複雑な人間だった。彼の尊大さは、よりすぐれた資質と釣り合っていた。この資質こそが、彼をエジプト人に対する有能な行政官にしたのである。科学者の伝記を書いていたアラゴは数年後に彼に会い、フーリエの「穏やかな態度と、偏見というものへの誠実で慎重な姿勢、そして剛直な正義感とが、イスラムの住民に対する影響力を彼に与えた」と賛美した。エジプトでフーリエと一緒に暮らし、彼をよく知る立場にあった工科学生のジョロワは、この数学者が「その心の調和、その洗練、その親切によって、多くの違った意見を調停するやり方を心得ている」と書いている。

クレベールは、地中海を横断する航海のあいだにフーリエと親しくなっていた。彼はフーリエの能力を高く評価し、マムルークとエジプト人を相手に交渉する際の公的な仲介を任せた。こうしてフーリエは、トルコとイギリスの連合軍がフランス軍に迫ってきたとき、「白い宝石」ナフィサに対するフランス側の主席交渉人となったのである。ナフィサを通じてフーリエは、ムラドに対し、フランスとのあいだでトルコに対抗する同盟を結ぶのと交換に上エジプトの支配権を与えるという提案を伝えた。ムラドはこれを受け入れた。こうして一八〇〇年以降、フランスとマムルークは同盟者となった。ただしこの同盟の締結は、カイロの住民にとって少し遅すぎた。フランス軍からの提案が届く前、ムラド・ベイは四〇〇〇頭の羊を運ぶ食料輸送隊を途中で奪取してしまったのである。町は飢えていた。飢えが、四月の暴動を引き起こした火花だった。

外交官としてのフーリエの仕事は、ときにきわめて危険になることがあった。カイロの町の外で起こったある戦闘のあと、トルコとの降伏交渉に派遣されたフーリエは、その種の会合にふつう使われる静かなハーレムの居住区ではなく、まだ戦闘で揺れている地区の真ん中で交渉を行うはめになった。そこは砲弾で半分壊れた家の中だった。トルコのコミッショナーが到着し、フーリエが現地の習慣に従ってコーヒーで乾杯しようとした瞬間、道の向かい側の家から銃が発射された。弾丸は数学者が手に持っていたコーヒーポットを撃ち抜いた。

仲間の科学者からは好かれなかったかもしれないが、フーリエがもっとも多忙な者の一人だったのは確かである。ナポレオンがエジプトを去る前に最後にしたことのひとつは、上エジプトへの二つの科学遠征の長にフーリエを任命するというものだった。その任務と外交交渉の仕事に加えて、彼はクレベールからその時代のエジプトに関する調査を始めるように要求された。こうした行政や学士院の仕事をしていないときには、彼は風力による給水機械と代数方程式に関する難解な論文を書いていた。彼はカイロで、少なくとも四つの数学論文を書き上げた。さらにまた、エジプトの遺跡からアルカリ性の砂漠湖にいたるまで、あらゆる対象を探索する実地調査の旅にも参加している。

その時点では感じなかったものの、エジプトの気候と包囲による窮乏生活はフーリエの身体に奇妙な代謝の変化を引き起こしていた。北の緯度に戻ったあと、彼はたえず寒さを感じた。病名はわからないまま（現代の医学はこれを甲状腺機能低下症と診断するかもしれない）、フーリエは砂漠の熱い気候こそが人間の体にとってもっとも健康な状態であり、熱を与えればこの病状はすべておさまると考えた――もちろん持病の心臓疾患も治るだろう。

このあと死ぬまでの三〇年間、彼はカイロの午後の灼けつくような渇いた暑さをパリのオフィスや部屋に再現しようとして、さまざまな手段を試みた。一年じゅう毛織物で身を包み、小さなアパートを夥しい数のストーブで熱した。訪問者は彼のそばに一〇分といられずに、外に出て身体を冷やした。サハラと地獄を一緒にしたよりももっと暑いと、友人たちはこぼした。

フーリエがエジプト後に行った最大の研究は、もちろん熱の物理学的性質についての理論でなくてはならなかった。まだエジプトにいるあいだ、彼はのちの革新的な「熱の解析的理論」に通じる計算を始めていた。何人かの純粋数学者からは精密さに欠けていると見られたものの、この理論は一八一二年の科学アカデミー大賞《グランプリ》を授与された〔出版されたのは一八二二年、パリ〕。フーリエの研究は、個人的に重要な意味のあるテーマに集中していた。放射の現象、温度計の働き、部屋の加熱作用。批判する人々に対して、彼はけっして弁解せず、答えることさえしなかった。じつは彼が実践していたのは、新しい種類の数学――応用数学――だったのである。こうして彼は、世界最初の数理物理学者の一人として記憶されている。同じく熱の問題をのちに研究したイギリス人科学者のケルヴィン卿は、フーリエの理論を「偉大なる数学的詩」と呼んだ。

ナポレオンに見捨てられたショックが過ぎ去ると、学者たちはまたそれぞれの収集、分類、スケッチ、地図製作、そして計測の仕事に戻った。ヨーロッパからの新たな供給がなく、軍兵站担当者へのナポレオンのコネがないため、彼らは道具を再利用し、きびしい節約に励み、ニコラ・コンテに頼った。いまやこの発明家は、エジプトでの軍と科学者の活動にとって必要欠くべからざる存在となっていた。クレベールは彼に宛てた手紙のなかでつねに、「この上なく大切な親愛なるコンテ」と呼びかけている。一度などはこうも書いている――「どれほどわたしが貴君に好意をもっていることか」。コンテにとってもっとも残念だったのは、彼がカイロであまりにも必要とされていたため、同僚たちのように自由にエジプトを旅するのを一度も許されなかったことだった。

ナポレオンが放棄したあとかっきり四カ月待って、クレベールはサー・スミスの仲介によりトルコ軍に対し降伏交渉を行う決意を固めた。軍隊内での意見の不一致と病気だけでなく、このときまでにフランス軍は二つの敵からの恐るべき軍事圧力のもとにあった。八万人のトルコ軍がシリアから行進してきていた。一部はジェッザー自身が率い、一部はトルコの大宰相率いるコンスタンティノープルからの軍勢であった。彼らはすでにガザを発ってアル-アリーシュに到着していた。アリーシュでは、彼らは降伏してきたフランス軍を虐殺した。

イギリスは、いまだに陸上でフランスと交戦するのをためらっていた。彼らはひそかにフランス軍の内輪もめを煽り、即刻フランスに戻る要求をするようにフランスの兵士たちをけしかける文書を配布していた。アレクサンドリアでは、何人かの将校のフランスへの帰還を阻もうと、フランスの兵士たちが暴動を起こした。「全員がともに死ぬか、ともにここを抜け出すかだ」と彼らは口々に叫んだ。

一月末に署名されたアル-アリーシュ条約の降伏条件によると、フランス軍は批准から一〇日以内に北のデルタの町々から撤退し、その後一カ月以内にカイロを立ち去ることになっていた(そのカイロの門に向かって、いまやトルコの軍勢が急速に近づいていた)。そのあとトルコは自らの費用で、フランスの軍隊を武装解除せずに母国に輸送することとされた。だがクレベールにとって不運なことに、イギリス政府はトルコとフランスのあいだの協定はいっさい受け入れないと決めていたのである。三月はじめ、サー・スミスのもとに本国政府からの命令が届いた。フランス軍を海上で捕え、戦争捕虜として取り扱うべしというものだ。スミスはなんとか時間をかせいでロンドンの上層部を翻意させようと努力したが、トルコは協約に従ってカイロをすぐさま奪回するのに固執していた。クレベールとしては戦う以外に道はなかった。

それぞれの収集遠征から呼び戻されて、学者たちは母国に戻れるという期待で夢中になった。彼らはカイロからのダウ船〔大三角帆を付けたアラブの帆船〕に自分とその全収集品を積みこんだ。一八〇〇年の春、彼らはアレクサンドリアから船に乗りこんだ。だが船は出航しなかった。港に浮かぶ船内で数週間過ごしたあと、彼らはイギリスがフランス－トルコの条約を拒んだことを知った。クレベールはフランス軍を率いて勇敢にトルコと戦って打ち破り、一週間もたたないうちに北エジプトの細長い地域を奪回した。これが有名なヘリオポリスの戦いである。この戦いはコインや伝説によって後世に伝えられたが、ふたたびエジプトの支配者という役割に戻ったクレベールは、無念とまでは言わないまでも、あまり気の進まない勝利者であった。

一八〇〇年六月、シリアから来たイスラムの狂信者がクレベールを暗殺した。将軍がカイロの庭園を歩いていたとき、待ち伏せして刺し殺したのである。暗殺者は捕えられ、すぐに自白した。彼はグロテスクな刑に処せられた。フランス人はそれを「ムスリム・スタイル」と称した。暗殺を行った片手を肘まで焼き切ったあと、ゆっくりと全身を串刺しにしていったのである。さらにカイロのディワンのメンバーのうち三人が、殺人の共謀のかどで処刑された。真偽のほどはわからない。彼らの場合は首をはねられた。暗殺者の拷問は公開され、それを目撃していたフランス人たちは震え上がった。「どうやら身の毛もよだつものだったようだ」と、（当時カイロにいなかった）ドヴィリエはのちに書いている。「犯人の苦痛は三時間以上もつづいた。兵士たちさえ彼を哀れみ、相手がマムルークのチーフであるにもかかわらず、彼に何か飲ませて死ぬのを助けようとした。」すべてを収集せずにはいられないフランス人たちは、暗殺者の遺体を保存し、骸骨をパリに持ち帰った。今もそれは博物館に保存されている――三本の椎骨と切断された右腕の骨が欠けたままで。

コンテがクレベールの葬式の段取りをとりしきることになった。「欠くべからざる男」がクレベールのためにした最後の仕事は、将軍の亡骸を入れてフランスに連れ戻すための鉛でできた気密性の棺をデザインすることだった。フーリエは死者への弔辞を読んだ。韻を踏んだその長い弔辞が、はたして死を悼む兵士たちを涙の奔流に至らしめたか（「彼の声は啜り泣きにかき消された」とアラゴは記す）、それとも「中身のない大袈裟な言葉」だらけだったかは、歴史の語り手によって異なっている。

その弔辞のなかでフーリエは、クレベールを「兵士たちの友」と呼び、「彼らが血を流すのを救い、彼らの苦しみを減じた」と讃えた。それによって彼は、クレベールが軍隊のために死んだことを暗示したのである――兵士たちに食べさせるためにエジプト人に重い税を課し、そのために殺されたのだということを。

「彼の念頭につねにあったのは軍の苦しみであり、それをどうやって取り除くかという問題だった」とフーリエは述べた。「そのときは避けがたかったとはいえ、軍の給与の支払いが遅れていたことを、彼はどれほど悩んでいたことだろう。そのために彼は住民への唯一の苛酷な手段である特別税を課した。軍の財政を立て直すことに、彼は身を捧げた。それに彼が成功したことは、諸君がよく知っている。」

モンジュとベルトレがエジプトにおらず、クレベールが死んだいま、苛立つ兵士たちと学者の関係はいっそう緊張したものとなった。学者たちにとってナポレオンは最大のパトロンだった。彼が出発したことで、彼らは保護者を失ったまま残され、兵士たちからのあからさまな嘲笑と虐めの的となっていた。そしていまやクレベールの保護も失われたのである。科学者たちの収集品は増える一方で、彼らが宝物を集めているという噂が飛び交った。食料と金が乏しくなると、兵士たちは狡猾な目を学者とそのトランクに注ぎ始めた。エジプトでの最後の日々、科学者たちはエジプトの盗賊に盗まれたり敵軍に待ち伏せされることよりも、兵士たちに収集品が襲撃されるほうを、よけいに心配していた。

「わたしたちの状態は、ボナパルトが出発して以来まったく改善されていません。」ジョフロワ・サンティレールはキュヴィエに書いた。「以前でもわたしたちはつねに、兵士たちから嘲笑やからかいを受けてきました。ただボナパルトは、わたしたちに不満をもつ軍隊を抑える方法を心得ていたのです。彼はわたしたちの苛立ちを収めようとして、ときどきこんなことを言ったものです――兵士たちは学者についてさんざんジョークを言っているが、じつはきみたちを尊敬しているのだよ、と。だが今のわたしたちには、外套に身を隠すよりほかに道はないのです。」

彼は、自分たちの学術収集品が兵士の嫉妬と疑惑を買っているのを知っていた。「われわれの収集品は、これまで国が成し遂げたなかでも最高に素晴らしい仕事の資料です。事態が変わるたびにこれらの収集品を隠さなくてはならないのですが、そのつど兵士たちの嫉妬をかき立てるのではないかと恐れています。」手紙の最後に彼は、学者たちの最後の仕事は、「後世の人々の目に、わが国が東洋で行った無思慮な行為の弁解になる」ことだろうと予言している。彼はキュヴィエに、父にはこの恐怖を黙っていて欲しいと頼んでいる。

絶望的なまでに帰郷の念にかられ、兵士たちには宝物を貯めこんでいると疑われながらも、学者たちはその流刑生活にはより大きな目的があるという信念をもちつづけた。今の彼らはこう信じていた――母国に帰るための唯一の望みは、自分たちの仕事を完成させることだ。間に合わせの道具を手に、燃える頭を麻布に包んで、彼らは船やロバや馬を雇い、一連の実地調査の旅へと出かけていった。それに似た企ては、それまでエジプトではけっして試みられたことはなかった。

第8章 画家

蛮行によって隔離され、砂漠に戻されたこの見捨てられた聖域は……いまだに巨大な幻影のようにわれわれの想像力をかき立てた。それゆえ散在する遺跡を見た軍隊は合図もなしに行軍を停止し、無意識の衝動に駆られて武器を地面に降ろした。それはまるで、軍隊の栄えある仕事の目的がこの首都の遺跡を占領することであって、これによってエジプトの征服がすべてなされたかのようだった。

ドノン、一七九九年三月にテーベの遺跡をはじめて見た折の記述

上エジプト、一七九九年〜一八〇〇年秋と冬

フランス人がエジプトに到着したとき、何世紀もの埃と岩屑が古代エジプトの神殿を掩っていた。テーベとカルナックの地表面は、今日にくらべて数メートル高かった。砂が列柱の頂きまで吹き積もり、見えるものはただロータスやパピルスが刻まれたコーニス〔柱に支えられ軒や壁の頂部を取り巻く帯状の装飾〕だけで、ときたま巨大な拳や頭が見えていた。スフィンクスは顎まで砂に埋まっていた。彫像は、時と古代の略奪者に破壊され倒され、その同じ場所にそのまま横たわっていた。密封された墓の中は、黄土色、ペリウィンクル（明るい紫がかった青）、赤などの豪華な彩色がいまだに鮮やかだった。現代

エジプト学を開くことになるナイル川の大がかりな発掘も略奪も、まだ始まっていなかった。

　時がたつにつれて、学者たちはエジプトで見る他の何よりも、これらの遺跡や遺物に興味をもつようになった。ヨーロッパ最古の遺跡よりも古く、ギリシャ人やローマ人の残したどんなものよりも大きいこれらの遺跡の古さ、大きさ、そしてデザインは、人類学的な面からも、建築や歴史の面からも果てしない疑問を喚び起こした。人類の歴史が記録される以前に、どんな宗教が、どんな政治組織が、そしてどんな種類の人たちが、これらの記念物を建てたのだろうか。そしてそれは何のためだったのか。

　荒廃が謎を深めた。エジプトの神々の損われた顔と罅《ひび》の入った浅浮き彫りは、当惑したフランス人たちにほとんど何も語らなかった――数千年にわたって行われた王国と宗教による報復行為というほかには。スフィンクスの鼻は掻き落とされていた（言い伝えによれば十四世紀にイスラム教徒の狂信者が削《そ》いだとされる。引き継いだ王朝がときおり彼らのライバルに加えた見境のない神性冒瀆の見本の、これはもっとも有名な例にすぎない。）彫像は打ち砕かれ、象形文字は磨損してわからなくなっていた。損われた遺物や遺跡は、人類の文明がいかにお互いに破壊と建設をくりかえすかを文字どおり示す、無言の証言であった。ファラオの時代のエジプト人はホルス〔オシリスとイシスの息子、ハヤブサの頭をもつ〕やイシス〔豊穣と受胎の女神〕をはじめとする自分たちの神々のために、神殿を建てた。ギリシャ人とローマ人は彼ら自身の神々のために、神殿を造りかえた。コプトのキリスト教徒はそれらを削りとり、異教徒の石棺を聖水入れとして教会に運びこんだ。そしてイスラム教徒は、古代の石と列柱を回収して自分たちのモスクに使った。近代のエジプトの農民たちはもっと世俗的用途を見つけた。巨大な古代建造物群の頂上に、村全体を建てたのである。遺跡の屋根には穴が開けられ、便利なゴミシュートとして使われた。

遠征隊の学者たちのなかに古代遺物の研究家はほとんどいなかった。その種の人々は、十八世紀に典型的に見られた人種で、たいがい金持ちであり、旅で集めてきた奇妙な古い品物を骨董棚に飾り立ててはいるが、それらが何なのかほとんどわかっていなかった。使い道もその意味もわからずにただ古いものを集めるというのは、紳士の遊びであって、科学的な仕事ではなかった。遠征隊に徴募されたサヴァンの当初のリストを見ると、考古学的な遺物についていくらか経験があるのは二人だけだった。

今日知られている考古学という分野は、まだ始まったばかりだった。十八世紀には、ヨーロッパ人は古代遺跡、とくにポンペイの本格的調査を始めていた。ナポレオンの学者やエンジニアたちが後世の人々に記憶されるのは、とりわけ彼らが科学としての考古学を打ち立てるのに力があったためである。古代遺跡に対する彼らの細心かつ系統的な調査方法は、その後のエジプト学者たちの模範となった。だが現代の考古学者と違って、彼らは発掘しなかった。まず第一に、彼らには発掘する力も知恵もなかったし、第二に地上にあるものを調査し、目録を作るだけでも、時間が足りないほどだったからである。

最初、学者たちは行き当たりばったりで遺跡や遺物を研究したにすぎなかった。動物や岩石、水源を探している途中、彼らは見かけた遺跡をスケッチし、メモをとり、ときどきはミイラや彫像の一部を削りとったりした――古代からずっと今までエジプトを旅した無数の訪問者がそうしてきたように。だが、まもなく学者たちは古代遺物そのものに夢中になった。コウモリが飛び交い、ミイラの瀝青とかびの臭いのする、竈のように陰鬱な遺跡の内部にまで彼らは熱心に入りこみ、砂の上の列柱や彫像、そして浅浮き彫りを隅々まで記録した。

最初に学者たちが調査を始めたのはアレクサンドリアの遺跡だった。なかでもミイラが彼らを魅了した。そうした初期のころからサヴァンたちは熱心にミイラを集め、解剖し、それについて議論した。彼らはまた巨大な遺物にも惹きつけられた。遠征初期、学士院でのある会合で、モンジュはアレクサンドリアで発見された石棺を、さらなる研究のためにフランスに送ることを提案した。その石棺は学者たちの最終的な収集品の一部となったが、フランスには戻らなかった。イギリスが没収したからである。だが他の者たちは、本来の場所で遺跡を研究することに満足していた。ポンペイウスの柱に関するドロミューの報告は、切り取られた石の土台が柱そのものよりも古いことを正確に推定していた。ロゼッタ・ストーンについても、発見後まもなく、一人のエンジニアが学士院で報告を行っている。

ナポレオン自身は遺跡について、それが戦役のための一種の象徴的な背景として役立つという以外、大して関心をもたなかった。エジプトにいるあいだ、彼が自身で視察したのはピラミッドとスフィンクスだけである。カイロに到着してまもなく、何人かの科学者と将兵を引き連れて大ピラミッドに出かけたときのことだ。人気のあるナポレオン伝説のひとつに、このときナポレオンがファラオの墓の中で、アレクサンドロス大王の神秘的幻影を見たという話があるが、ドヴィリエの日記に書かれていることのほうが事実としては正確だろう。彼によれば、ナポレオンはピラミッドには入らなかったという。狭い入口の通路を四つん這いになって進むぶざまな姿を、人々に見せたくなかったわけである。

古代のピラミッドやオベリスク、神殿などの歴史的な意味にあまり関心はなかったナポレオンだが、それらの遺跡が人の心情に訴えかける力は評価していた。一七九九年九月はじめに催されたフランス革命記念日の祝典で、ナポレオンは学者たちに命じてカイロに木のオベリスクを建てさせ、そこにフランス軍の死者たちの名を彫りつけさせた。さらにアレクサンドリアにいる軍隊には、ポンペイウスの柱の頂きから三色旗を吊せと命じた。のちには上エジプトにいるフランスの将校たちに対して、ホメーロスの『イーリアス』で「百の門をもつ都市」として描かれているテーベの遺跡で、国家の祝典を催すように命じている。

新しい科学を打ち立てるためというよりは、おそらくは砂漠におけるフランスの権利を明確にするためであろう、ナポレオンが学者たちを見捨てる前に彼らに命じた最後の仕事は、エジプト南部における古代遺跡の調査であった。だがこれらの調査隊がカイロを出る以前にも、のちにエジプトの古代遺跡に関する実地調査の専門家として名を知られることになる人物が、この方面でかなりの仕事をやり遂げていた。その人物とはドミニク＝ヴィヴァン・ドノンである。エジプトに着いて一カ月たったとき、彼は、ムラド・ベイとその麾下のマムルークの軍勢をナイル川上流へ追跡する行軍に同行した。九カ月のあいだ、ドノンは追討軍とともにナイル川に沿った曲がりくねったトレイルを苦労して進んだ。砂漠から出てはまた入り、何十回もナイル川を渡って、ヌビアと呼ばれる地域（現代のスーダン）の端でナイル川の最初の瀑布に到着し、そこから旋回してまたカイロに戻る行程である。のちに出版されたドノンのこの旅の日誌はいくつかの言語に翻訳され、多くの読者を獲得した。

この旅で、レースのカフスをつけた優雅なドノンは、疲れを知らない知的トレッカーでもあることを証明してみせた。彼はデカルトとプラトンの大冊を携行し、はじめて見るどんな遺跡を前にしても、畏敬の念で打ち震えた。見たものを何もかも記録しようと、彼は燃える太陽のもと、まわりを飛び交う弾丸をかいくぐってイーゼルと画帳を据え付けた。あるときは軍よりもはるか前方に出ていき、またあるときは落後した。しばしば彼は夜明けまでテントの外に出て、軍の出発までにできるだけ多くを描こうとした。少なくとも一度などは、気がつくと戦場の真ん中にいた。彼は画帳を振って合図し、フランスの兵士たちに反撃するように促した。

兵士たちはこの白髪まじりの画家の剛胆ぶりに仰天し、好きなように古代エジプトに熱中させておいた。ドノンが機知に富み、魅力的な人物だったからでもあり、またとくにこの上エジプト方面軍司令官であるルイ＝シャルル・アントワーヌ・ドゼー・ド・ヴェイグー将軍と親密だったからである。ドゼーはナポレオンと相並ぶ大衆的人気をもった伝説的人物だった。ナポレオンより一歳年上で、いくつかの記述によれば、彼よりまる一インチ背が低かった。三十一歳の若さで死んだこの人物については、最高の英雄伝説が残されている。

ドゼーはいかつい小男で、醜いことで有名だった。ナポレオンは彼について、「悪人面の小男」と述べている。片頬に残るサーベルの傷痕も、その容貌を魅力的にすることはなかった。デュテルのスケッチには、垂れた口髭と引っこんだ顎、のっぺりした顔の人物が描かれている。だがドゼーの容貌は、この人物の真の姿とはまったく関係がなかった。ナポレオンはのちにこう回想している。「ドゼーの関心は戦争と栄光だけだった。いつも服装にかまわず、ときにはぼろをまとっていた。彼は快適さと安逸を軽蔑した。外套にくるまり、銃を背負ったまま身を投げ出して、あたかも王宮にいるかのように眠った。」

ドゼーは思慮深く自制心に富んでいたが、戦士の小さな楽しみをみずからに拒むほど禁欲的ではなかった。エジプトで、彼は十代の少女奴隷たちの後宮を作った。「贈り物」として与えられた十五歳のサラを、彼はナイル川を上下する行軍につねに伴った。この少女を彼は「おてんばのアビシニア娘」と呼んでいた。

このようにして、ドゼーはサハラにくりかえし討伐隊を出し、砂漠の経験が豊かなマムルークを追跡し、戦った。ドゼーにとって、ムラド・ベイは相手とするにふさわしい好敵手だった。ムラドは獰猛というよりも賢い戦い方をした。「ときには彼（ムラド・ベイ）は狂気と言えるほどに猛々しくなったが、べつのときには臆病者のように行動した」とアラブの歴史家であるジャバルティは書いている。ムラドのマムルーク軍は、予言者の緑を身にまとったアラブの戦士たちが加わるに及んでふくれ上がった。この戦士たちは現在のサウジアラビアの地域から紅海を渡り、砂漠を横断して、不信心者を駆逐するためにやってきたのである。ムラドがジェッダの宗教指導者たちに送った助力の要請に応えてやってきたこれらの狂信者たち――フランス人は彼らをメッカ人と呼んだ――は、進んで大砲の餌食となり、その自己犠牲でドノンのような目撃者を驚かせたのだった。ナポレオンはのちに彼らについてこう書いている。「彼らの獰猛さに匹敵するのは、毎日毎日水もなく、熱砂と燃える太陽にさらされているその生活水準の凄まじさだけだ。」

自分たちの騎馬戦士、アラブのジハード戦士、そして村々を駆け抜けたときに無理やり徴兵した農民の武装団を引き連れたムラドとマムルークの残兵を追跡する行軍は、九カ月に及んだ。この追跡行はフランス軍の兵士たちを疲弊させただけでなく、通過していく地域をも疲弊させた。二つの軍隊は、ナイル川の渓谷全域にわたって小競り合いと流血をくりかえし、あとには震え上がった農民たちと焦土となった村が残った。この過程でムラドはまたドノンに、そしてのちにはヨーロッパのアームチェアトラベラーすなわち机上の旅行者に、古代エジプトの遺跡をめぐる夢のような旅を提供したのだった。

伝説と化した遺跡の地を騎馬で行ったことで、ドノンの魔法をかけられたような生涯にまたひとつ魔術的なエピソードが加わった。彼がのちにくりかえし語っているところによれば、七歳のころ、少年貴族ドミニク＝ヴィヴァン・ドノンは、道端にいたジプシーの女の子の前を通りすぎた。汚い両手が差し伸ばされていた。ドノンはポケットを探ってコインをつかみ出し、少女の手に落とした。彼女は微笑し、立ち去る彼の背に向かって次のような予言を呼びかけた。「あんたは女に愛される、あんたは宮殿に行く、美しい星があんたの上に輝くだろうよ。」

エジプトに赴く前、すでにドノンは女性に、それも大勢の女性たちに愛されていた。彼は多くの宮廷に行った。そしてナポレオンという名の美しい星が彼の頭上に、恵み深く輝いていた。かつては国王への宝石保管人であり、その後はナポレオンが略奪したイタリア美術の目録作成者だったドノンは、エジプト遠征隊のだれよりも、自分が見たものを評価するのに必要な趣味、訓練、そして感性を備えていた。

ドノンは間違いなく唯美主義者だったが、兵士たちと同じように旅し、同じものを食べ、軍隊生活のすべての窮乏に耐えた。彼の身体は発疹に被われ、目はたいてい眼炎にかかっていた。蜂蜜と酢が手に入るとそれで目を治そうとしたが、めったに手に入らなかった。「軍では薬が欠乏している。医者はいつも、本来なら何を投与すべきだったと言うだけだ」と彼は記している。

ドゼー軍をナイル川の上流へと導いていきながら、ムラド・ベイはしばしば向きを変えて砂漠に入りこみ、フランス人たちを水も生命もない不毛の場所に誘いこんだ。食料は乏しく、夏の気温は容赦なかった。兵士たちは燃える足を麻布で包み、緑のナツメヤシを食べ、ときたま農民から山羊を盗んで生き延びた。猛禽がいつも彼らの頭上を飛び回っていた。ドノンはそれを捕えて食べようとしたが、パリっ子である彼の舌ではとうてい食べきることができなかった。

見たいという熱意に動かされて、画家は軍と行動をともにした。自分がほとんどどこででも眠れることを彼は知った。テーベのある神殿を探検していたとき、彼は奥に向かっていくつも扉がつづいているのを見た。ひとつ通り抜けるたびに、部屋はどんどん暗くなっていき、ついに一番奥の部屋、彼が言うところの「恐怖の隠れ場」までたどりついた。そこを描こうとしたとき、ふいに疲労が襲った。彼は「肉体的にも精神的にも極度の疲労」に押しつぶされ、もはや何をすることもできなくなった。神殿から出てきたとき、まぶしい真昼の太陽が目をくらませ、熱い砂が靴を通して足を焼いた。彼は従者の腕にもたれ、日陰を探した。涼しいアラブの墓は「彼にとって快い寝室に見えた」。まさに彼がその冷たい石の上で眠りに落ちようとしたとき、以前の野営の際にその場所で一人のフランス兵士がアラブ人に喉を裂いて殺されたと知らされた。ドノンが横たわっている場所からそう遠くない壁に、真新しい血がべっとりついているのに気がついたが、それも一瞬のことですぐに眠りに落ちた。「この暗殺のしるしは彼を恐怖で満たした。だがあまりにも疲れきっていたから、たとえそこに不幸な犠牲者の死体があっても取り除こうともしなかっただろう」と、彼はのちに書いている。

社交界の寵児だったドノンをとくに苦しめたのは、乾ききって無慈悲な砂漠そのものだった。「一度でもそれが示すものを見た者にとって、その言葉はいかにも恐ろしい！」と彼は書いている。ドゼーもまたこの点について、ドノンと同じ気持をもった。ドノンはつぎのようなエピソードを書いている。あるとき彼は、テーベのそばに広がる並はずれて不毛な風景をスケッチしていた。そこを将軍が通りすぎた。「友よ、これは自然の過ちではないのか?」と、ドゼーが尋ねた。「何ものも生命をもたず、すべてが人を憂鬱にし、恐れさせるためにのみ存在しているかのようだ。」

ドノンはテーベとカルナックをドゼー軍とともに七回通りすぎたが、いずれも大急ぎの行軍だったため、この二つの壮大な遺跡を心ゆくまで見て描きたいという希望をかなえることはできなかった。テーベだけでも、すべての回廊を探検するには何日もかかるだろうと、彼は無念そうに書いている。回想録のなかで、彼は詳細が欠けていることを読者に謝っている。「目の前に地図を広げているテーブルに向かい、容赦のない読者はその気の毒な旅行者に言う――『おまえには乗せて行ってくれる馬も、守ってくれる軍隊もなかったのか?』『たしかにそうだ。だが読者よ、どうか思い出してほしい。そのとき、われわれはアラブとマムルークに囲まれていた。もしわたしが軍隊から一〇〇歩でも離れたならば、十中八九彼らはわたしを捕え、強奪し、殺害しただろう。』」

ドノンは愛国者だった。だが彼の画家魂は、戦争の残酷さを見て怯んだ。フランス軍とマムルークの騎馬隊は、ともに破壊と恐怖をあとに残した。彼らは村をすべて破壊し、作物に火をつけ、住民を悲惨な目に遭わせた。感染症に冒された目が古代の遺物から離れたとき、ドノンは恐怖をもってその略奪を見た。ある砂漠のトレックで、彼はマムルークに捨てられた随行者たちの遺体が散らばっているのを見た。ほとんどが女性だった。おそらく奴隷か召使いだったのだろう。太陽のもとでしなびていく死体を見つめながら、ドノンは砂漠の遊牧生活の残酷さを思った。「疲れと渇きであえぐ哀れな人の運命を想像してみよう。彼の喉は縮み上がり、彼を責め苛む焼け爛れんばかりの大気にほとんど息もできない。キャラバンは行ってしまった。彼の目に、それはすでに空中の動く線にすぎない。まもなくそれは点になり、やがて消える。そして彼は死ぬ。その死体は、ひからびた土に貪り食われ、たちまちわずかばかりの白い骨にされてしまうだろう。」

フランス軍もまたその犠牲者をあとに残した。上エジプトでは村人も農民たちも、マムルークの剣よりフランス軍の大砲のほうを恐れた。たいていの場合、彼らはフランス軍が到着する前に大慌てで逃げた。イシスの大神殿の遺跡のあったフィラエ島に、ヌビア人の部落が暮らしていた。村人たちはフランス軍が来ると知ってひどく恐れ、大勢で川に飛びこんで子どもたちを溺死させた。恐ろしい（と彼らは考えた）フランス軍の拷問にさらすよりは、死なせたほうがよいと思ったのである。ドノンはここで、原始的な陰核切除をされたばかりの七歳か八歳の小さな女の子を見つけた。ドノンはこう書いた「野蛮さと残酷さをあわせもつこの処置により、（少女は）もっとも差し迫った必要（排尿）の手段を奪われ、恐ろしい痙攣発作に襲われていた。傷に手当てを施し、風呂に入れてやることで、ようやく彼（ドノン）はこの不幸な小さな子ども（それもとてもかわいらしい少女なのだ）の命を救うことができた。」

フィラエでその小さな少女を救ってから、ドノンはあたりを見回し、歴史に名高いイシスの神殿を認めた。これはエジプトで最大の神殿のひとつである。彼は入口の門をくぐり抜け、黄色い石でできた中庭の中央に立った。中庭を囲んでそびえる壁には、ほぼ完全な浅浮き彫りが施されていた。フィラエの神殿として知られるこの遺跡の息を呑むほどの壮観は、ドノンにとって恐ろしいその日を、この戦役の全行程で「もっとも幸運な日」にもしたのである。

ドノンは西洋の古典美術を尊ぶ審美家の目で、エジプトの古代遺物を調査した。当初、巨大建造物は賛嘆ではなく恐怖をかき立てた、と彼は書いている。遺跡の巨大さは、そのまま政体の野蛮な形態を反映していると彼は思った。「誇示のために巨像を建立するのは、富を所有した人間が最初に考えることだ。巨像よりもカメオのほうが好ましいかもしれないという考えは、まだ知られていなかった」と彼は書いた。のちにドノンはより好意的な見解をとり、古代エジプトの建築のなかに「偉大さを生む単純性」を見ている。

たいていの場合、ドノンは自分が見ているものが何かわかっていなかった。砂で蔽い隠された建造物の本当の年代も、当初の目的も、彼はまったく知らなかったが、しばしばそれを推量しようとした。彼はヒエログリフの文字は読めなかったが、スケッチそのものはきわめて正確であり、細部描写がぎっしり詰まっていた。さらに彼は何ページにもわたって自分の美的印象を記録した。

ドゼー軍に同行した九カ月のあいだに、ドノンは遺跡と砂漠のパノラマと建造物の正確な細部描写を含む二〇〇枚以上のスケッチを作成した。途中ドゼーの苛酷な行軍から撤退する機会があっても、ドノンはそれを一蹴した。ドゼー軍とともに彼がカイロに戻ったのは、一七九九年七月になってからだった。それでもナポレオンのフランス帰還に同行する誘いを、彼は断らなかった。上エジプトからカイロに戻ったのはドノンが最初であり、彼の話はそれを聞いたすべての学者の興味をかき立てた。学士院で最終報告を読む前に、ドノンはナポレオンによってこっそりパリに連れ去られてしまったが、「エジプト通信」は彼が見てきたものについてのレポートを数枚の図版とともに掲載した。

最初にドノンが手をつけたものに、若い学者たちはすでに熱心に取り組んでいた。シリア戦役の少し前から、ひとつのグループが上エジプトを探っていた。カファレリの命令で、彼らは上ナイルに派遣され、その地域の農業と灌漑システムの調査に取り組んでいたのである。ジョロワ、デュボワ・エーメ、ドヴィリエらも、その土地での農耕の可否を査定するという汚れ仕事を与えられて参加していた。仕事はまず、カイロとアスワンのあいだのさまざまな地点で、ナイル川の水量と流速を計測することから始められた。だがドゼー軍がさらに南でマムルークと戦っていたため、エンジニアたちは二カ月間アシュートで野営を余儀なくされた。そのうち若者たちは、住民もまばらなナイル川のけだるい岸辺での生活に退屈した。彼らの指揮官でナイル川の工兵隊主任のシモン・ルペール・ジラールは、若いエンジニアたちに川の測量の仕事を与えて忙しくさせておこうとしたものの、数週間同じ地点で野営していたため、意味のある仕事は何もなくなってしまった。

若者たちは自分たちだけで勝手に行動するようになり、近くの丘にあるコプトの遺跡や墓を調べ始めた。ジラールは彼らの勝手なフィールドワークに当惑し、やめさせようとした。これまでも若い学者たちは十分面倒な存在だった。とにかく食べさせ、安全に気を配らなくてはならないのだ。

護衛のない場所にうろうろ入りこんで、これ以上トラブルを増やされてはかなわない。だが若者たちは探検したくていらいらしていた。彼らはこの退屈な技術屋の指揮官を軽蔑していた。この人物には想像力と好奇心が欠けており、それが若者たちを苛立たせたのだった。ジラールは『エジプト誌』の最後の巻に、エジプトの商業、貿易、農業に関する長大な論文を載せているが、彼にはなぜ古代の遺跡がこれほどまでに若い学者たちを魅了するのか理解できなかった。しばしば彼は、若いエンジニアたちが夢中になってやっている「ヒエログリフ作り」に文句を言った。

五月末に、ドゼーの許可が下りたため、エンジニアたちは軍の護衛をつけて南に移動した。ドヴィリエはひどい眼炎に苦しんでいる最中で、膿のしみ出る目に麻布を巻き、盲目のまま馬にまたがった。馬はおとなしくデュボワ・エーメの馬の後についていった。短い行程ののち、一行はケーナーという現代の村でドノンと会った。そこにドゼーの軍が一時的に野営していたのである。若者たちに対してドノンは、近くのデンデラと呼ばれる古代遺跡と、音楽と性愛をつかさどる雌牛の女神ハトルに捧げられた神殿について話した。彼はその神殿を描いたスケッチを何枚か見せ、とくに内部の天井に無傷で残っている黄道図の浅浮き彫りに興奮したと述べた。ドノンは、この黄道図こそはその遺跡の年代と意味を解く鍵であり、同時にまた、古代エジプトそのものの年代を知るための鍵だろうと考えていた。

ドノンの報告は若者たちの好奇心を刺激した。抜け出せる機会がくるや、すぐさま彼らはこっそりと神殿に出かけていった。神殿の屋根は煉瓦造りの家屋の残骸で覆われていたが、正面《ファサード》はもとのままだった。入口を装飾している六本の列柱には、雌牛の耳をしたハトルの頭がはめこまれ、完璧な状態にあった。神殿の暗い内部は、複雑な浅浮き彫りで埋めつくされていた。若者たちは夢中になった。彼らが秘密の旅行から戻ると、ジラールは怒り狂っていた。彼とデュボワ・エーメは激しく言い争った。ジラールはその激しやすい若者を、砂漠を越えた紅海沿いの荒涼たる駐屯地、コッセイールに追放した。だがデュボワ・エーメは、なんとかその罰を自分のために役立たせるのに成功した。彼は砂漠でベドウィンたちとともに野営し、のちにサヴァン最後の仕事（『エジプト誌』）のために、ベドウィンの遊牧の習慣と、未知の人を寛大にもてなす慣習について、きわめて詳細な報告を書き上げた。さらに彼は、モーゼの紅海越えをはじめ、近接した砂漠が舞台になっている聖書の物語の裏に、精緻な地質学的理論を作り上げた。二カ月後、ジラールはデュボワ・エーメが戻ってナイル川調査の仲間に加わるのを許した。

デュボワ・エーメよりもやり方がうまかったドヴィリエとジョロワは、遺跡で仕事をすることを認めさせるのに成功した。彼らの護衛の任にあたる将軍に直接、この問題をもっていったのである。オーギュスト＝ダニエル・ベリアール将軍はジラールよりも知的な精神をもっており、若者たちが遺跡の作業をするのを認めるとともに、数人の護衛もつけてくれた。それからというもの、二人の若い学者は毎日デンデラを訪れ、神殿の暗い領域に秘密の探索を行った。神殿には小さな窓からしか入れなかった。身をよじるようにして中に入ったあと、彼らは身をかがめ、いくつもの死体につまづきながら暗闇を進んだ。死体はまだ肉体の状態のままのもあれば、ミイラ化しているのもあった。どうやらその部屋は、処刑された犯罪者の墓としてときどき使われているようだった。いくつかの首には、縛り首の輪がまだ付いたままだった。通風のない空間を這いまわり、彼らは部屋から部屋へと、鳥糞化石《グアノ》に被われた壁に沿つて道を探っていった。やがてついに彼らのたいまつは、ドノンが述べていた黄道図の天井を照らした。精巧に彫られた車輪が、裸体の女神の浮き彫りのそばにあった。女神の両腕は空に掲げられていた。

若い学者たちは、ドノンの言ったとおりデンデラの黄道図にはきわめて重要な意味があると考えた。それから数週間というもの、二人は毎日その息の詰まるような黒い部屋に通い、暗い天井に向かって首を伸ばしては、たいまつが燃えつきるまで模写しつづけた。

極度に論理的なサヴァンであった彼らは、もちろん占星術などはまったく信じていなかった。だが彼らはこの黄道図が、星座同士や地球とのあいだでの相対的な位置関係を示しており、それゆえ遺跡の年代や、古代エジプト人にどの程度の天文学的知識があったかを知る鍵になると確信した。彼らは雄牛や蟹などいくつかのシンボルを認め、古代エジプト神話がギリシャ・ローマ神話の（したがって西欧世界の宗教体系の）元になっていることが証明されると考えた。確かに黄道図は遺跡の年代を知る手がかりとなったものの、フランス人がそれを知ったのは何十年もあとになってからだった。判明した結果は、彼らが予想していたものとは違っていた。デンデラの黄道図は、実際にははるかに新しい文明の産物だった。ファラオの時代ではなく、エジプト史ではギリシャ時代と呼ばれる時期に作られたのである。

デンデラでも、そしてその後も、若いエンジニアたちはあるモットーに強迫的に取り憑かれていた。「計測し図面を引く」(Mesurer et dessiner)である。夢中になって彼らは仕事に打ちこみ、鉛筆がなくなっても手を休めようとはしなかった。彼らはドゼー軍があとに残した鉛の弾丸を溶かし、葦の茎で型をとって鉛筆の代わりにした。

ドヴィリエは日記のなかで、黄道図の模写は「時間がかかる骨の折れる仕事」だと書いた。ドノンの場合は、大急ぎでスケッチしただけだった。ときには文字どおり馬上から描くことさえあった。だがエンジニアたちは、パリの学校で学んだ製図方法を応用し、系統的に仕事に取り組んだ。糸を使って、複雑な天井の浮き彫りを八つの部分に分け、五分の一の縮尺で、隅々まで再現したのである。

六月には、エンジニアたちはふたたび南に動いていた。日差しを避けるため、たいていは夜の移動であった。夜の旅は彼らに奥深い影響をもたらした。砂漠の上の銀色の月、ささやく黒い川、とつぜん現れる神殿と列柱のそびえたつ影。これらすべてに彼らは圧倒され、言葉を失った。「夜の騎乗にはつねに死と隣り合わせの不吉なところがあり、それが人の心を深い印象へと導いていく。」はじめてフィラエ寺院を見たとき、エンジニアのミシェル＝アンジュ・ランクレは書いた。「興奮、喜び、そして恐れの混じり合った感情で、わたしは自分がいま地上でもっとも驚くべき場所のひとつにいることを思った。わたしは神話の舞台のまっただなかにいた。これらの場所の名は子どものころからくりかえし聞かされ、ほとんど魔法のような巨大な意味をもつようになっていた。」

七月はじめ、エンジニアと軍の護衛の一行は、エジプト南部の荒涼たる辺境にあるフィラエに到着した。ただでさえ苛酷な環境にあるこの地域を、ドゼーの軍隊とマムルークがさらに枯渇させていた。学者たちは緑のナツメヤシを食べ、昼間は烈しい日光から身を隠した。河川の測量が終わったあと、若者たちはエレファンティネ島とフィラエの島の神殿をスケッチした。（今日ではこれらの場所は、フランス人が見た当時と同じではない。エレファンティネ神殿はフランス人がスケッチした何十年かのちに破壊された。）ドノンやドゼーの軍が歓迎されなかったように、学者たちもまた招かれざる客だった。ドヴィリエによれば、ヌビア人たちは「出ていかなければ、神殿の遺跡を破壊すると脅した」。

何千年にもわたって、フィラエはエジプトへの旅行者にとって主要な一里塚《マイルストーン》だった。ナイル川の最初の瀑布に近く、狭まる岩壁と急流に囲まれたこの場所に来た人々は、自分たちがエジプトの南領域、アフリカ内陸部の周縁に到達したのを知った。ローマ時代の旅行者と同じように、フランスのサヴァンたちもまた、神殿の古代の石にこの遠隔地まで到達した記念を残す誘惑に勝てなかった。その石の上に彼らは自分たちの名前のリストを彫った。フィラエ島はもはや存在しない。二十世紀にアスワンハイダムが水没させたのだ。イシスの神殿はべつのサイトに移された。石を一つずつ動かしたのである。今日でもサヴァンたちの落書き《グラフィティ》は見ることができる。広大な神殿の部屋のひとつ、淡黄色の壁の隅の高いところを見上げた観光客たちは、そこに読むことができるだろう——学者たちの名前、日付、そして天文学者のヌエ神父が計算したパリからの正確な距離を。結局のところ、彼らの心にはつねに故郷があったのである。

一七九九年の夏も終わりのころ、ドノンの学士院仲間たちは、ナポレオンが命じていた考古学のフィールドワークにとりかかった。サヴァンたちは、だれが行くかをめぐって争い、結局二つのグループに分かれて出発した。フーリエは一三人からなる第一のグループを率いた。それには音楽家のヴィロトー、ジョフロワ・サンティレール、何人かの画家、エンジニア、建築家が含まれていた。数学者のルイ・コスタが一四人からなるもうひとつのグループを率いた。こちらのほうには、天文学者、建築家、エンジニア、そして博物学者のコックベールとサヴィニーが入っていた。

一七九九年八月、ナポレオンがカイロを去った直後、学者たちの集団はナイル川を遡った。乗りこんだのは、今もナイル川で使われているダハビヤと呼ばれる二本マストの船である。運のいいことに、彼らが出発した八月はナイル川が氾濫水位にあり、北風がもっとも強い時期だった。船は最高速度で上流に向かって航行した。かっきり四週間で彼らはアスワンに到着し、そこから戻ってテーベに向かい、九月にはエンジニアたちと合流した。

到着した科学者たちは、新しい道具と新しい希望を若いエンジニアたちにもたらした。彼らはナポレオンが見捨てたという噂を聞いており、自分たちが忘れられたと感じていた。学者たちが到着する直前、ドヴィリエはカイロに宛てて手紙を書いた。そのなかで彼は鉛筆をもっとたくさん欲しいと頼み、エンジニアたちが活動をやめたという誤解を解いた。「あなたがたはきっと、われわれが死んだと思っておられるでしょう。そこで、今日公式にお知らせしますが、われわれの仕事はきわめて順調に進んでいるのです。」

到着した学者たちは、若いエンジニアたちがこれまで遺跡でやってきた仕事に驚嘆し、一緒に未完成の部分に取り組むことに同意した。彼らはチームを組んでカルナックとテーベに押しかけた。ときどきは行列して行くこともあった。若いエンジニアたちは、自分たちの専門である地形測量の調査に集中し、下げ振り〔糸に重りをつけて鉛直を計る道具〕、コンパス、T定規を使ってサイトを測量した。画家は描き、天文学者は計算し、地理学者は調査し、サンプルを集めた。華やかに装飾された壁と列柱を模写する作業は、まもなく、何十人もの学者たちを巻きこんだ協同作業となった。カルナックでは、神殿のひとつの壁に描かれた巨大な戦闘シーンを隅々まで模写するのに、流れ作業態勢で取り組んだ。そこに描かれているシンボルの数があまりにも多く、時間があまりにも限られていたため、スケッチはしばしば杜撰にならざるを得なかった。そのため、それらシンボルが将来の解釈者にとってどんなに大きな意味をもっていたとしても取り逃してしまうことになった。

ゴミと砂の山がいたるところで彼らを阻んだ。テーベの神殿では、壊れ落ちた屑と汚物が天井の隅まで吹きだまりになって積もっていた。エドフにあった巨大なホルスの神殿は、村人のゴミ捨て場に使われていた。毎朝、農民たちは炊事で出た灰と、ロバ、ラクダ、馬の糞を入れたバケツを何杯も運び、画帳と計測器具を持って立っているサヴァンのそばに窓から放りこむのだった。「この地下の砦に入りこんだヨーロッパ人の苦労は、だれでも容易に想像できるはずだ。」最後の報告でジョマールはそっけなく記している。（今日ではエドフは発掘されており、エジプトでもっとも保存の行き届いた大神殿となっている。）

画家とエンジニアたちは、古代遺跡をスケッチするに際して、それが作られたときの姿を想像して描いた。スケッチに想像上のファラオの神官たちを入れることもあった。ときどき学者たちは自分たち自身を絵のなかに描きこみ、活動のありさまを表現した——砂漠を背景にした遺跡には、日差しをよけるためのマムルーク風のテントが建ち、フロックコートを着たヨーロッパ人の小集団がスケッチをし、計測をしているところを。

このとき以来ずっと、考古学者や略奪者はこれらの砂の積もった遺跡を発掘してきた。今日見るそれらのサイトは、ゴミや破片がすっかり取り除かれ、観光客相手の公園に変わっている。サヴァンたちは、砂と瓦礫で埋まったサイトの記録を残した——それまで何世紀にわたってそうであった姿のままに。

学者たちの仕事は刺激的であると同時に、うんざりするほど単調でもあった。彼らは生《なま》の死体とミイラにつまづき、何世紀分ものコウモリの糞化石で足を滑らせた。部屋は暗く、自分の手を見ることさえできなかった。たいまつの光で仕事をするのは、それ自体危険だった。長いあいだ閉ざされたままの領域は、夥しい木材、古代の絵の具、ミイラのタールで、きわめて燃えやすくなっていたからである。彼らがもっとも恐れたのは古代の亡霊ではなく、見えない穴にうっかり落ちることであり、つねに頭のまわりをひらひらはためいては急襲してくる何百匹ものコウモリだった。

　そのコウモリの襲撃で、ジョマールはあやうく死ぬところだった。ある夏の午後遅く、彼は仲間と二人でテーベの墓を探索していた。それぞれ火のついたろうそくを手に、突き出している柱をよけ、迷路のような道筋を奥へ奥へとたどっていくうち、彼らは複雑な彫刻が施された壁の前に出た。思わず眺めようと立ち止まった瞬間、何百匹ものコウモリが翼をはためかせて彼らの脇を飛びすぎ、ろうそくの火をかき消した。突然襲った暗闇のなかで、酸素そのものがその空間から吸い出されてしまったようだった。「理性は力を失い、想像が支配した」とジョマールは書いている。パニックから身を守るため、彼らはお互いの手にすがり、足下に開いている深い割れ目を記憶と感触に頼ってよけながら、完全な沈黙のなかを少しずつ進んだ。ようやく遠方に光が見えてきた――出口だ。沈もうとしている夕日のなかにふたたび出たとき、彼らはまだ六時になったところだと知って驚いた。試練は、ほんの一時間のことだった。のちにジョマールも書いているように、それは永遠とさえ感じられたのである。

　学者たちは、自分たちが見ているものがいったい何なのか、ほとんどわかっていなかった。それはたんに、彼らが城だと、あるいは神殿だと、もしくは墓だと信じたものにすぎなかった。彫像を見ても、彼らにはそれがだれを、あるいは何を描写し、意味しているのかわからなかった。彼らは科学的分析を適用しようと試みた。ときにはそのアプローチがうまくいくこともあり、その場合は伝説や迷信の誤謬を暴くことさえできた。テーベにある一対のメムノン巨像は、朝日が昇ると哀しげなうめき声をあげると言われていた。ギリシャ人はこれを説明するのに、魅力的な物語に頼った。四つの風の母であるエオスが、朝、太陽とともに起きるとき、息子のメムノンがため息をつき、哀しげにうめくというのである。ローマ皇帝ハドリアヌス自身も、その像がこの世のものならぬ音を出すのを、妻と一緒に聞いたと書いている。それは「これまでに聞いたどんな音にも似ておらず、彼らの胸をつかんだ」というのである。

学者たちはそんな伝説をはなから認めなかった。ドヴィリエの書いているところによれば、彼も仲間も太陽が昇る直後に、実際に「空ろに軋み、ひび割れるような音」を聞いたが、彼らはその原因を突き止めた。原因は純粋に科学的なものだった。「その音はいくつかの巨大な石のところから洩れているようだった。石のいくつかは今にも崩れそうだった。この現象は、おそらく太陽が昇るとともに気温が急激に変化することによるものだろう。」

この場合には十八世紀の科学が古代の謎に終止符を打つのに成功したけれども、最大の謎を解くことはできなかった。その謎とは、遺跡のいたるところを一面に覆っているヒエログリフのシンボルである。これらの複雑な手書き文字が語りかける古代世界への言語の鍵を欠いていたため、学者たちは絵のイメージから手がかりを引き出そうとして失敗した。一人の学者は、古代エジプトでは人食い《カンニバリズム》の風習があったと書いた。この誤りは、捕虜の大虐殺の儀式を描いた浅浮き彫りの図柄に基づいていた。これらの遺跡がもとは何だったのか、それを知るために、サヴァンたちはふたたびローマとギリシャの文書に頼った。彼らはギリシャ・ローマの著述家の解釈に基づいて、たとえば壁に戦闘シーンが描かれていなければ宗教的建造物であり、戦闘シーンがあれば宮殿だと決めつけた。サヴァンたちは知らなかったのだが、彼らが見ているのはたいていの場合神殿だったのであり、壁のシーンも歴史的事実ではなく、完全に神話のそれだったのである。

学者たちはまた、数学に対する無上の忠誠に支配されていた。ジョマールは大変な苦労をしてピラミッドを計測し、そこから引き出した数値を、複雑な定理を使ってエジプトの計算上の緯度と比較した。こうして彼は、古代エジプトの人々がきわめて進んでおり、現実に地球の円周を知っていたことを見抜いた。

結論のいくつかは誤っていたにせよ、彼らが現代の考古学のために実地調査の規準を作り上げたのは確かである。卒業したばかりの若いエンジニアたちは、たゆみないエネルギーを注いで、母国の机上の旅行者や将来の研究者のために、これまでにない古代エジプトの詳細な記録を作成した。だが、最初にヨーロッパ人に古代のエジプトとその時代のエジプトを深い感情とともに意識させたのは、画家としての目と美的感受性にあふれ、畏れと、驚きと、敬意の息づくドノンの本であった。

第9章 博物学者

エジプト、一七九九年〜一八〇〇年

狭い緑の肥沃な帯によって二分され、大半が黄褐色の乾燥した土地であるこのエジプトは、しかし意外にも生命に満ちあふれていた。洪水の時期のナイル川を下っていくカバや巨大なワニなどは、たんにエジプトの動物のなかでもっとも人目を引く生きものというにすぎなかった。砂漠の砂の上にさえ、ヨーロッパでは名前もついていないような生きものが這いまわっていた。ミミズまでが、水のない堅い地表に穴を掘って生息していた。沼沢地や川岸では鳥がさえずり、泥だらけのデルタの葦のあいだにはヘビが身を潜め、川や塩湖や海の中には、あらゆる種類のまだ名前のない魚や水生動物が生息していた。

紅海からナイル川までのある砂漠の行軍に同行したあと、ドノンは不毛であるということがいかに生の感覚を強めるかについて書いている。「砂漠の沈黙のなかで八日間過ごしたあと、人の五感はほんのわずかな知覚によっても呼びさまされる。夜、ナイルの川岸近くに横たわっていたとき、風が木々の枝を揺すり、その薄い葉を通り抜けながらみずからを冷やしていくのをわたしは聞いた。そのとき自分が経験したものが何なのか、言い表すことはできない。生命が大気中にあった。そして自然は呼吸しているようだった。」

デュボワ・エーメもまた、紅海沿岸への追放から戻ったとき、同じことに気づいた。「耕作地域に到着したとき、ふいにわたしはエジプトは美しいと知った。前にはいかにも惨めだと見ていたのだが。以前は椰子の木を見るたびに、母国の森を思い焦がれた。だが三カ月を砂漠に過ごしたあと、それらの椰子の木とナイル川は新鮮さに満ちあふれていた。」

古代エジプト人もまた、この現象に気がついていた。宇宙についての彼らの神話は、自然界への深い敬意に満ちあふれている。古代の墓や神殿のミイラや浅浮き彫りは、ミツバチやアフリカクロトキ、神聖な雄牛アピス、猫、サルーキ犬、黄金虫《スカラベ》、サソリ、そして神々や王の王冠の上に必ず見られるエジプトコブラに対して、古代の人々が崇敬の念を捧げていたことを証明している。神殿の壁は、ライオンの頭、サルの頭、カバの頭、鳥の頭、そしてワニの頭をした神々で飾られていた。神殿や墓を飾るカモや水草は、いたるところに見られるヒナゲシとアサガオとともに、豊穣のシンボルであった。睡蓮とパピルスの石彫りが巨大な列柱の頂きを飾っていた。

ナポレオンの博物学者たちがエジプトに到着したとき、彼らはこの地域の動植物についてほとんど知らなかった。この土地についても、土地原産の動物に対する古代エジプト人たちの崇敬についても、彼らの知識はギリシャ・ローマの著述家の文献に限られていた。数カ月いただけで彼らは、一見不毛なこの土地がまだ分類されていない動植物、それも夥しい数の生命を宿していることに気づいた。

十八世紀、博物学者《ナチュラリスト》という言葉が指していたのは、一種の総合生物学の研究者のことであり、扱う領域は今日の植物学、鳥類学、昆虫学、動物学、そして地理学までも含まれていた。つまり地球という惑星に住む生命に関わるすべての研究分野である。遠征隊の学者に、「博物学者」は一〇人ほどいた。十代の植物学者のエルネスト・コックベール・ド・モンブレ、鉱物学者のフランソワ・ミシェル・ド・ロジエール、地理学者のドロミュー、植物学者のアリール・ラフィノー・ドリール、標本画家のアンリ＝ジョゼフ・ルドゥーテ、植物学者のサヴィニー、そして鉱物学者から動物学者になったジョフロワ・サンティレールなどである。

専門分野を区切る境界は流動的だった。彼らのほとんどは、たとえば花や魚を研究するのと同じように、鳥の研究をすることができた。遠征隊のなかでも博物学者のグループは若かったから、フランスを出るときに自分の専門分野についてそれほどはっきり決めていたわけではなかった。そのため彼らはエジプトに着いてから、自分がもっとも興味があるものを収集することになったのである。サヴィニーがエジプトに到着したとき、彼はまだ二十一歳で、とくに鳥類に関心の深い植物学者だった。だがエジプトで彼が集めたのは、何千もの無脊椎動物——昆虫と海洋生物——だった。同じように、彼より少し年長のジョフロワ・サンティレールは、鉱物学者になるための勉強をしてきたが、革命のためパリで動物学者になり、エジプトでは魚類学のエキスパートになった。パリに戻った彼はまた変身する。最初の純理論的進化生物学者になったのである。

当然ながら、民間グループのなかで軍にとって一番無用の存在がこの「博物学者」だった。それゆえ彼らは兵士たちからもっとも罵倒された。サヴィニーはその若さにもかかわらず比較的高い階級に置かれていたため、当初から兵士たちの嫉妬の刺を感じていた。「ここではあまり幸せではない。われわれはたがいに折り重なるように詰めこまれている。」彼は船の上からパリにいる同僚に書いた。「兵士たちが科学者に敵意を抱くため、状況はいっそう不快なものになっている。」

好意的な軍の護衛をあてにできないことは、器具の不足とともに、つねに彼らの仕事を妨げた。ほとんどの兵士は、バードウォッチャーや虫の収集家を護衛するのがフランスへの英雄的軍務になると考えるほど、高邁な知性を持ち合わせていなかったのである。そのうえ博物学者たちは装備の大部分を、カイロに到着する前になくしていた。解剖用メス、顕微鏡、ピンセット、アルコール、瓶、ピン、押し花用紙、そして昆虫を固定・剥製にするためのフレームは、積んでいた船が沖合で座礁し、沈没したときにすべて失われた。

ただ軍にとって役に立たないことが、逆に彼らにとって有利にもなった。サヴァンのなかでいちばん自分のために時間が使え、収集に専念できたのは彼らだった。エジプトにいた三年間で、彼らは何千もの広口瓶とクレートを標本で満たした。最初に到着したアレクサンドリアやロゼッタでも、エジプトのもっとも乾燥した季節のなかで、植物学者たちはパリのジャルダン・デ・プラントに送るための種子を集めていた。

カイロに到着したジョフロワ・サンティレールが、手近な動物たちを捕まえて実験室を作り出すまでに数カ月かかった。じきに彼は間に合わせでは飽きたらずに、奴隷の少年と一緒にバザールや魚市場、砂漠、川岸、そして海岸を歩きまわって、新奇な生きものをあさった。対象が多すぎて選ぶのが難しいほどで、なんとも「贅沢に」収集できたと、ジョフロワは書いている。大量の動物を収集できたため、最大の標本が選べたうえ、ときには同種の個体を一ダースも選ぶことができた。これをすべてリンネの体系に従って詳細に分析し、保存、分類するのだが、彼にはその仕事だけでやっとだった。集める時間と余裕がないときには、彼はトルコ人やエジプト人に金を払って動物を集めさせた。仲間の学者たちは、彼とサヴィニーのドアの前に新しい生物をしょっちゅう落としていった。珍しく科学に関心のある友好的な将校もその一人だった。フーリエは彼らに「魔法の」ヘビを贈った。べつにそのヘビが不死だと言われていたからではなく（村人たちは、そのヘビはずっと前に死んだ長老《シーク》の魂を宿して生きていると信じていた）、科学的に重要なものだと考えたからである。「われわれは頼んでそのパフォーマンスを見せてもらった」とフーリエは書いている。「一人がヘビをわれわれの首に巻きつけ、病気と事故に遭わないように神に祈った。そこを離れる前に、われわれはヘビを銅貨一〇〇メディナで買った。博物学者たちが記述したことのないヘビだったからである。」はたしてその神秘のヘビが、フランスの剥製術によって最終的に「不滅」になったかどうかについては、ジョフロワ・サンティレールもフーリエも何も述べていない。

カイロでの三年の間に、博物学者たちは何千もの標本を収集し、三回にわたって大規模な遠征を行った。行く先はナイル川デルタ、上エジプト、そして紅海である。一七九九年九月、ジョフロワ・サンティレールとサヴィニーはエジプトの地図測量に協力する二人の天文学者をはじめとする少数の委員会メンバーとともに、鳥と魚の豊かな生息地であるナイル川デルタに向かった。彼らにとってこれは最初の遠征だった。旅の始まりは不運だった。船のフランス軍指揮官が、標本を集める目的で船を止めるのを拒んだからである。彼らがようやく報われたのは、船がナイル川の河口近くのダミエッタというデルタの町に到着したときだった。海も湿原も、汽水性のメンザラ湖も、夥しい種からなる何百万羽もの鳥であふれかえっていた。エジプトの湿地帯は、古代から渡り鳥の生息地だった。古代の神殿遺跡の浅浮き彫りに描かれている種の多くが、まだナイル川のデルタに群れていた。何千年にわたって、その生息地は不変だったのである。

博物学者のなかで、エジプトの鳥にもっとも情熱を傾けたのはサヴィニーだった。彼の日記は、メンザラで見た豊富な鳥類のスケッチや、興奮した文章でぎっしり埋められている。「こんな水鳥の群は見たことがない。」一七九九年十二月十日に彼は書いている。「フラミンゴ、ウ、カモ、などだ。夜、聞こえてくるのは、この鳥たちの立てる鳴き声だけである。」数日後のべつの日記にはこうある。「穏やかな気温。柔らかな空気。これほど多くの水鳥、しかもこれほど多くの種は見たことがない。水の表面は、彼らの羽ばたきでさざ波が立っている。夥しい数のサギの類。四方八方から聞こえてくる識別のつかない鳴き声。まるで銃声のようだ。」

サヴィニーはこれらの鳥を何十枚も描いた。彩色を施し、ジョン・ジェームズ・オーデュボンに匹敵するスタイルで描かれたそれらの絵は、サヴァンのエジプトに関する最大の本（『エジプト誌』）のなかで視覚的にもっとも魅力あるセクションのひとつとなっている。彼が発見した鳥のひとつはゲピエ・サヴィニー〔ハチクイの一種　学名 *Merops Savigny*〕と、彼に因んで名づけられた。

サヴィニーはアフリカクロトキ（アイビス）――古いエジプトの宗教にとりわけ登場する黒と白の鳥――にとくに惹きつけられていた。のちに彼はその鳥の自然史と、古代の神話に占める位置について本を書いている。その本のなかで彼は、この鳥がヘビを食べるという伝説の誤りを正し、自分は観察と解剖によって、その鳥が軟体動物と甲殻類しか食べないことを発見したと述べている。彼は古代の物語に人類学的な観点を導入し、アイビスはつねに生命の源であるナイルの洪水と時を同じくしてエジプトに飛来するため、科学や知識を含む建設的な人間活動と関係づけられたとしている。著述と科学の神であるトトは、アイビスの頭をもつ。ヘビはやはりここでも邪悪を表した。

サヴィニーは鳥を愛したが、エジプトに来て無脊椎動物を集め始め、まもなくほとんどの時間をミツバチ、カタツムリ、ハエ、クモ、軟体動物、そして寄生虫の研究に没頭して過ごした。彼はたえず自分の収集物に取り組んでいたが、カイロの学士院ではただの一度、青睡蓮に関する論文を読んだだけであった。並はずれて頑健で果敢だった彼はほとんど病気になることなく、悲惨なシリア戦役に同行したただ一人の博物学者だった（ナポレオンが彼を指名したのは、ジョフロワ・サンティレールが一時的に眼炎で目が見えなくなっていたためである）。

シリアでペストと敵の包囲にさらされながら、サヴィニーはひたすら昆虫とトカゲを集め、何百個もの標本瓶に詰めた。シリアでの暗い出来事から彼が何を観察したとしても、後世には何ひとつ残っていない。シリア滞在中のサヴィニーについて残っている唯一の記録は、その年末にジョフロワ・サンティレールがパリの博物館の仲間に宛てた陽気な手紙だけだ。彼はシリアでのサヴィニーに触れ、「自分の目標を達成するために、大いなる熱意と無私の姿勢をもって行動した」と書いている。ふくれあがる個人的出費、病気、砂嵐、失われたラクダ、飛び交う弾丸、大砲、そして馬の盗難。そのどれひとつとして彼の仕事を止めることはなかった。「砂漠の横断で疲弊しきった兵士たちがほとんど生きて帰れなかったにもかかわらず、サヴィニーだけは虫を集めて時を過ごした。彼がシリアで完成したコレクションは非常に興味深い。彼はコレクションのなかからトカゲ、ヘビ、そして哺乳動物をわたしに持ち帰ってくれた。」

博物学者たちがすぐに気づいたのは、エジプトでは死んだ生きものもまた生きている動物と同じように魅力的だということだった。エジプトに着いて荷をほどくかほどかないかのうちに、彼らは瀝青が塗られた人間や獣のしなびた遺体の包装をとき、解剖を始めていた。初期のころ、カイロの近くのメンフィスの遺跡に遠征した際に、ジョフロワ・サンティレールとサヴィニーは、いわゆる「鳥の井戸」と呼ばれる暗い井戸に降りていき、地下の窖《あなぐら》の壁にミイラにされたアイビスの壺が何千となく並んでいるのを見た。その光景は、フランスの貯蔵室に並ぶワインのボトルを思い出させた。

パリにいたジョフロワ・サンティレールの同僚たちは、彼が持ち帰ったミイラのコレクションを見て畏敬の念に打たれた。サンティレールが持ち帰ったもののなかには、ミイラの他にも、瓶詰めや剥製にした生物、さらには彼自身の理論があったけれども、人々が感銘を受けたのは何よりもミイラのほうだった。博物館はジョフロワ・サンティレールのコレクションに関する報告を出版した。そのなかでキュヴィエたちはこう書いている。「二、三〇〇〇年前にテーベやメンフィスにみずからの神官と祭壇をもっていた動物が、もっとも微細な骨や髪の毛一本にいたるまで保存され、完全に認識できている。それとふたたび相まみえるとき、人は想像力が昂ぶるのを抑えることができない。」

初期のころカイロ周辺の遺跡に遠征したことで、サヴィニーとジョフロワ・サンティレールは考古学趣味をもつようになり、上エジプトの遺跡調査の遠征にも加えられた。遺跡の調査にサヴァン全員が召集されたことは、博物学者を含めすべての関係者にとって、もっとも幸福で生産的な時期のひとつとなった。「仕事の完成にはサヴァン全員が協力して数カ月かかったが、それはまるで数年間のように思われた」と、ジョフロワ・サンティレールの息子のイシドールは書いている。「二つの調査隊のメンバーのあいだにはこの上ない協調が見られた。全員が意気ごみにあふれていた。」

博物学者たちがエジプトで最後になる三回目の大規模な遠征を行った先は、紅海のスエズだった。一七九九年秋の終わりごろのことである。ナポレオンは先に運河の調査にエンジニアたちを派遣した際、博物学者を同行させなかった。そこでこの最後の遠征を組織したクレベールは、博物学者のほぼ全員を派遣した。サヴィニー、ジョフロワ・サンティレール、ドリール、ロジエ、さらに数人のエンジニアも混じっていた。

紅海への旅は、サヴィニーにとってエジプトでの経験の頂点となった。「発見の数々は、彼の夢さえ越えるものだった」──サヴィニーの伝記作家はこう書いている。スエズで彼は何百もの小さな海生動物を集めた──ヒトデ、ウニ、色鮮やかな貝、珊瑚、魚、甲殻類。のちに彼はそれらを精緻な美しいスケッチに残している。この旅で収集したウニを描いた絵は、彼の細部へのこだわりを示す代表的な例である。小さな針の放射状の配列、しっかり描きこまれた無数の棘のそれぞれが、まるで催眠術師に目をぐるぐる回されるように紙面に脈動している。

サヴィニーは未公開のメモのなかで、紅海での三日間は自分が探しているものを見つけるにはあまりにも短すぎると不満をもらしている。彼が探していたのは、水の中に生息するポリプ〔刺胞動物のうち着生生活を行うもの、ヒドロ虫類、イソギンチャクなど〕だった。結局このポリプにしろ他のものにしろ、大小を問わずすべての標本の収集は、微々たるものにならざるを得なくなった。数々の不吉な軍事的出来事のせいで、博物学者たちはカイロに強制的に連れ戻されたからである。

一八〇〇年冬のはじめ、クレベールはイギリスとトルコに対して一時的な和平を交渉した。フランス軍はエジプトから武装解除せずに名誉ある撤退をするというものだ。サヴァンたちには母国への安全な航海が約束された。興奮に胸を躍らせて、科学者たちはエジプトの各地から急いでカイロに戻り、注意深く彼らの標本やスケッチ、ノート、そして記念品の類を梱包すると、海岸へと向かった。

アレクサンドリアに着いた彼らは、そこで船に乗りこんだ。船の名はワゾー号、フランス語で「鳥」という意味だったが、不運なことにこの鳥はけっして飛ぶことはなかった。船はアレクサンドリア港に一カ月浮かんでいた。不安をつのらせたサヴァンたちは船に詰めこまれたまま、当局からの出発の指示を待った。クレベールがヘリオポリスで決定的な勝利を得たあと、彼らは船を下り、ダハビヤにふたたび乗りこんで、悄然としてナイルを遡航し、ふたたびカイロに戻った。一八〇〇年夏の終わりには、中断されていたエジプト学士院の会合が再招集された。

同僚たちと違って、サヴィニーのエネルギーはエジプトでも衰えることはなかった。彼は動物と昆虫を集め、何時間もつづけてそれらを拡大鏡で詳しく調べた。他の人々を苦しめる疲労や疫病は、どうやら彼には無縁なようだった。皮肉なことに、彼にとってはるかに悲惨な病苦の日々は、帰国したあとに待っていた。

一見無傷でフランスに戻ってから、サヴィニーは比較昆虫学という野心的なプロジェクトに乗り出した。高感度のレンズのないこの時代に、彼は蝶の小さい顎や毛虫を調べつづけ、一〇年以上にわたって、執拗にエジプトで集めてきたものの詳細な研究に没頭した。彼が描き上げた虫の口の外観は一五〇〇個にのぼる。ここでサヴィニーが目指したのは、吸うタイプの昆虫の顎が、噛み砕くタイプの昆虫の顎から派生したという証拠を示すことだった。これはダーウィンに先行する進化論的アプローチの一部をなす。

一八一五年、全身を消耗させる頭痛がサヴィニーを襲った。ほんのわずかな光にも、彼は堪えがたい痛みを感じるようになった。視力がしだいに失われ、まもなく自分の夥しい仕事を識別できなくなった。四十代半ばには、日光を死そのもののように恐れるようになっていた。謎の病気が悪化するにつれて、彼は目を包帯で覆い、頭に黒いネットをかぶって、ベッドで横たわった。ヨーロッパの弱い日差しが一番強くなる夏のあいだ、彼はその黒いネットの下にスチール製のマスクを付けた。さらに窓にはスチールのシャッターと厚いカーテンを取り付けて、部屋から夜明けを追放しようとした。だがその作られた夜のなかで、彼の心の目は、自分がエジプトではじめて調べたものの形を見ていた。ハエの紙のような羽根、珊瑚の触手、アコヤ貝の耳のような曲線、クモやサソリの関節のある足、ヤスデの下唇にある繊毛。

その後の長い年月を、彼はほとんど盲目のまま過ごし、ひたすら自分自身の奇妙な病気について詳細な記録を残すことに集中した。一八三八年に、彼は最後となる科学論文を仲間の学者たちに提出した。それは自分自身に関する論文であった。「すべての感覚器官を冒すとはいえ、主要な症状は視覚器官において現れる。病状がどれほど重篤であっても、厳密な意味では盲目になるわけではない。だが少しずつわたしの目は光に堪えられなくなり、ますます暗い所で過ごさざるを得なくなった。その暗闇のなかで明るい色彩のイメージが夥しく輝き、永久にくりかえされるその連続的な放射は、わたしにたえずつきまとい、わたしを疲弊させた。」

サヴィニーと医者たちは、この病気はエジプトでもらってきたのだろうと考えた。おそらく遺跡の中ではないか。「彼は上エジプトにおける滞在から第一級の材料を持ち帰り、熱中してそれらの研究に打ちこんだ――すべての仕事を彼に禁じることになる危機が訪れるまで」と、彼の伝記作家は書く。「彼の肉体にこれほど悲惨な結果を及ぼすことになる病原菌を捕えたのは、砂漠の国の燃える気候のなかで研究していた最中のことだった。」

　現代の眼科医たちは、サヴィニーの病気が視覚的なものではまったくなく、おそらく脳腫瘍によって引き起こされた一種のてんかんだと考えている。ただもしそうだとすると、病気にかかってから三〇年も生きられた理由が説明できなくなる。あるいはまた、彼の病気が純粋に心理的なものだったとも考えられる。サヴィニーもまた、自分の病気が身体的なものではなく、情動的もしくは精神的な原因によるかもしれないという考えを肯定的に受け入れた。彼は、自分の苦痛と幻想が「克服しがたい恐怖の感情」からきていると書いている。

　科学者としてサヴィニーは、最後の日まで自分の病状について詳しい日記をつけていた。本人も最後まで知ることがなかったが、彼が昆虫について行った研究は、まだ始まったばかりの進化論を、ほんの一歩であるにせよ前進させたのだった。

第10章
動物学者

親愛なるキュヴィエ、わたしに最高の捧げものを用意してください。わたしが要求しているのは解剖学の玉座にほかなりません。もし躊躇するようなら、あなたにこう言い返しましょう。あなたはこれまでに四足動物とイカの組織をたった一匹の魚の中に発見したことがありますか？フグのじつにみごとな器官がどのように働くのか説明したことがありますか？

ジョフロワ・サンティレール

一七九九年八月十六日付　カイロからキュヴィエに宛てた書簡

一七九九年の末までには、学者たちはエジプトを出る日を待ち焦がれるようになっていた。ナポレオンがエジプトを去るとき、その年の終わりまでに仕事が完了していればフランスに戻るのを認めるとしたことを、彼らは知っていた。そして彼らは、仕事は完了したと考えていたのである。だが将軍たちには、サヴァンについてべつのプランがあった。

一八〇〇年六月にクレベールが暗殺されたあと、ジャック・〝アブドゥラ〟・ムヌーが後を継いで指揮官になった。ナポレオンが去ったあとのクレベールの持ち札がひどいものだったとすれば、ムヌーに残されたのは明らかに勝ち目のないカードだった。だがムヌー自身はそれを認めようとしなかった。エジプトに着いてまもなく、ムヌーはイスラム教に改宗しており、イスラム教徒の妻を娶っていた（ロゼッタの浴場経営者の娘である）。ムヌーはフランスに戻るのを、全然あせっていなかった。彼は砂漠の気候を好み、エジプトがフランスの植民地になると熱っぽく信じていた。しまいには彼は、エジプトを諦めるよりアレクサンドリアの遺跡に埋葬されたいと宣言したほどである。ムヌーがついにその誓いを破ったのは、彼の指揮のもとで何千人ものフランス人が死んだあとだった。将兵のほとんどは、失われた大義に対する彼の傾倒ぶりを軽蔑した。彼らは彼のことを、「背教者アブドゥラ」と呼んだ。エンジニアたちは、ムヌーが彼らを遠隔地の公共事業プロジェクトに割り当てたことに憤慨した。その干渉がましい性格のために、最後には学者全員がムヌーをひどく嫌うようになっていた。

クレベールの目論んだ降伏協定が灰燼に帰したあと、学者たちはカイロに戻るように命じられた。だが町では激しい暴動が起こっており、もとの贅沢な宿舎に戻ることはできなかった。サヴァンたちは一時的に宿舎もない惨めな状態に置かれた。博物学者の一団は、カイロの外の荒涼たる砦で野営した。砦のまわりには、ナイル川の氾濫による堆積物が積まれていた。その場所でジョフロワ・サンティレールは眼炎に四度つづけてかかり、一カ月のあいだ盲目のままだった。彼は赤痢にもかかり、やせ衰えてほとんど食べることができなくなった。「全員が微熱と皮膚の発疹に苦しんでいます。」臨時の宿舎から、彼はキュヴィエに向けて手紙を書き、自分とサヴィニーとドリールは赤痢にもやられたと書いた。「わたしの鳥たちは虫に食われており、コレクションは惨めなありさまです。動物の皮を入れたケースは破壊されています。」

カイロに戻ったジョフロワ・サンティレールは、地元の長老からもとの奴隷を買い戻し、ふたたび収集と分類を始めた——はたしてパリに持って帰れるのかどうか、確信はなかったのだが。彼はバザール、墓、魚市場で標本の材料をあさり、ヘビ使いから鶏の飼育業者にいたるまでだれとでも話し、解剖し、そして何もかも貯めこんだ。彼は自分の膨大なコレクションを誇りに思っていたが、落ちこんだ気分のときには、これからの生涯の残りをエジプトかあるいはトルコの牢獄で過ごすことになるかもしれないと考えたりもした。「素晴らしいキャリアに足を踏み出したばかりだというのに、このあとわたしはコンスタンティノープルの流刑地で傭兵として生きる運命にあるのでしょうか？」彼はキュヴィエへの手紙に書いた。「わたしは非常に貴重なコレクションを作りました……ただし乗り越えなくてはならない困難があまりにも多いのです！　そして良き友よ、今のわたしはそれを乗り越えることができないのではないかと考え始めています。もはやわたしは軍と運命を共有するしかないのです。サヴァンと画家たちは軍とともに残り、アラビアの砂の中に埋められるのだろうか……それとも敵側の寛大な処置によりフランスに戻れるのか。」

ホームシックと不安がこの動物学者を意気消沈させてはいたが、彼の理性そのものはかつてないほど激しく活動していた。その知的恍惚感は現代心理学から見れば、躁病と言えるほどだった。ナポレオンがカイロを捨てた翌日、ジョフロワ・サンティレールはキュヴィエに手紙を書いたが、そこには将軍の思い切った計画変更についての言及さえない。手紙を書いたときの彼の頭には、ある真に衝撃的な知らせ――魚の新しい種――を伝えることしかなかった。その魚の観察から自分が作り上げつつある理論を述べるほうに、夢中になっていたのである。この淡水魚（彼はそれを *hétérebranche* と名づけた）の呼吸器官には、人間の気管支の形に似て枝分かれした気管支があった。その類似性は、彼の心に形成されつつある「種の統一性」理論、すなわちすべての生命が背後にもつ原初の形態（Ur-form）についての理論を支えるさらなる根拠だった。ただし、この理論はきわめて異端的だったから、ヨーロッパの涼しい緯度に戻ってからは、少なくとも数年間は彼自身も、そこから離れることになる。

ジョフロワ・サンティレールは、自分の感情を長いあいだ抑えておくことができなかった。だが彼の場合、熱情はつねに野望と激しく闘っていた。その暑い八月の夜、カイロからキュヴィエに手紙を書いたときも、彼はすぐさま自分の熱狂ぶりを弁解の言葉で和らげている。長々と自己満悦に浸ったあとで、彼はこう付け加えた――「二つの解剖結果について自慢するのはゆきすぎでした。冷静に話しましょう」。それから彼は最近の仕事について説明し、最後にこう書いた。「やるべき仕事があまりにも多すぎるので、自分が何をしているのか、何を言っているのか、わからないのです。」

この手紙を書いたとき、彼はまた気持が舞い上がってもいた。まもなく帰還を許されるだろうと確信していたからである。彼はその前日に父に宛てて書いた手紙のなかで、三カ月か四カ月したらパリに戻るだろうと予想しており、エジプトでの自分の研究の多くはすでにまとめられて刊行される用意ができていると述べた。だが、その望みは楽観的にすぎた。彼も仲間たちも、それから二年間はフランスを見ることはなかった。

最悪の事態はこれからだった。

ジョフロワ・サンティレールは、遠征隊の博物学者のなかでもっとも多くの論文を書いた。テーマも広範囲にわたっていた。ナイル渓谷のミイラと生きた動物を収集するほかに、彼は古代のエンバーミング技法〔死体に防腐処理をして化粧を施す技術〕を研究し、考古学的テーマについて報告を書いた。彼が学士院に提出した論文は夥しい数にのぼる。最初の論文はダチョウが飛べるか否かという問題について考察したもので、このとき会合に出席していた軍事オブザーバーたちは問題があまりにも非現実的だと激怒したのだった。だがダチョウの羽根の退化が、「自然の進歩は急速な飛躍によるものではない」ことを証明しているとする彼の主張は、これまたダーウィンの理論の萌芽だった。彼はフラミンゴ、コウモリ、そしてワニの解剖に関する論文を読んだが、そこから生まれた最大の成果は魚に関するものだった。

彼は地中海のサメ、エイ、そしてフグばかりでなく、未知の淡水生物にも魅惑されていた。彼がポリプテルス・ビキール（*Polypterus bichir*）と命名した肺魚（「この魚の発見だけでエジプトに旅するだけの値打ちがあっただろう」とキュヴィエはのちに述べている）、そしてアキレ・バルブ（*Achire barbu*）と命名した頭の片側に二つの目があるカレイの類が含まれる。ナイル・デルタの塩分の混じった水には新しい生物種が限りなく存在し、興味深い観察が無尽蔵になされた。砂漠と肥沃な土壌、真水と海水が一緒になる下エジプトで、ジョフロワ・サンティレールが考え始めた理論は、残りの生涯を通じて彼の心を占めることになる。

遠征隊では、動物学になじみがあるメンバーは年下のサヴィニーだけだったため、ジョフロワ・サンティレールはエジプトでの研究で、フランスではとうてい得られそうにない自由を楽しんだ。ここには年長の同僚たちの批判的な目がなかったからである。彼の関心はエジプトを越えて広がり、焦点は個々の特定の対象を越えて広汎な一般的法則、すなわち理論生物学へと向かった。キュヴィエの研究室ではこのようなやり方はとうてい受け入れられなかった。「エジプト遠征が長びくにつれて、ジョフロワ・サンティレールは、母国の同僚たちに要求されていることなど、いっさい気に留めなくなった」と、科学史家のトビー・アペルは書いている。

このジャルダン・デ・プラントの動物園長が最終的にたどりついたのは、生物学についてのまったく新しい見方だった。これを彼は「解剖哲学」と呼んだ。エジプトで手を着けたこの新しい壮大な理論は、すべての生命体を結びつけるもので、見えざる流体と力に関わっていた。この主張からかなり突飛な部分を取り除けば、ジョフロワの解剖哲学は進化論に先んじたものと言える。すなわち彼は、創造者が作ったのは個々の個体ではなく、そこからすべての生物が発達してくる単一の原型＝設計図だと考えたのである。次の言葉は彼の主張を完全に説明している。「自然がたえず同じ材料をいじっていることは知られている。自然は巧みにただ形態だけを変える。あたかも同じ原初のアイデアに制限されているかのように、自然はつねに同じ要素を再現させる傾向がある――同じ数で、同じ環境で、そして同じ関係のなかで。」彼の直観がとらえた流体と力の主張は誤りだったが、生物の形態が時とともに変わってきたという考えは、進化論へと向かう重要な一歩だった。

一八〇〇年の秋、フランス軍はぼろぼろの衣服に身を包み、飢え、しかも給料は未払いであった。住民の暴動は一触即発の状態だった。トルコ人はエジプトの大地でフランス軍と対決していた。イギリスは沿岸を封鎖し、フランス人は知らなかったが上陸を強行すべく準備していた。戦争に倦み、すでに好奇心も枯渇していたサヴァンたちは、いつでも帰還する用意ができていた。ドヴィリエとジョロワは遺跡についての報告を書き上げて、帰国のパスポートを手に入れるつもりだった。だがムヌーにはべつの目論見があった。効果的な植民地行政を練り上げるという妄想を実現するため、十月にはエンジニアに対し、エジプトの遠く離れた地域での仕事を命じたのである。学者の大半はムヌーの夢がばかげていると考えた。だが若者たちのエネルギーと技術は、ムヌーの計画を支える柱だった。遠征も最後の年になると、以前は軟弱だった学生たちは砂漠のキツネさながらになっており、先輩たちを率いて灼熱の荒野へと入りこんでいった。彼らは今では、どこに井戸があるか知っていたからである。シナイで起こったある出来事のことで、ドヴィリエは死ぬまでからかわれた。硫黄を含んだモーゼの泉に向かう途中で、彼は突然地平線上に現れたアラブ人たちに拳銃を抜いて突進していった（運よく彼らは友好的だった）。スエズからカイロへの帰途、同じ一行が水を切らしてしまった。やっと井戸を探し当てたものの、そこには水のかわりに二メートルのヘビがとぐろを巻いていた。怒ったドヴィリエは、豪華なマムルークのサーベルでばらばらに切り刻んだ。サーベルは戦場から兵士が集めてきたものだったが、「その後長いあいだ悪臭を放っていた」と、ドゥヴィリエはのちに日記に書いている。

学者たちが帰還の計略を練っていた一方で、兵士たちはエジプトに打ち捨てられた自分たちの怒りをサヴァンへと向けた。彼らは民間人こそがそもそも最初にこの悲劇的な侵入をそそのかし、しかも略奪した宝物を貯めこんでいるとして、非難したのである。その疑惑と恨みを、兵士たちはあらゆる機会に公然と言い放った。「兵士たちの多くがわれわれのことを『食うだけの役立たず』と呼んだ」とドゥヴィリエは書いている。「何人かは、この戦役に駆り出されたのはサヴァンのせいだと思いこんでいる。兵士たちは全員、われわれの古代遺物を入れた箱には宝が入っていると信じている！」

一八〇〇年九月、カイロの学士院で会合が開かれた。クレベールの一時的な降伏、五週間にわたるカイロの暴動、そしてサヴァン自身の遠征による長い中断期間のあとで開かれた最初の会合だった。そのときジョフロワ・サンティレールが読んだのは、エジプトの動物とはまったく関係のない総合的な解剖学的問題を扱った一連の難解な論文の最初のものだった。「すべての動物の胚における性の共存の証拠にたどりつくための実験計画の探求」という長ったらしいタイトルをもったその論文のなかで、ジョフロワ・サンティレールは胚の性別が前もって決定されているのではなく、環境によって影響されることが実証できると主張した。

この理論を証明するために彼がカイロで提言したのは、少なくとも六〇〇個の受精卵と孵化器を使った実験だった。彼がそれだけの卵を受け取ったという記録はないが、そのような実験のために人間の食料を犠牲にするように頼まれた軍の補給将校の顔が見えるようだ。この時期にまた、ジョフロワ・サンティレールはエジプトでは遂行不可能ないくつかの複雑な実験を提案し、手許のどんな標本とも関連づけることなしに、筋収縮のようなテーマの論文を読んだ。彼はまた夢と夢遊病の性質についても考え始めていた。

だがこうした仮説にせよ研究にせよ、彼のホームシックを治すことはけっしてなかった。それどころか、エジプトを逃れたいという彼の執着はますます強くなった。一八〇一年二月二十五日に開かれた学士院の十六回目の会合で、ジョフロワ・サンティレールは、仕事を完全に終えたサヴァンたちはフランスに戻るのを許されるべきだと提案した。だがメンバーは、自分たちには仲間を帰国させる権限がないと決議して、その提案を却下した。

一八〇一年春は、フランスによるエジプト戦役の終わりの始まりだった。イギリスはついに地上軍をエジプトに派遣した。一八〇一年三月八日、イギリス軍はアブキールに上陸した。イギリスの戦略が海から陸に変わったことは、フランス遠征隊に最終的な打撃をもたらした。ムヌーは兵を引き連れてカイロからアレクサンドリアに移り、新たなイギリス軍と無駄な対決をしたあげく、結局はカノープスの町で四〇〇〇人の兵士を失った。一方カイロでは進軍してきたトルコ人を前にして、フランス軍は闘うよりも降伏することに決めた。ほかに選ぶ道はなかった。ペストがカイロに入りこみ、一日に五〇人もの兵士を殺していたのである。

一八〇一年三月二十二日、学士院はその六十二回目にあたる最後の会合をカイロの古いハーレムの建物で開いた。ジョフロワ・サンティレールは、ナイルのワニの解剖学的構造に関する論文を読んだ。彼はまったく知らずにいたが、ロンドンの皮肉屋たちはやがて、このフランスの動物学者をワニの調教師になぞらえて牛追いのムチを持った戯画を描くようになる。ジョフロワの伝記を書いた息子は、のちにその記録を訂正しようと努力するはめになった。

「彼がワニを馴らそうとしたというのは誤りである。このとき彼はワニの習性を研究していたのだ。」父親の伝記の脚注で、息子のイシドールは大まじめに抗弁している。「あるとき、巡航中のイギリス艦隊の将校たちは、自分たちの慰みのため、またエジプトの海岸に長期間留まっていなくてはならないことへの報復として、フランス軍の主要人物の風刺画を作ることを思いついた。これらの風刺画はイギリスに送られて、出版された。イギリス軍が手中にしたばかりのジョフロワ・サンティレールのワニの解剖学に関する論文が、彼に対するからかいのもとになった。論文はのちに書き直さなければならなかったが、彼がワニを手なずけようとしているものとして描かれたのだ。」

その最後の会合で、メンバーたちはまた、デジュネットによる陰鬱な死亡者報告に耳を傾けた。その日、死亡者数の報告はいつもと違って、聞く人々の耳に直接的な関わりをもって響いた。いまやペストは、上下貴賤を問わずあらゆる人々を殺していたからである。マムルークのリーダー、ムラド・ベイは、フランスの全占領期間を生き延びたのだが、この流行期のあいだペストで死ぬことになる何千人かの一人となった。

カイロでの最後の日々を、学者たちは恐怖に襲われパニックのなかで過ごした。ペストが自分たちのまっただなかに居座っているいま、彼らはもはやその脅威に対して、遠くの噂を聞くように気楽ではいられなくなった。通りでは死体を山積みにした荷車が、嘆き悲しむ者たちと新たに病気になった者たちを引き連れて、音を立てて通りすぎていった。四月一日から十五日までの日記に、ジョロワは拡がりゆくこの災厄についてつぎのように記している。「オスマンリ（トルコ人）が砂漠から到着したという知らせが届いた。知らせは確認された。フランス人たちは、貴重なものをすべてシタデルに運びこんだ。民生当局はカイロを去った。委員会のメンバーたちは家から出ないよう命じられた。ペストは恐るべき猛威を振るっており、ある日などは九〇〇人のエジプト人が死に、五〇〇人のフランス人が罹患した。カイロの通りは毎日のように、すさまじい光景を呈していた。通りで出会うのは死者を運ぶ荷車だけである。それらの荷車に付きそうのは、これまた瀕死の者たちだった。その多くがペストにかかっていることは、猛烈な頭痛と嘔吐をはじめとする彼らの徴候で見て取れる。委員会のメンバーが当然ながら不安に怯え、戦争とペストによる危険から逃れる決議をしたとき、カイロの町が呈した情景はそのようなものであった。」

ようやく軍がサヴァンに対し、カイロを撤退してアレクサンドリアに行くよう命じたとき、サヴァンの何人かにとってすでに事態は遅すぎた。疫病の猛威はもっとも原始的な輸送手段さえ不可能にした。「最初、われわれは陸路で行くことを考え、ラクダを買うために旧カイロの南にいたいくつかのアラブのキャンプを訪ねた。」三月末にドヴィリエは書いている。「だがこの部族はペストにひどくやられており、そこに行ったわれわれの仲間の多くが感染して戻ってきた。」

カイロで感染した人々のなかには、十九歳のエルネスト・コクベールがいた。彼は植物学者だったが、学士院の司書として働いた。彼の師であったカファレリと同様、この若者は二度とフランスを見ることがなかった。エジプトでの三年間を通じて、彼は忠実に両親に手紙を書いた。のちにまとめて出版されたそれらの手紙は、少年から大人への過程にあった若い学者の、胸を打つ肖像画となっている。

「植物採集はここでは危険です」——ある手紙に彼はこう書き、エジプトという土地が「博物学への殉教者というタイトルへの野望を抱く」すべての者にとって理想の地だと付け加えている。のちの手紙で彼は、別れて二年たった自分の変わりようを家族がどう思うか、見たくてたまらないとも書いている。「わたしは以前よりも自信をもち、勇敢になり、辛抱強く、また沈着になりました」と彼は報告した。家族への最後の手紙のなかで、彼は学士院内でのくだらない口論や、自分に友人がいないことを残念がっている。そして彼の同僚たちが「冷淡で利己的であり、狭すぎる共同体が悪徳を生む修道院生活のように」なっていると不満を述べている。

コクベールが病気になってから、彼と住まいを共有していた仲間たちはできるかぎり、彼を看病した。エンジニアのエティエンヌ・ルノワールもその一人である（彼は灯台で使われる最初の放物面鏡を発明した）。カイロにおけるフランス軍の情勢が悪化したとき、友人たちは彼をロバに乗せ、防備の堅い地区にある友好的なコプトの家に運んだ。四月十七日、同僚のほとんどがカイロを去った翌日に、彼は死んだ――みずから予言したとおり、博物学への殉教者として。

「わたしは彼をもう一度見た」――その数日後にドゥヴィリエは日記に書いた。「彼はロバに乗せられ、われわれがカイロを去ったあとも世話をすると約束してくれた忠実な男の家に向かうところだった。遠くから彼はわたしに向かって、近づくなというサインを送った。ペストにかかっていたからである。」

そのころにはドゥヴィリエもペストによる死の恐怖にあったものの、カイロを出発する前に危険を冒して町の通りに入りこんだ。戦いから守るためにシタデルに保管しておいた自分の書類と絵を回収するためである。シタデルの保管室を担当していた人物も、ペストにやられて病床に臥せってい た。書類に触れて伝染するのを恐れながらも、ドゥヴィリエはどうにかそれを回収した。「わたしの仕事の成果はわたしという存在の半分を占めていたから、手をつかねて放置することはできなかった。」ドゥヴィリエが家に戻ると、召使いがペストで死んだところだった。

ペストに追われるようにして、学者たちは船でカイロから逃げ出した。「わたしは船のデッキで眠るために、マットレスと寝具を持ってきていた。仲間の一人、著述家で化学者のルルージュはそういう用意をしていなかったので、夜、わたしに寝具を分けてくれないかと頼んできた。彼は気分が悪そうだったから、わたしは喜んで分けてあげた。じつは彼はペストに感染しており、アレクサンドリアに着くとすぐに死んだ。」

二週間もしないうちに、カイロではさらに三五〇人のフランス人と一五〇〇人のエジプト人がペストで死んだ。そして町の門にはトルコとイギリスの軍勢がいた。町に残っていたわずかな学士院のメンバーのなかに、コンテ、デジュネット、そして音楽学者のヴィロトーもいた。降伏協定の条件に従い、フランス軍はカイロを手放したが、武器の携行は許された。デジュネットは回復期の患者の撤退を監視した。多くはイギリスの船に乗せられた。そのあと彼とコンテはフランス行きの船に乗りこんだ。彼らがフランスに戻ったのは、アレクサンドリアに逃げた学者たちより数カ月も前であった。

アレクサンドリアに向かった学者たちが道中恐れたのは、イギリスやトルコの軍勢よりもフランス軍の兵士のほうだった。最初船で出発した彼らはまもなく下船し、ケースやコレクションの大荷物を引きずって徒歩で行くはめになった。いまやエジプトの水路はイギリス軍が支配していたからである。まだフランスの支配下にあったラーマニヤという埃っぽい城塞都市に近づいたとき、同地区担当のフランス軍司令官は学者たちを通すのを断った。ドヴィリエによれば学者たちはその司令官と議論したが、結局わかったのは相手がひどく彼らを嫌っており、携行している標本やノートなどを「喜んでナイル川に放りこんでやろう」と思っていることだった。食べものに飢え、恨みと憤りに襲われて、兵士たちはトランクの山を見ては、民間人が自分たちを犠牲にして金を蓄えたと激怒した。

「興奮した兵士のなかには、われわれの宝物を略奪しようとする者たちもいました。だが彼らが見つけたのは、シナイ山から集めてきた岩屑と岩石だけだったのです。」のちになって、ジョフロワはデジュネットに宛てた手紙にこう書いた。「この件で兵士たちはますます腹を立ててしまい、サヴァンのほうは一晩じゅう起きて身を守らねばなりませんでした。」それでもドヴィリエは、夜のあいだに鉱物と古代遺物の箱を盗まれた。

ナポレオンのラクダ部隊にいたある大尉が気の毒なグループを哀れみ、学者たちをアレクサンドリアの壁の外まで護衛してくれた。ムヌーの命令で、彼らはそこで五日間、ペストの検疫のために隔離された。ドヴィリエの不運なベッドメイトがペストで死んだばかりだったからである。

ついにムヌーの許しが出て、アレクサンドリアに入った学者たちは、この町が包囲下にあることを知った。フランス軍は四面からイギリスとトルコに包囲されていた。サヴァンもまた国民軍に徴用され、武器を渡された。「文字どおりの飢餓」が進行中だった。「将兵の半分は病院にいるか、回復期にあるかだったが、医者も医薬品も足りなかった」と、ジョフロワ・サンティレールの息子は書いている。肉の配給は一週間に数オンスのみで、パンは塩気がありすぎて食べられなかった。ベドウィンが町に入り、トウモロコシを同量の黄金とひきかえに売った。守備隊を任されている軍医監のラレーはムヌーと対決し（「きわめて激しい口論のあとで」とドヴィリエが書いている）、軍馬を殺してスープにして配らせた。ムヌーにしても、追いつめられたフランス軍にとって馬が役に立たないことは認めざるを得なかった。町の住民たちは、腐敗した穀類でかろうじて命をつないでいた。

包囲されたフランス人たちはアレクサンドリアから、水平線上に船団を見た――カイロで降伏し許さなかった。彼の同僚のなかでもっとも親しい人々も、(そして) 医者と友人という二重の権威をもったラレーでさえ、彼を説得することはできなかった。だがフーリエが出かけていき、二、三の言葉を発したとたん、ジョフロワ・サンティレールは自分の大切な隠遁所から出た。」

爆弾も飢えもなし得なかったことを、フーリエはやり遂げた。いつもは皮肉なフーリエが（彼はジョフロワの「測定不能の流体」に軽蔑を隠さなかった）発した数語が、この動物学者を研究の夢想から覚まし、現実世界へと連れ戻したのである。フーリエは彼に、イギリス軍がアレクサンドリアについに進軍してきたこと、そしてムヌー将軍が降伏し、エジプト全土ばかりか、サヴァンたちの仕事のすべて――ノートも標本も絵もコレクションも――を譲り渡したと告げたのである。

第11章 石

たったいま知らされたことですが、われわれの収集家の何人かは貴殿が彼らの梱包物をどこに送る予定であるにせよ、自分たちの種子、鉱物、鳥、蝶、あるいは爬虫類について行きたいと思っているようです。はたしてそのために彼らが、自分たち自身も荷物になりたがっているかどうかは、わたしの知るところではありません。ただし、もし彼らがそうされるのも悪くないというのであれば、わたしにそれを止める気はないことを、貴殿に対し保証するものであります。

ムヌー将軍、イギリス軍への降伏に際して

アレクサンドリア、一八〇一年八月

フランス軍のエジプトからの最終的撤退と、東洋の「啓発の家」からのサヴァンたちの脱出は、三年前の謎の目的地への到着の物語よりも、はるかに不可思議な顚末と言えた。なかでも一番奇妙な展開は、太った博物学者のジョフロワ・サンティレールが、科学者集団最大のヒーローとなったことだった。それまでの彼には、そういう事態を予測させるものはいっさいなかった。遠征隊の民間人グループのほとんどがそうだったように、彼は冒険家でもなければ戦士でもなかった。彼はたまたまフランス革命期の専門職の時代が生んだ科学者だった。パリの真南にある町で、それほど裕石棺、地図、原稿、絵、図面、水路図、植物標本、剥製の鳥、動物、乾燥した魚等々。サヴィニーは絶望していた。彼は共和国のために何年にもわたって、その種のものとしては世界初の美しい博物学のコレクションを作ってきたのである。したがってわれわれはハッチンソン将軍に対し、この収集品を担当し、必要とあれば出版させるのに最適な人物として、サヴィニーをイギリスに送るのがもっとも適切であると進言した。」

クラークが書いているところによれば、博物学のコレクションを作っていたサヴィニーと他のサヴァンたちは、イギリスへの招待を断った。「もし四年ものあいだフランスを離れていなかったのであれば、イギリスで仕事をつづけるという提案はひとつの救いだったかもしれない、と彼らは言った。」

学者たちはふたたびムヌーに嘆願書を出し、自分たちの研究成果を救うように頼んだ。それに対して将軍はイギリス軍に皮肉な手紙を書き、その件を学者たちとイギリス司令部のあいだの交渉に任せた。「たったいま知らされたことですが、われわれの収集家の何人かは貴殿が彼らの梱包物をどこに送る予定であるにせよ、自分たちの種子、鉱物、鳥、蝶、あるいは爬虫類について行きたいと思っているようです」と、彼はアレクサンドリア包囲の総司令官、ジョン・H・ハッチンソン将軍宛に書いている。「はたしてそのために彼らが、自分たち自身も荷物になりたがっているかどうかは、わたしの知るところではありません。ただし、もし彼らがそうされるのも悪くないというのであれば、わたしにそれを止める気はないことを、貴殿に対し保証するものであります。わたしは彼らが直接貴殿と交渉することを許可しました。」

　学者たちは、イギリスが自分たちの知的収獲物を求める裏には隠された動機があると信じた。彼らが疑いの目を向けたのは、外交官で古代遺物蒐集に趣味のあるウィリアム・ハミルトンだった。彼はエルギン卿〔古代ギリシャのパルテノン神殿の諸彫刻を削り取ってイギリスに持ち帰ったことで知られる〕に派遣されてエジプトに来ていた。学者たちは、自分たちが苦労して手に入れた知識を盗み、自分のものにしようとしているのはこの人物ではないかと考えた。ジョフロワ・サンティレール、サヴィニー、ドリールの博物学者トリオは、敵の野営地に乗りこんでハッチンソンと会い、直接その好意にすがろうとした。ハッチンソンは彼らを「礼儀正しく、だが冷淡に」迎えた、とイシドールは書いている。

　このとき、難局を打開したのはジョフロワだった。それによって彼はフランス科学史におけるヒーローとなる。相手のイギリス人に向かって、彼は情熱をこめて語りかけた。これらのノート、画帳、標本を読み解くことができるのは、それを作ったフランスの学者だけだと、彼は主張した。この出来事については、さまざまな美文調の詳説がフランス側の戦争記録に残されている。公式記録である *L'Histoire scientifique et militaire de l'expédition de l'Egypt*（エジプト遠征に関する科学軍事史）は、このときのジョフロワ・サンティレールの言葉を次のように引用している——

「われわれの収集品、われわれのスケッチ、われわれの図面、そしてわれわれの模写したヒエログリフを、あなたがたは取り上げようとしておられる。だがこれらすべての材料を解く鍵を、あなたがたに与える者はどこにいるのでしょう。これらはまだたんなる仮の草稿にすぎず、それを完成するのはわれわれ一人一人の印象であり、観察であり、記憶なのです。われわれがいなければ、これらの材料は死んだ言語であり、あなたがたにしろ貴国のサヴァンたちにしろ、そこからは何も聞くことはないでしょう。われわれは三年にわたって、努力してこれらの宝を手に入れました。三年にわたって、フィラエからロゼッタに至るエジプトの隅々から、それらを集めたのです。これらの一つ一つに結びついているのは、われわれが乗り越えてきた危険であり、この目で見、記憶に刻みつけた記念碑です。いまこの前線において、われわれが見いだすのは、これらの観察と知性の産物を没収しようとする税関吏に姿を変えた一団の将校たちです。絶対にそうであってはなりません。このような邪悪な略奪と蛮行を許すくらいならば、われわれはむしろ自分たちの財産を破壊します。リビアの砂にまき散らし、あるいは海に投げこみます。そしてヨーロッパで抗議の声をあげ、われわれにこれほど多くの宝物を破壊させることになった暴力について語るでしょう！」

緊張した膠着状態のなかで、ハッチンソンは態度を軟化させるのを拒んだ。彼は学者のハミルトンをサヴァンのところに行かせ、ただちにその所有物の引き渡しを行うように伝えさせた。ジョフロワ・サンティレールはハミルトンに対しても、先に述べたことをくりかえした。学者たちはイギリス軍に渡すくらいなら、自分たちの所有物を燃やしてしまうだろう。そしてハミルトンにこう尋ねた。アレクサンドリアにあったプトレマイオスの図書館に匹敵する豊かさをもつ知識の塊を燃やした人物として記憶されたいのか、と。

その脅しを信じたのか、それとも包囲されている学者たちを哀れんだのか、おそらくその両方だったのだろう、いずれにせよハミルトンは将軍のもとに戻ると、学者たちの主張を弁護し、もしフランスのサヴァンの宝物を奪ってイギリスに持ち帰るなり、破壊するのを許すなりしたならば、イギリスの知識人が自分たちのことをよく思わないのは間違いないだろうと述べた。

将軍は譲歩し、降伏協定の一部を書き換えて、フランス人たちが個人的所有物を持ち帰るのを認めることに同意した。

ハミルトンはサヴァンのもとに戻り、この喜ばしい知らせを彼らに伝えるとともに、あらためて彼らに対し、一緒にロンドンに来て、イギリス政府の友好的援助のもとで彼らの研究成果を出版してはどうかという提案を持ち出した。だが学者たちはここでも、その誘いを断った。

ジョフロワ・サンティレールは謙虚にも、家への手紙で自分の英雄的行為に触れることはしなかった。生命の統一性について偉大な発見をした彼がいま望んでいるのはただ、母国に戻ってそれを伝えたいということだけだったのである。一八〇一年の九月下旬、アレクサンドリアからキュヴィエに出した手紙のなかで彼は、エジプトでやるべきことは何も残っていないと不満をもらしている。「わたしがここで無為に過ごし、冬眠しているあいだ、あなたがたは科学を前進させている」と彼は書いた。「実際、わたしにとってもっとも深刻なのは、ここでの滞在が長びいていることです。わたしのコレクションは傷みつつあります。すでに鳥のコレクションが四つ駄目になりました。酒に漬けて保存してあったものもひどく傷んでいます。ワインのアルコールが蒸発し、さらに滞在が長びけば、あなたたちにミイラしか持ち帰れないでしょう。」

九月の末になってようやく、学者たちはフランスに向かういくつかの船に乗りこんだが、マルセイユとトゥーロンでは、さらに一カ月隔離施設に放りこまれた。ついに全員が家族と同僚たちのもとに戻ったのは、一八〇二年になってからのことである。学者たちは自分たちのノートブックと標本をほとんど無傷で持ち帰ってきた。だがイギリス人のほうは、もっと大きな宝物を手に入れていた。なかでももっとも有名なのがロゼッタ・ストーンである。

この石の発見をめぐる噂は、学者たちがまだエジプトにいるあいだに、フランスだけでなくヨーロッパ全土に届いていた。実物が到着するずっと前から、その石は学者たちのあいだに大きな関心をかき立てていた。十八世紀、フランスの百科全書派による分類研究をはじめとして、おそらくすべての言語が神からアダムに与えられた単一の古代言語に由来するわけではないことを突き止めようとするさまざまな研究の成果から、科学的言語研究は大きく発達した。だがエジプトのヒエログリフの研究は、ほとんど不可能だった。サヴァンたちがエジプトに行き、その目で見たすべてを正確に書き留めてくる以前は、ヨーロッパでは大量のヒエログリフの文献は手に入らなかったからである。そのうえヨーロッパ人は、古代エジプト語の音について、まったく知識を欠いていた。彼らは、ヒエログリフが音ではなくシンボルだと推定した。三つの言語が刻まれたこの石は、そのすべてを変えることになる。

ムヌーは闘わずしてその石をあきらめたわけではなかった。彼はイギリス軍に対して、その銘板が「衣装だんすの中のリネンや刺繍で飾った鞍と同じく」自分の個人的な財産だと言い張った。

ハッチンソンは聞こうともしなかった。九月十二日、イギリス側は二人の使者を交渉に送りつけた。地理学者のクラークとウィリアム・ハミルトンである。クラークは、ムヌーのテントの外で待機し、ハミルトンだけが中に入った。外からは怒ったムヌーの怒鳴り声が聞こえた。「略奪と破壊を行った指導者の口から出た『かつてこれほどの略奪行為はない！』という言葉は、われわれをひどく面白がらせた」とクラークは書いている。

イギリス側の記録者が少々誇張している可能性はあったかもしれない。だがこの件では、最後までムヌーの卑しさは記録に残っている。ロゼッタ・ストーンに関してハッチンソンに宛てた手紙のなかで、彼はこう書いている。「ムッシュ・ル・ジェネラル、それが貴殿のお望みなのですね？よろしい、差し上げましょう。われわれ二人のうちで強いのは貴殿のほうなのですから……いつでもお好きなときに取りにきていただいて結構です。」

フランス学士院の会員でもあるフランス軍将校が、倉庫のマットの下にムヌーの荷物とともに隠してあった石を回収し、アレクサンドリアの路上で、イギリス側に引き渡した。トムキンズ・ヒルグローブ・ターナー大佐がのちに書いているところによれば、大佐は「いくぶん苦労してその石を無傷のまま狭い通路からわたしの家まで運んだ――大勢のフランス人将校や兵士が嫌味を浴びせるなかを」。彼はまたこうも書いている。イギリス軍がその石を持ち帰ろうとしているのを知ったフランス人は、「石を保護している包みを引きちぎって投げつけた」。

もちろん、すべてが失われたわけではなかった。フランス側はすでに、刻まれた文字を正確に書き写していたし、石自体も何回か鋳型にとっていたからである。最初の複製は、ある将軍の荷物に入ってずっと前にパリに届いていた。オリジナルのロゼッタ・ストーンは、軍艦エジプシェンヌ号でイギリスに運ばれた。輸送に同伴したターナーは、それを「イギリス軍の誇らしい戦利品であり——無防備の住民から略奪したものではなく、戦争の勝利により名誉のうちに手に入れたものである」と書いている。石は一八〇二年二月にイギリスに到着し、一時ロンドンの古美術協会に置かれた。そこで作られたコピーは、オクスフォード、ケンブリッジ、エディンバラ、そしてダブリンの大学に送られた。専門家はただちに、文書を解読する仕事にとりかかった。六月、国王ジョージ三世はオリジナルの石を正式に大英博物館に寄贈した。今日に至るまで石はそこに置かれている。

フランスにとって石を失うことは、エジプトにおける彼らの最大の発見が、世界における彼らの最大の敵の手に渡ることを意味した。フランス人はそれをけっして忘れなかった。二〇年後、若いフランスの言語学者、ジャン＝フランソワ・シャンポリオンは複製の石を道案内としてヒエログリフの解読に成功し、競争相手のイギリスの学者トマス・ヤングを打ち負かした。一八二二年のことである。シャンポリオンがついにその絵を音に翻訳し、石のギリシャ語部分に刻まれていた王の名前——プトレマイオス——を含めて、認識できる単語に解読したとき、何人かのサヴァンはまだ生きていた。だがシャンポリオンの発見は、万人に受け入れられたわけではなかった。たとえばジョマールは、それらのシンボルがじつは音だったということを信じようとせず、長い生涯のあいだずっと、それらがたんなる舌の回転ではなく、より高度な意味を表しているはずだと主張しつづけた。

翻訳されてわかったのは、この石が紀元前一九六年、古代エジプト時代のまさに黄昏の時期に、エジプトのギリシャ系王朝の一人、プトレマイオス五世による布告を刻んだものだということだった。そこにはいくつもの税の廃止について詳しく述べられ、王の彫像が多数の神殿に建てられるべきこと、そして布告は、神々の文字（神聖文字）と、民衆文字（デモティック）、そして書物の文字、すなわちギリシャ語で書かれるべきことを指示していた。

ほぼ二〇〇〇年を経て、石の言うところの「神々の言葉を書いたもの——ヒエログリフ」は、とつぜん人間にとって理解できるものとなった。シャンポリオンの業績は、謎の遺跡からその意味を推定するにとどまっていたエジプト研究そのものを、消え去った偉大な人類文明を真に理解することへと変換したところにあった。

全エジプト戦役で最大の皮肉のひとつもまた、石にからんでいた。六月にカイロで降伏したフランス軍は、すべての個人的所有物を持ち帰るのを許された。もし学者たちがアレクサンドリアまで石を引きずっていくかわりに、ペストに襲われたカイロにコンテとデジュネットとともに残していたならば、今日その石はおそらくルーヴル美術館にあったことだろう。だがそうはならなかった。ロゼッタ・ストーンが置かれているのは大英博物館である。ガラスの上の解説には、それを発見したのがフランス人だったという事実は書かれていない。かがんで詳しく見れば、石の隅に小さく記された白い文字が目に入るだろう。ただしその文字が語るのは物語の一部にすぎない——「イギリス陸軍により一八〇一年にエジプトで取得。ジョージ三世寄贈」。

第12章 本

エジプトで仆れたかくも多くの勇敢な戦士たちの運命を重ねたとき、このような貴重な仕事の存在こそは慰めになることでしょう。いまわれわれを嘲笑し罵倒している同じ将兵たちが、それらを見たことで、そしてわれわれを知ったことで、みずからを誇らしく思う日がくることでしょう。みんな待ちましょう、そして、どうしたらここで辛抱強く耐えられるかを知ろうではありませんか。

ジョフロワ・サンティレール
一八〇一年、エジプトからのキュヴィエ宛書簡

フランス、一八〇一年〜一八二八年

秋の終わりごろ、彼らはフランスの船ではなく、アミコ・シンセロ号、カリプソ号、ラ・ディアヌ号といった名前のイギリスやギリシャの商船や艦船に乗って、フランスにようやく戻ってきた。エジプトを去った最後のフランス人のなかにムヌー将軍もいた。彼は降伏とペストという二重の不運に見舞われたが、軍医のラレーの介護のもと、エジプト人の妻と幼い息子をつれて、フランスに戻った。彼は病気には打ち勝ったものの、名誉のうちに死んだクレベールやドゼーなどの英雄のようにはいかなかった。ムヌーの名前は、パリの道路にも、広場にも、また彫像にも残されていない。

ドヴィリエ、ジョロワ、そしてデュボワ・エーメはギリシャ人乗組員の操縦するおんぼろ船で家路についた。ある晩ジェノヴァの近くで、船は激しい嵐に襲われ、ほとんど難破寸前までいった。何人かの船乗りは海に転落し、マストが折れた。ドヴィリエは泳ぐことになるのを予想して服を脱いだ。翌朝、静かな海面に太陽が昇った。三人の若者のその後の船旅は平穏だった。

ジョフロワ・サンティレールは、船室の空くのを待ってエジプトでじりじりしていたが、ようやく十月はじめに船に乗った。彼が乗ったのはカリプソ号という名のイギリスの船で、フランスのエンジニアたちの小集団に、標本を入れた木枠《クレート》が四〇個、さらに生きた動物をいくらか乗せていた。サンティレールの旅の仲間には、エジプトマングースがいた（ジャルダン・デ・プラントの動物園長代理への手紙で、彼はこのマングースが「並はずれて馴れて」おり、「きわめて楽しい動物だ」と述べている。）ほかにもムヌーのペットのアフリカジャコウネコと、二匹のチュニジア産のジェネットがいた。

一七九八年にエジプトに到着した一五一人のフランスの民間人のうち、一二人が降伏前にエジプトを去った。二六人がエジプトで死に、さらに五人がヨーロッパに戻ってまもなく死亡した。将兵の死亡率はこれよりもはるかに壊滅的だった。ナポレオンとともにエジプトに出航した三万四〇〇〇人の陸軍将兵のうち、生還したのは二万一五〇〇人だった。生き残った者のうち、三〇〇〇人が傷病兵であった。遠征した一万六〇〇〇人の水兵のうち、フランスに戻ったのはわずかに一八六六人――ほぼ九人に一人――だったことが知られている。アブキール湾の悲劇で生き残ったのはそれより多かったと思われるが、そのあと彼らは陸軍に編入され、兵士としてフランスに帰還したのである。

　ようやくフランスの地を踏んだマルセイユで、サヴァンたちはヒーローとしての歓迎を受けなかった。かわりに彼らは一カ月のあいだ検疫隔離を強制され、見張りのついた納屋や倉庫に過密な状態で閉じこめられた。なかには屋根もなく、木の骨組みだけの場所もあった。初秋の寒さのなか、できるだけ暖をとろうとして、彼らは船から引きずってきた帆の切れ端で身体を覆い、ハンモックで眠った。綿布で包んであった標本と土産物は、人間よりもさらに長いこと隔離された。綿布がペストの感染源になると恐れられたのである。

　帰還したとき、ジョフロワ・サンティレールは肉体的には健康だったが、情緒的に不安定だった。自分の研究者としての将来について、彼はひどく心配していた。キュヴィエからも博物館の同僚からも、この三年間一通の手紙も受け取らなかったからだ。マルセイユからキュヴィエに宛てた一月十八日付の手紙のなかで、彼ははじめてこう認めている――そもそものはじめから、エジプトに行かないように言っていた同僚や友人たちの声に「耳を傾けるべきだった」。この憂鬱の発作は、じきにもっと具体的な懸念にとってかわった。パリのどこで暮らすのか？　隔離場になった納屋の中で、住む場所の問題は彼の心を大きく占めた。ときには前に住んでいた古いアパルトマンにまた戻りたいと思うこともあり、ときには簡素な部屋がひとつだけあれば十分幸せに暮らせると考えたりもした。フランスに着いてまもなく、ジョフロワはドロミューがパリで死んだことを知った。彼はただちにキュヴィエに手紙を書き、ショックと悲しみを表明すると同時に、ドロミューのパリのアパルトマンを自分が使えないかと聞いている。一カ月後、彼はまたキュヴィエに手紙を書き、自分がいないあいだにパリのアパルトマンが人の手に渡ってしまったために困っていると文句を言った。ただし、いかにもジョフロワらしいのだが、これについても彼は心がぐらついていた。同じ手紙で彼は、これまで長いあいだエジプトの「粗末なテント」に暮らしていた自分としては、パリに戻ったら簡素なつづき部屋を借りようと思うと書いている。

いまやサヴァンたちは問題に直面していた。自分たちが収集してきたものを、どう意味づけたらよいのか。徳義《モラル》の点からも、これまで起こってきたことをどう説明すべきか。これだけの兵士たちの死に対して、埋め合わすことは可能なのか。

学者たちの隔離が解除され、家族のもとに戻ってからかっきり二カ月後の一八〇二年二月、ナポレオンは執政令を出し、「遠征期間中に作られた学術報告、図面、絵、さらには全般的に科学と芸術に関わる成果のすべて」を出版することを認可した。学者たちのほうでもその種のプロジェクトを計画していた。フーリエはクレベールと相談して、サヴァンの仕事を一冊の本にまとめる計画を立てていた。最初の考えでは、本は個人的な企画だった。あるカイロのフランス商人が学者のなかの一四人とともに、最終的にフランスで出版するために共同資本会社を作った。のちにムヌーがその共同資本会社に反対したため、科学者たちはだれが彼らの研究成果を管理することになるのかと心配し始めた。フランスに戻ると、ナポレオンの政府はその会社をただちに解散させ、プロジェクトを内務省の管理下に置いた。内務省は本の仕事に対し学者たちに報酬を支払うことに同意した。

一八〇二年に着手され、一八二八年に完成したこの『エジプト誌』は、ジョフロワ・サンティレールが望んだようにエジプトで殺され、あるいは不具になった人々への慰めとまではいかなくとも、それ自体が記念碑ではあった。本は豪華で、巨大で、まさに驚異的だった。その二四巻は、古代と近代の両方におけるエジプト文化と建築について、十九世紀初期までに見られたもののうち、もっとも包括的な見解を提示している。実際これに似たものは、どんなテーマについても、これまで出版されたことがなかった。これまでにも、そしておそらくそれ以後も、少なくともコンピューターが出現する前の時代に、これほど多くの情報が、これほど多くの出所から、さらにこれほど多くの形で（文章、絵、地図）、ひとつの本に集められたことはなかったのである。

本は一八〇九年から一八二八年にかけてシリーズとして出版され、茶色の包装紙に包まれて、金持ちの購読者に送られた。購読者は、ジョマールがデザインしたマホガニーの書棚を注文することができた。その書棚は、ロータスの花と、テーベとデンデラの遺跡にあった胸像のモチーフを彫った精巧なものだった。特大のページが大量に必要だったため、パリの製紙工場が総出で生産にあたった。耐久性をもたせるために重い麻のページが使われ、印刷は高くついた。初版は一〇〇〇部だけだった。

シリーズの完成までには非常に長い時間がかかったから、その間、遠征に参加した人々の何十人もが死に、あるいは体が弱って働けなくなった。その過程でナポレオン自身も執政から皇帝へと上りつめ、それから追放の身となり、そして死んだ。処刑されたルイ十六世の弟のルイ十八世が君主の座に着いたとき、シリーズはまだ完成していなかった。ナポレオンの死後、最後の巻が出版されるまでに七年を要した。この仕事でもっとも厄介だった点のひとつが、科学者たちのナポレオン崇拝と回復した君主制の折り合いをどうつけさせるかという問題だった。ジョフロワ・サンティレールの伝記を書いた息子のイシドールによれば、君主制の復活によってこの仕事の進捗は著しく阻まれた。ブルボン王室は、市民＝皇帝とあれほど親密な仲だった学者たちに好意をもたなかった。それどころか彼らは、学者たちの何人かを罰することに着手した。「(ナポレオン)帝国の没落によって、それはほとんど放棄されるはめになった。あまりにも大がかりだったため、その編纂作業の担い手は政府のほかあり得なかったからである」とイシドールは書いている。「とりあえず最低限しなければならなかったのは、この記念碑からナポレオンの名前を消すことだった——他のすべてについてもそうだったように。」

学者たちは皇帝への言及を文章と絵から削るか、あるいは少なくとも減らそうとしたが、それは容易な仕事ではなかった。エジプト遠征の画家たちは最初の巻で、彼らのリーダーのエジプト入りを凝りに凝った口絵で美々しく讃えた。マムルークを征服し、科学と美術の美神《ミューズ》を従えて、神秘の国エジプトに入る姿である。シリーズのうちで、いくつかの巻はナポレオンが死ぬ前に出版されていたが、シリーズが完成したのは死後何年もたってからだった。一八二八年に出された最後の巻に口絵はまだ残されていたが、絵のなかで皇帝に関わる部分はすべて消えていた。

序文を書く任に当たっていたフーリエは、王室と皇帝とのあいだで綱渡りをしていた。彼は愛国心に救いを求め、恥も外聞もなくフランスの栄光をほめそやすことに終始した。フランス軍にとっては悲惨きわまりないものだったこの遠征が、民間ベースでは成功だったことを、彼は示さなくてはならなかった。彼は自分の庇護者をも美化したがった。いくつかの文書からは、ナポレオン自身がフーリエの文章に筆を入れたことが推測される。

フーリエはサヴァンたちの中心的理論指導者《イデオローグ》と評されているが、それはこの本の序文で、彼が遠征と学者たちの仕事を強い政治的背景のなかに置いたからである。実際に彼は、エジプト遠征の目的に高邁な解釈を与えた。すなわち、「マムルークの専横を廃止し、灌漑と耕作を発展させ、地中海とアラビア湾のあいだに持続的交流を開き、商業施設を作り上げ、東洋の人々にヨーロッパの産業の有益な見本を提供し、そして最後に住民の政治形態をより寛大にし、完成された文明のもつすべての利益をもたらす」というものである。

一八〇二年一月、ナポレオンからグルノーブルのイゼール県知事の座を贈られたフーリエは、『エジプト誌』だけでなく他の仕事でも多忙であった。仕事には、熱に関する革新的な理論を作り上げることや、グルノーブルのマラリア湿地の干拓などが含まれていた。『エジプト誌』の執筆者が手間どっていると、彼は目の前に原稿が出されるまでは序文が書けないと文句を言った。

執筆者のなかでももっとも遅れていたのは、サヴィニーだった。この本のために彼は何百枚もの動物と昆虫の絵を描いていたが、一八一五年になっても仕事を終えていなかった。さらに悪いことに、彼は眼が見えなくなり、もはや自分の絵を認識できなくなっていた。この件について、『エジプト誌』の編集者たちは最後の巻で詳細に説明するのを忘れていない——サヴィニーの病気が進んだこと、もはや自分の描いた絵の説明ができなくなったため、その仕事は他の人間にまわされたこと、そしてまた、いつの日かこの「科学への献身の犠牲者」が自分でテキストを書けるようになるのを望んでいることを。編集者たちは、学生のヴィクトル・オードゥアンにサヴィニーの仕事を引き継がせることにした。その決定をサヴィニーに通知した手紙まで掲載している。

『エジプト誌』の作成にあたって、学者たちはディドロの『百科全書』のエジプト版を作りだそうとした。彼らは、客観的合理的思考に固執し、他の何よりも数学的正確さに重きを置いた。この本が注目されるのは美しい銅板画のためばかりでなく、その夥しい数値による説明と地図のためでもある。現代の批評家のなかには、このように人々と場所を数値と地図に還元することは、技術による植民地支配のV字攻撃フォーメーションだと見る者もいる。その一方でこれは、学者たちがみずからの経験を整理するための方法だったと解釈することもできる。ナポレオンに捨てられ、母国の友人たちから遮断されて、サヴァンたちは自分の将来への不安に苛まれていた。彼らの目に映るエジプト人の生活様式の無秩序ぶりもまた、神経を苛立たせた。そのような状態のもとで、数字と地図は彼らにとって一種の慰めを提供したのである。

今日でも美術史家や考古学者たちはこの本を研究しているが、彼ら以外にこの並はずれて大きな本のページをめくる者はほとんどいない。オリジナルの本の部数は少なく、しかも長い間隔をおいて出版された。これらは今欧米の主要図書館の貴重書保管室や世界じゅうの個人コレクションにしまいこまれている。なかば砂に埋まった遺跡の全景は過ぎ去ったエジプトを描写して、郷愁を誘う視覚的な魅力を示すが、それとともに情報をも提供する。サヴィニーの繊細な鳥の着色画は、オーデュボンのそれに勝るとも劣らない。同じく彼が描いた何千もの小さな無脊椎動物のとほうもなく多様で魅惑的なペン画は、最もすぐれた博物画の見本となっている。本のなかでその時代のエジプトに関するセクションには、生活しているエジプト人——工房で働いているところや休息中のところ——を描いたコンテとデュテルトルによる挿し絵が添えられ、消え去った時代のカイロを鋭い感性で捉えた美しくも正確な記録となっている。

ジョフロワ・サンティレールがかつて予想したように、はたしてこの本が悲惨なエジプト戦役と、フランス将兵のこうむった意味のない巨大な損失の「慰め」となったかどうかは、明らかに疑わしい。だが少なくともこの本は、学者たちがそこで何をしようとしていたかについての正確な記録となっている。

リップ・ヴァン・ウィンクルのように、学者たちはフランスに戻り、自分たちがいないあいだもパリと世界はそれと関係なく動いていたのを知った。彼らが留守にしていたほぼ四年間は、ヨーロッパ史のなかでもっとも予想のつかない動乱の時代のひとつだった。その時代を彼らは、母国からのニュースがほとんど来ない遠い砂漠で過ごしていたのである。友人や家族のなかには結婚した者もいれば、あるいはすでに死んでいる者もいた。同僚たちは昇進していた。帰還したとき、ジョフロワは父親の生死もわからなかった（父親は生きていた）。科学は彼らなしで――また彼らの知識なしで――進んでいた。一七九九年、イギリスの科学者ハンフリー・デイヴィーは、熱が、〝熱素〟ではなく運動であることを示した。一八〇〇年、ドイツの科学者カール・フリードリッヒ・ブルダッハは、動物学、鉱物学、植物学からなる「博物学」という伝統的呼称を、「生物学」に置き換えることを提唱した。同じ年、アレッサンドロ・ヴォルタは最初の乾電池を公表した。一八〇一年、イギリスの科学者トマス・ヤングは（彼もロゼッタ・ストーンを研究していた）、光が波で動くことを示した。サヴァンたちはこれらの事実はもちろん、各自の分野でなされた多くの革新的な発見を知らないまま、フランスに戻ってきたのだった。

彼らはまた、フランスそのものも大きく変わったことを知った。まず国の政治形態が変わっていた。若き市民＝戦士だったナポレオンは、いまやフランス共和国の第一執政だった。彼はカトリック教会とも和解し、皇帝になるための準備を着々と進めていた。この最後のなりゆき（皇帝即位）は、学者たちにとって利益があった。皇帝は彼の百科事典を忘れるつもりはなかったからである。サヴァンたちは、それぞれの年齢、気質、性格、体質に応じて、さまざまに変えられてフランスに戻ってきた。彼らは成長し、あるいは健康を害した。以前には想像もしなかった企てに乗り出し、新しい関心を見いだし、あるいは以前の考えをさらに磨いた。パリは外からは同じに見えた。

だがそれは多くの点で、彼らが成人になったパリではなかった。徹底して懐疑的だったかつてのパリは、永遠に去ってしまった。

エジプトからサヴァンが帰還し、それから本が出版されるまでの何年かの間に、フランスとヨーロッパは新しい時代に入った。サヴァンの人生は、ヨーロッパの文化史における「理性の時代」の終焉とロマン主義の時代の始まりに両足をかけていた。いくらかの点で、彼ら自身がその変容を具現していたのである。彼らの本が分類と目録という、ときに退屈な啓蒙主義の傑作である一方で、エジプト遠征そのものは究極のロマンティックな冒険だった。遠隔の地に向かう危険な航海に乗り出し、知識のために生命を危険にさらすというのは、この時代の小説と詩のテーマだった。ロマン主義の時代の副産物であるゴシック趣味は、あらゆる異国風で謎めいた事柄への傾倒を意味しているが、実際に学者がその画帳や標本瓶に詰めてエジプトから持ち帰ったのも、それだったのである。サヴァンたちは懐疑主義者だった。だが彼らはロマン主義的な人生を送った。パリでは恐怖政治を生きぬき、靴から血をぬぐった――文字どおり、また比喩的にも。そんな彼らは博物館のオフィスの中だけで生きることにけっして満足しなかったと思われる。その時代のフィクションの登場人物と同じく、彼らはエキセントリックであり、悲劇的であり、また不運でもあった。

ナポレオンその人もまた、正真正銘、ロマン主義的人物だった。この市民＝戦士は、一介の軍人から属領総督《プロコンスル》へ、それから皇帝へと上りつめて、ほぼ一五年にわたり国を支配したあと、一八一五年にワーテルローで敗北を喫して追放され、かつての王族と聖職者にとって代わられた。彼が舞台から去る前でさえ、すでに分類と厳密な懐疑主義を標榜した「理性の時代」は過ぎ去っており、それに代わって新たに神秘主義への嗜好が生まれていた。

セント・ヘレナ島に流されていたあいだ、ナポレオンは飽きることなくエジプトについて話した。エジプトでの年月は、彼のキャリアのなかで皇帝への野望がはじめて可能に思われ始めた時期だった。セント・ヘレナの孤立した風吹きすさぶ岩山の上で、失脚した皇帝は思いきり砂漠の白昼夢にふけるだけの時間があり、また彼が歴史を修正するのに喜んで耳を傾ける聞き手たちにも恵まれていた。彼とともにセント・ヘレナに隠遁した忠実な人々は、ナポレオンが話す言葉をすべて書き留めた――他に何もすることがなかったのである。自分たちの偉大な指導者を、彼らは質問や助言で励まし、皇帝が思い出すのを助けた。そしてナポレオンは記録を修正した。自分の歴史を書き直したいと願ったのは彼だけではなかったが、事実に背いたり思い違いをすることにかけては、彼の右に出る者はまずいなかった。

談話を記録したラス・カーズ伯爵に、彼はこう語っている。「エジプトでは、煩わしい文明の枷から解放されるのを感じた。あらゆることを夢想した。宗教を作り出し、自分がアジアへの途上にいるのを見た――ゾウにまたがり、頭にはターバンを巻き、手には自分の必要に合わせて作りかえた新しいコーランを抱えて。エジプトで過ごした日々は、わたしの人生のなかでもっとも理想的であり、それゆえにもっとも美しい時間だった。」

オリエントの牧歌としてのエジプト戦役の記憶は、死ぬまでナポレオンを活気づけた。全アジアが自分の手の届くところにあったのであり、実現すればより永続的な名声をもたらす鍵となっただろうと、彼はつねに主張していた。部下たちを見捨てたことも、ペストの犠牲者たちを毒殺するよう命じたことも、彼は否定した。「エジプトからの出発は、壮大な計画のもとになされたものだ」――セント・ヘレナの聞き手たちに向かって、彼は語った。「それを逃亡だとか遺棄だとか言うのはいかにも愚かなことだ。」

最後の日々、その話題についての彼の妄想はいっそう激しくなった。取り巻きたちに向かって彼は、ナポレオンという名前が「砂漠のライオン」という意味であり、自分はそこを支配するべく生まれたと感じたと言うのだった。「砂漠はつねにわたしの感情に独特な影響を与えていた」――彼はラス・カーズ伯爵に語った。「砂漠を越えるたびに強い感動に襲われた。それは無限の空間のイメージのようであり、なんの境界もなく、なんの始まりもなく、なんの終わりもなかった。それは陸地《テラ・フィルマ》の上の大洋なのだ。」

ナポレオンと同じように彼の科学者たちのほとんどもまた、エジプトの三年間を思い出し、それを後悔し、あるいはただ思いにふけって、残りの人生を過ごした。ほとんどの場合、彼らの運命は最後まで、彼らを砂漠につれていった指導者の浮き沈みと直接結びついていた。

皇帝の位に就いたとき、ナポレオンはお気に入りの者たちに称号を分け与え、モンジュとベルトレを伯爵にした。

ベルトレはその栄誉とともに、アルクイユに科学協会を設立するための金銭的援助にも与《あずか》った。

アルクイユ科学協会は、もっとも近代的な研究施設を備え、優秀な若い学生たちがスタッフとして働いた。博物学者のアレクサンドロス・フォン・フンボルト、数学者のピエール＝シモン・ド・ラプラス、化学者のジャン＝バティスト・ビオ、そしてエティエンヌ＝ルイ・マリュスなど、ヨーロッパのもっとも優秀な学者の何人かがメンバーとなった。マリュスは、エジプトでかかった病気のせいで虚弱になっており、若くして死んだ。彼の光に関する研究は仕上がらないままだった。

アルクイユ協会は、エジプトからの収穫になんの関心も払わず、ハードサイエンスのみに活動を限定した。それでもベルトレは、エジプトのイコンに取り巻かれていた。新しく作られた伯爵の紋章にはアフリカクロトキのデザインが使われた。オフィスは、ファラオの神官の部屋のようだった。家具には、列柱、スフィンクス、ピラミッドが彫られていた。カーテンの類には、墓の彩色画を模してロータス、星、花が織りこまれた。机の前の椅子は、古代の彩色画にある椅子を正確に再現したもので、壁を飾るのはデンデラとテーベの神殿群の全景だった。机には四側面ともエジプトの神殿を模した彫刻が施され、サヴァンの偉大な本を全巻収めるための棚が作りつけられていた。

このように異教的雰囲気をかもしだす夥しい品々に囲まれながらも、ベルトレは最後まで唯物論者であり、合理的で、まったく宗教をもたず、きわめて科学的な人物だった。ナポレオンは、彼のこうした側面を心の底ではけっして好きでなく、いささか冷淡だと考えていた。皇帝がこの化学者を愛したのは、その能力のためであった。友としては、彼は情熱的な幾何学者のモンジュのほうを好んだ。だが彼はベルトレを尊敬した。この人物はナポレオンが火薬と鋼を作るのを助けてくれ、（おそらく）砂糖まで作ってくれたのだった。皇帝はベルトレを伯爵にしたばかりでなく、元老院議員に任命した。政治に関心のない化学者は、この重荷を不平を言わずに引き受けた。

ベルトレとしては、政治ばかりでなく、愛や死を含めた人生それ自体のややこしい側面を、みずからの科学的理想郷の門外に捨て去りたかったことだろう。だが一八一〇年の春、ひとり息子で化学者のアメデが三十歳でとつぜん自殺した。自殺の理由はわからなかったが、やり方はきわめて科学的だった。部屋のすべての穴をふさいでから、石炭ストーブを焚き、死に至るまですべての症状をノートに記録しつつ、ゆっくりと自らを窒息させていった。

その知らせを受けたとき、ベルトレはパリにいた。彼は複雑な化学作用を直観で理解することができたが、けっして上手に言葉を操る人間ではなかった。ひとり息子が死んだ事実を妻にどう告げたらよいかさえわからなかった彼は、友人に頼んで自分の代わりに妻に伝えてもらった。

数カ月後、彼はロンドンにいるイギリスの科学者チャールズ・ブラグデンにたった一行の手紙を書いた。「ムッシュ・シュヌヴィが、わたしの息子の悲惨な死についてお知らせしているとおり、わたしは一人になる必要があります。」

ベルトレはナポレオンの没落によっても、キャリアのうえでは痛手を受けずに生き延びた。彼は友人のモンジュのために弔辞を読むことになる。そのモンジュの晩年はそれほど楽なものではなかった。

ナポレオンはモンジュをペルーズ伯に叙した。この称号はアレクサンドロス大王がペルシア人を降伏せしめたシナイ砂漠の古代遺跡、ペルシウムにちなんでいる。モンジュは伯爵の称号とともに素晴らしい城も与えられた。しばらくのあいだ、モンジュと妻と娘たちは、以前は世襲の貴族にのみ許されていた上流の暮らしを楽しんだ。この熱烈な革命家は、行商人の息子だったときには貴族につらなる虚飾のすべてを軽蔑していたが、年を重ね分別がついた今では、それらの名誉を当然のものとしてありがたく受け取った。

ナポレオンの運命と平行線を描けるほどだったこの幾何学者の運命は、一八一三年の冬、急角度で向きを変え真っ逆さまに下り落ちた。フランス軍の悲惨なロシア撤退について語るナポレオンの「大陸軍公報」二九号〔一八一二年十二月十六日軍報〕を読んだとき、六十六歳になっていたモンジュは卒中の発作を起こした。かぎ薬とブランデーで回復したとき、彼はこう言った。「少し前までは知らなかったが、いまでは自分がどういうふうに死ぬかわかっている。」

自分が脳卒中で死ぬことになるという彼の予測は正しかった。だがその夏の日の午後、彼が見たのはこれからの自分の運命のぼんやりしたアウトラインにすぎず、詳細は見えていなかった。その一方、皇帝の壮大な計画は、その権力が衰えるにつれて、いや増していった。ナポレオンは、全ヨーロッパを平定したら開始する新たなプロジェクトとして、南北両アメリカ全土を科学的に評価することを考えていた。「わたしが科学の現状についていくためには、協力者の助けが必要だ」とナポレオンはモンジュに言った。「そしてわれわれはカナダからホーン岬まで大陸全土を縦断する。まだ科学の世界が評決を下していない地球物理の異常な現象をすべて研究するのだ。」

「陛下、あなたの協力者はここにおります」とモンジュが答えた。「わたしがお供します！」

ナポレオンは承知しなかった。「きみは歳を取りすぎている、モンジュ。わたしにはもっと若い人が必要だ。」あいかわらず活動的なモンジュは、その若い適任者を捜す仕事にとりかかった。そうこうしているうち、イギリス軍は皇帝を南大西洋の流刑地に送ってしまった。

復古王制は、ペルーズ伯から称号も領地もまるごと剥ぎ取った。一八一六年、新政府は国の科学者たちに命令し、この偉大な幾何学者を科学アカデミーから追放するよう命じた。晩年のモンジュは、子供のころと同じ貧窮の暮らしに戻った。彼はスラムからスラムへと移り、王室からそれほど虐められなかった科学者仲間からの好意で糊口をしのいだ。

一八一八年、彼がついに脳卒中で死んだとき、その死に対して公的な敬意が払われることはなかった。だがベルトレは、いかにも彼らしく感情に流されない物静かな口調で、死者に追悼の言葉を述べた。モンジュへの最後の罰として、国王はエコール・ポリテクニークの学生たちが葬儀に出席するのを禁じた。だが葬儀の次の日、学生たちは全員でペール・ラシェーズの墓地まで行進し、自分たちの学校を創設した中心人物の墓前に花輪を置いた。

ベルトレ、ジョフロワ・サンティレール、そしてエジプト学士院の何人かの英雄たちと同じように、モンジュもまた、パリの通りにその名を永遠に留めている。モンジュ通りは長く広いアベニューで、七区と五区を結び、自然史博物館とソルボンヌのある知的な地区と、セーヌ左岸のファッショナブルな商業地区をつないでいる。

サヴァンのうちの何人かは健康を害してフランスに戻り、早い死を迎えた。ニコラ・コンテは頑健な身体のままフランスに戻ったが、愛していた協力者の弟が一八〇二年に死に、妻も数年後に死ぬに及んで、打ちのめされてしまった。一八〇五年、彼はパリで動脈瘤で死んだ。五十歳だった。彼の伝記を書いたジョマールは、この発明家の早い死の原因を、エジプトでの困難な歳月と、肉親を失った悲しみに帰している。コンテは頭の中にアイデアを貯めこむ主義で、めったに書き留めることはなかった。したがって、彼がもっと生きていたら何を作り出していたか、われわれにはほとんどわからない。彼は一冊のノートを残しただけだったが、それも失われて残っていない。コンテの発明品のいくつかは、彼の創設になる国立工芸院に保管されている。

フーリエのキャリアは、ナポレオンのそれにともなって浮かび、また沈んだ。グルノーブルの長官に任命されたフーリエは湿地を干拓し、その地方からマラリアを駆逐した。長官フーリエはまた、ジャン゠フランソワ・シャンポリオンという若者を指導した。この若者こそは、のちにエジプトのヒエログリフを解読することになる。

王が復位すると、たちまちフーリエは解雇された。彼はパリに戻り、数年のあいだ財産を売って食いつないだ。アカデミーの会員たちは、一八一六年にこの皇帝の友人を援助してはならぬという命令を受けたものの、国王に反抗して、フーリエを彼らの終身理事とした。フーリエ理事はアカデミーの若いメンバーに向かってはエジプトの思い出話をくりかえし、しまいにメンバーの何人かが、彼のことを「たまらないほど退屈」だと言うほどだった。

一八三〇年五月十六日、フーリエは死んだ。アパルトマンの階段から転落したのである。死後二〇年たって、故郷のオーセールはこの優秀な仕立屋の孤児のために銅像を建てたが、第二次世界大戦中にナチの手で溶かされてしまった。

貴族だった医者のデジュネットは、必ずしもナポレオンに心酔していたわけではなかったが、フーリエと同じく彼の運命もまた、小柄な将軍のそれと結びついていた。エジプトに戻った彼に、ナポレオンは准男爵の爵位を与えた。すでにひとつ貴族の称号を捨てていたデジュネットにとって、それはほとんど無用の代物だった。だが彼は最後まで忠実にナポレオンの軍隊に仕え、オーストリアからロシアまでの戦役に従った。

「エジプシアン」のなかで一人デジュネットだけは、エジプトの記念品や遺物で身のまわりを固めず、エジプトの思い出話をくりかえして相手をうんざりさせることもなかった。彼がエジプトでの年月から持ち帰ったものは、むしろ彼の魂に焼きつけられていたのである。それが一度だけ表面に出たことがあった。その引き金を引いたのは、ナポレオンによるヨーロッパでの最後の戦役のあいだに起きた苦難に満ちた出来事だった。

一八一二年、現在はドイツ東部に含まれるトルガウに、彼は軍の守備隊とともに駐留していた。気候は寒冷で、湿って、雪が降っていた。兵士たちは、撤退中の軍隊が必ず見舞われる慢性的なトラブルに苦しんでいた。餓え、凍傷、シラミ……。だがそれ以外に、なにかが進行していた。死に至るなんらかの伝染病だ。薬品もなく、あるいは診断すらなしに、死にゆく者の数は日ごとに増えていった。軍医たちは過労に倒れ、命を落とした者も多かった。

デジュネット自身も疲れきっており、熱があった。彼がその悪臭と飢餓のなかで感じ取ったのは、自分にとってあまりにも馴染みのある恐ろしいものだった。彼は民間人の医者を全員召集し、患者のなかでよこねもしくはなんらかのペストの症状が見つかったらただちに報告するよう、切迫した口調で要求した。医者たちは顔を見合わせたが、とりあえずは症状に気をつけてみると約束した。じつは兵士たちを死なせている病気はおそらくただのインフルエンザであって、腺ペストであるはずはなかった。それはこの主任軍医だけに取り憑いた亡霊だった。

十二月にはコサックがトルガウを侵略し、デジュネットを牢獄にぶちこんだ。彼は、直接皇帝《ツァー》アレクサンドルに手紙を書き、自分が数々の機会に病気のロシア人を助けてきた医者であると訴えた。その手紙はみごとに効果を発揮した。コサックの分遣隊が彼を護衛し、フランスの占領地域まで送り届けたのである。その後、デジュネットはナポレオンがワーテルローで敗北するのをその目で見、さらにまた退位させられた皇帝が、最後の流刑地セント・ヘレナに向かうのを見守った。

ナポレオンはつねにデジュネットを、クールで少々自尊心が強すぎる人物だと考えていたが、ブルボン王家の人々はこの皇帝の医者に対して、さらに不信の目をもっていた。権力を取り戻すと、彼らはデジュネットを軍から追い出した。残りの生涯を、彼は医学を教えて過ごした。最後まで彼は矜恃を失わず、医者の目から見たエジプト戦役に関する回想録『東方軍医療史』を出版した。晩年の彼は、その機知と優秀な治療技術で知られていた。

学者たちがフランスに戻ったとき、ヴィヴァン・ドノンの図版入りの薄い二巻本、『ボナパルト将軍麾下の上下エジプト紀行』はすでに印刷中で、全ヨーロッパで大ヒットになろうとしていた。ドノンは彼の本を、一般読者を対象として書いた。ドノン自身が最初に認めているように、それは学者たちが計画し、あるいは集団として作りうるものよりも、もっと小型で、手に入りやすかった。これはまず四〇部印刷され、イタリア語、ドイツ語、英語に翻訳された。ドノンの本の成功に刺激されて、他の何人かのサヴァンもまた自分の本を出版したが、彼ほどの成功を収めた者はいなかった。

けれども、ドノンはつねに科学委員会の人々とそのすぐれた分析能力に敬意を表していた。彼らが無事に帰国したとき、ドノンは学者たちの解釈のほうが正確だからという理由で、自分の本から推測の多くを削除した。「わたしは日記から、自分が大胆にも研究資料として書いていたものをすべて取り除いた。ふたたびわたしはもとの偵察兵の制服を身に着けた……わたしの足跡を拾う人々の道案内をするために、そしてまた、たとえわたしの誤りを通じてであろうとも、その重要な本の編者たちの役に立つために。」こうした老外交官の謙虚さに、必ずしも学者たち全員が快く応えたわけではなかった。一八〇二年はじめ、ドヴィリエはジョロワに宛てた手紙のなかで、不機嫌そうにドノンの労作をけなしている。「ドノンの黄道図はわれわれがデンデラで見せてもらったのと同じで、きわめて小さく思えるし、わたしから見ると非常に不正確だ。」エコール・ポリテクニーク時代のドヴィリエの恩師の一人が彼のプライドを煽っていた。その教授は若者たちに、彼らの仕事のほうが「ドノンのものよりはるかに多くを物語」っており、べつに彼らの描いた絵のコレクションを出せばさぞ「素晴らしい」だろう、と言っていたのである。

ナポレオンはドノンをルーヴル美術館の初代館長に任命した。ドノンは事実上、皇帝の私的美術コンサルタントとなり、ヨーロッパじゅうから戦利品としてさらってきた芸術作品を新しい国立美術館に分類展示する仕事についた。皇帝自身は芸術はまったくわからず、見ても当惑するだけだった。サロンで偉大な傑作を見せられても、彼は無表情にこう尋ねるのが常だった。「だれのものか?」彼はエジプトの偉大なピラミッドを、これまで見たなかでもっとも印象的な美術品だと言っていた。

するどい鑑識眼の持ち主だったドノンは、ナポレオンの代わりを務めることができた。言われるまでもなく彼は、皇帝が求める視覚的プロパガンダについて理解していた。六十歳をとうに超えていながら、いまだに戦場でも恐れを知らず、進んでヨーロッパで最新の戦線に出向きスケッチした。それゆえアウステルリッツ〔一八〇五年十二月、ここでナポレオンがオーストリア・ロシア連合軍を敗った〕でも、彼は現実の戦闘シーンを間近に見て、戦場でヒーローたちがどんな目の色をしていたかまで正確に描くことができた。彼には、どのシーンをどの画家に割り当てたらよいかわかっていた——イタリアから奪ってきた絵画のうちのどれを国立美術館に展示し、どれを倉庫に保管するべきか知っていたのと同じように。

パリにいるときの彼は、香水の匂いに包まれた優雅で安逸な生活を送り、機知のある友人たちと感覚的な快楽に囲まれて暮らした。廷臣であり、外交官であり、かつまた画家、作家、そして愛人として、彼は心と体で人生を楽しんだ。エジプトからの帰還後、ドノンは例のすこぶる人気のある紀行本を出版しただけでなく、創作にも手を染め、これまた成功した。猥褻な表現を使わずにリアルな恋愛小説が書けるかという賭けに応じて、二四時間のうちにみごとな短編を書き上げたのである。できあがった小説「明日はない（*Point de lendemain*）」〔ルイ・マル監督、ジャンヌ・モロー主演の映画〈恋人たち〉の原作〕は激賞された。小説家のオノレ・ド・バルザックは、それを既婚男性のための初歩読本であり、「前世紀の風俗のすぐれた描写」だと評した。*

一八一五年、王家の人々はドノンにルーヴル館長の職をやめるよう要求した。彼は本と気まぐれに描いた自画像を持ち去り、自分のコレクションからミイラの足とパピルスを美術館に残した。骨の髄までディレッタントだった彼はまもなく、自分の心と才能を傾けるべき対象を見つけた。その後の一三年間、現代と古代の美術についての野心的な本の執筆に取り組みつづけ、そのなかで彼は、人類のさまざまな文化を結びつける一筋の本質的な糸を突き止めようとした。古代エジプトの人々を、ギリシャ・ローマの人々に、ビザンチン、ヴェネツィア、ブリュージュの画家たちに、ミケランジェロ、そしてティツィアーノに、そして最後に十九世紀フランスの画家たちにまで結びつける糸を。

一八二七年、ドノンは死んだ。仕事は未完成のままだった。

ドノンの死から三年後の一八三〇年、ジョフロワ・サンティレールとキュヴィエは、フランス科学アカデミーの高名なメンバーの前で、有名な論争を行った。すでに白髪まじりの老博物学者になっていた二人は、数週間にわたって毎日、公開の場で論争した。そもそもは、生命現象を決定するのは形態なのか機能なのかという問題をめぐって始められたきわめて専門的な論争は、容赦のない罵り合いへと発展していった。二人の罵倒ぶりはきわめて激烈でショッキングであったため、アカデミーの理事たちは今後はその問題の論議を打ち切ることに決め、ようやくその論争に終止符を打った。

ジョフロワ・サンティレールは、かつてはキュヴィエからの評価をひたすら生き甲斐にしており、エジプトにいるときも彼からの返事を切望していた。だが例の大論争のころには、すでに彼はキュヴィエの馬鹿にした態度を気にかけなくなっていた。いまの彼には自分だけの支持者がおり、自分だけの名声があった。彼は科学者というだけではなく、哲学者でもあった。一般のフランス国民には、ヨーロッパが見るはじめてのキリンをマルセイユからパリまで連れてきた人物として知られていた。このキリンは一八二六年に、新しくエジプトの指導者になったムハンマド・アリから贈られた。彼は偉大な画家や作家たちからも、自分たちを守護する哲学者として認められ、尊敬されていた。

　頭の中を生命の統一性についての理論で一杯にしてフランスに戻ったものの、同僚たちには認められそうもないことに気づいた彼は、最初のうちは沈黙を守った。そのかわり彼は、もっと受け入れられやすい動物の構造についての理論を作り上げ、すべての脊椎動物――魚、爬虫類、鳥、哺乳類――が、構造の基本設計《プラン》を共有することを実証しようとした。その基本プランの存在は、さまざまな生物のもつ相似した部分によって証明できるとされた。彼がその考えを最初に発表したのは一八〇六年である。このとき彼は、『エジプト誌』のためにエジプトのフグ科の魚について説明し、その魚にはまだ名前のついていない大きな骨があり、人間の肩甲骨と相同するとしている。この推論は、最終的に彼の言うところの「構成の一致」理論へと成長し、これによって彼は威信あるフランス学士院に入会を許され（のちに王立科学アカデミーと改名）、もうひとつ教授職を手に入れた。

　そのあとすぐに彼はその理論を推し進め、すべての生命体の基礎としての単一の原型生物についてのより思弁的な理論を提唱する。一八一七年にジョフロワは、「解剖哲学―個々の骨の決定と同一性という観点から見た呼吸器官について」という重々しいタイトルのもとに、その理論を発表した。まず冒頭で、自分に論争する権利があることについて長々と弁明したあと、この考えの画期的な重要性を論じた。この過激で証明不能な推論が、キュヴィエとの最後の対立を引き起こしたのである。

ジョフロワ・サンティレールとキュヴィエの激しい公開論争の根元には、少しばかり個人的なものがあったが(「親愛なる友」は、エジプトにいた若い「子分」に一度として援助の手をさしのべなかった)、同時にそれは科学に対する姿勢に関わる論争でもあった。推測に対しての確実性、啓蒙主義に対してのロマン主義がそれである。キュヴィエは懐疑的で形式に厳格であり、事実に忠実だった。一方のジョフロワ・サンティレールは気まぐれで、経験主義的だった。簡単に言えば、彼らの衝突はまた、世界に対する二つの見方の例を見ない衝突でもあった。

すべてを包括する生命理論への探求によって、ジョフロワ・サンティレールは十八世紀の衒学的で分類重視のスタイルを拒み、より超越的な世界観を求めていたヨーロッパの作家や思想家のあいだで人気を博した。文学の分野での多くのファンのなかにゲーテがいた。詩人であるだけでなく博物学者でもあったゲーテは、キュヴィエとジョフロワの公開論争のことを聞いて大喜びした。彼は興奮して友人にこう言っている。「火山は爆発した。すべてが炎に包まれている。もはや閉ざされたドアのかげでの裏取引はない。」

ジョフロワ・サンティレールは、その生命の統一性理論によって、ナポレオンの野望を達成したと考えた。ナポレオンがエジプトを逃げ出す前、カイロの庭園でモンジュに打ち明けたあの野望——物質の最小の粒子の活動さえも支配する普遍法則を発見すること——である。彼は、生命の統一性について述べた自著をナポレオンに献呈している。

一八三六年に小説家のジョルジュ・サンドがジョフロワをジャルダン・デ・プラントに訪ねたこ

ろには、彼は完全に常軌を逸していた。「老ジョフロワ・サンティレールについて言うと、彼はいささか奇妙な人物である。オランウータンのように醜く、カササギのようにおしゃべりで、そしてそれにもかかわらず天才のひらめきに満ちあふれている。」こうサンドは描いている。他のロマン主義文学者と同じく、彼女もまたその老動物学者のたいへんな崇拝者だった。「創造についての（彼の）新しい認識のなかに、わたしはもっとも信頼に値するもの、人間の精神にとって……また秩序と調和への人間の飽くなき渇望にとって、もっとも満足すべきものを見いだす――それはとぎれのない普遍的な連鎖であり、無数のリンクによるバランスと調和のとれた結合である……（その連鎖は）石を惑星に、昆虫を鳥に、獣を人間に、人間を万物に、そして万物を神に結びつける。」

バルザックも賛美者の一人だった。彼はジョフロワの述べる種の統一性理論をもとに、「人間喜劇」において「社会種」を作り出した。序文のなかで彼は、ジョフロワ・サンティレールに謝辞を述べ、その「構成の一致」理論は「科学的革新」であるばかりか、時代のもっとも偉大な神秘主義作家たちと「博物学の最高の天才たち」が考えてきたテーマだったと述べた。

サヴィニーと同じく、ジョフロワ・サンティレールも盲目となったが、彼の場合は晩年だった。一八四四年六月に死んだとき、彼は汎神論者、神秘主義者、人文科学者として悼まれた。多数の文人が葬式に列席した。二〇年後、ダーウィンは、進化論のさきがけとなった思想家の一人として彼の名を挙げた。

サヴァンたちのなかでもっとも長く生きたのは、むろん学生たちだった。彼らにとってもまた、フランスに戻ったあとに起こったことは、愛にしろ、仕事にしろ、あるいは死にしろ、あの三年間のエジプトでの生活に比べられるものは何もなかった。彼らは橋を造り、道路を造り、結婚し、そして老い、人生を終えていった――二度と見ることのない遠い土地への鮮やかに燃える記憶のなかで。

人生のもっとも激烈な時期を戦場で過ごした兵士たちのように、この若者たちもまた中年になり、それから老年になったあとも、いまの生活に完全にくつろぐことはなかった。彼らが最も活気づくのはつねに過去のことを話すときだった。

あのころに比べて、母国での生活はあまりにも単調だった。

プロスペール・ジョロワは、パンテオンの有名な建築家の血筋にあたるアメリー・スフロという名の女性と結婚した。二人のあいだに子供はいなかった。ジョロワは、生涯歴史に対する情熱をもちつづけ、フランスの過去の歴史を研究した。そのなかにはジャンヌ・ダルクについて、イギリス側から見たオレルアン包囲の歴史について、そしてパリに残るローマとローマ帝国支配下のガリアの遺物についての研究が含まれる。彼は一八四二年六月二十四日に死んだ。死ぬ前に彼は、旧友のエドゥアールとたがいに隣りあって埋葬される約束をしていた

生涯独身だったエドゥアール・ドヴィリエもまた、晩年の数年間、天文学への情熱をもった。年老いた独身者は、古代エジプト天文学の秘密を解こうという情熱に駆られつづけた。ただしエジプ

ト学の文献には、それ以上の貢献を残すことはなかった。彼は一八五五年に死んだ。

一八五五年、春浅い四月の朝、エジプトのサヴァン最後の生き残りであるジョマールが、ドヴィリエとジョロワの二人に向かって弔辞を読んだ。二人はパリの隣りあった墓に葬られていた。弔辞は激しくもまた情感に満ちたものだった。「ある日、二人の若者が出会った――エジプトへの忘れがたい遠征のあいだに。彼らはたがいへの尊敬に基づく強い愛情で結びついた。彼らは離れ難い存在となった。彼らの名前はただひとつの名前となった。彼らを分かつことができたのは死だけだった。アデュー、エドゥアール・ドヴィリエ、アデュー、ジョロワ。われわれの旅仲間であるきみたち二人は、われわれがともに会う約束の地に向けて、数日だけ先に旅だった。きみたちは母国に尽くした。きみたちの人生は豊かだった。きみたちはけっして消え去ることのない名前をあとに残した。きみたちのどちらも、この地上を離れるとき、自分にこう言葉をかけることができただろう――"Non omnis moriar, multaque pars mei vitabit libitnam." と。」

このラテン語の文章は、ホラティウスによる詩の最後の部分である。当時の学識ある聞き手であればすぐにわかったはずの文章だ。全文は次のように訳される。

青銅よりも永久でピラミッドよりも崇高な記念碑を
わたしは完成した
荒廃させる雨も荒れ狂う北風もそれを破壊せず、歳月もそれを蝕むことはない

わたしは完全に死ぬのではない、わたしという存在の大部分は死を逃れる
営々とわたしは生きつづける、そしてわたしの名声は育っていく——
時間の栄光とともに、たえず新鮮に。

＊　ドノンはこの小説を一七七七年に名を秘して世に出したが、一八一二年に改訂したうえで、今度は実名で出版した。ドノンと親交のあったヴォルテールは一七七七年の版について「今世紀の風俗のすぐれた描写」と述べており、ここにあるバルザックの評はヴォルテールの言葉をなぞったもの。因みに、バルザックはその著『結婚の生理学』に、ドノンのこの小説をほぼまるごと引用している。

Epilogue

エジプトマニーからエジプトロジーへ

片手にミイラ、片手にワニを持たずにエジプトからヨーロッパに戻るようなことは、まずあり得ない。

一八八三年、エジプトの支配者ムハンマド・アリに宛てたジェルマブ神父の書簡

エジプトから帰ったとき、フランスの学者と画家たちは、自分たちが持ち帰った大量の知識が、遠い土地の動物、植物、鉱物、医学について同僚たちを啓発し、古代およびその時代のエジプト文化についてのヨーロッパ人の総合的な理解を大きく向上させるはずだと確信していた。だれ一人、自分たちの仕事が主としてヨーロッパの流行、美術、建築に影響を与えることになるとは予想していなかったことだろう。まして彼らは、その副次的な結果として、一世紀に及ぶ大規模な文化的略奪を引き起こすとは知りもしなかったことだろう。侵略から生まれた偉大な本を通じて、サヴァンたちが作り出すのに一役買ったのは、ヨーロッパにおけるエジプトの文物へのあくなき需要であった。

エジプト戦役より前、革命期の工芸においても、フランスではすでにエジプトの図像の主題が使われ、「エジプトマニー」（エジプト熱）と言われる現象のさきがけとなっていた。侵略したあと

は、それがいっそう顕著になった。当然ながら、戦役の英雄たちのためにはエジプトのモチーフで飾った勲章が作られた。公共の広場には、ナツメヤシの柱頭飾りのついた巨大な列柱が建てられた（シャトレ広場の勝利の噴水もそのひとつである）。ナポレオン自身、自分の紋章のデザインに伝統的なユリの花ではなく、ミツバチを選んだ。古代ギリシャ・ローマの著述家によれば、ミツバチは「支配者」を象徴する紋章だった。ナポレオンのもとでデザインされたパリのペール・ラシェーズの墓地には、ピラミッドをはじめさまざまなエジプトのテーマがあふれている。サヴァンの何人かもそこに埋葬されている。

一八〇四年、ドノンはフランスの大陶磁器窯のセーヴルに、精巧なディナーセットを作らせた。エジプト・シリーズとして知られるようになったこのセットは、ピラミッドとロータスの装飾がほどこされ、スフィンクスとオベリスクを模した砂糖壺とクリーム入れまで揃っている。『エジプト誌』の画像を模し、改良し、縮小した絵柄が、幻想的な黒と黄金の皿とティーカップ、そして下皿に描かれていた。もともとはジョゼフィーヌのために作られたこれらの磁器は、ナポレオンの失脚によって、海峡を越えた戦利品のひとつとしてウェリントン公爵の所有になった。

ナポレオンの最後の敗北さえ、エジプトの夢と結びついていた。フランス人たちはワーテルローの闘いを記念して、勝利のあかつきには、煉瓦を白い石で覆った記念のピラミッドを作る予定にしていたのだった。

ヨーロッパの他の国々でも、職人や画家たちがその潮流に従った。エジプト戦役が終わる前でさえ、イギリスの俳優たちは豪奢なエジプト風の舞台と衣装を使って、エジプト風オペラ・フェスティバルを催していた。* イタリアの宝石商はスカラベのブローチを作った。いろいろな国の家具職人が、エジプトの形（オベリスク）、モチーフ（翼のついた星、ロータス、スフィンクス、ワニ、イシスとハトルの頭部）を飾った机や椅子やテーブルを作った。エジプト的要素をもつ物のうちでもっとも長く使われているのは、メトロノームかもしれない。メトロノームはこの時期に発明され、先端の欠けたオベリスクの内側に器械が置かれている。翼のある地球儀、ピラミッド、ナツメヤシやロータスの柱頭をもつ列柱（デザインの世界でエジプト趣味と呼ばれている）は、まもなくどこにでも見られるようになった。図書館にも、店の正面上部にも、そしてマントルピースにも。

イギリスでは、エジプトでの軍務から帰還した兵士たちが引き起こしたどぎついエジプトマニーについて、詩人のロバート・サウジーが文句を言っている。「女性たちはワニの装身具を身につける、そして人々はミイラがうろついている部屋のなかでスフィンクスの上に腰をおろす、細長い黒い腕に長い鼻をしたヒエログリフの人物たちのせいで、子供たちはベッドに行くのが怖くなってしまう。店の看板まで、その流行にならってエジプトの文字で描かれなくてはならない。エジプト人には文字などないのだから、これはひどく奇妙な話である。」

十九世紀初頭から中ごろまで、デザインの要素としてもっとも強いもののひとつが、エジプトのイメージに根ざしていたと言っても過言ではないだろう。歴史家のドナルド・リードが指摘したように、十九世紀半ばには、どの万国博覧会もエジプトの部屋なくしては完全と言えなかった。ファラオの時代のエチオピア奴隷の苦難をテーマとしたヴェルディの歌劇《アイーダ》は、教養人のあいだでその潮流が過剰に現れたひとつの例だった。

その流行はまた、収集家のあいだで本物を持ちたいという欲望に火をつけた。そうした渇望を満足させるために、盗掘、墓荒らしという商売が繁盛し、大小を問わず何千という遺物が、エジプトからヨーロッパの家々、邸宅、さらには博物館へと出ていった。そうした略奪によって、サヴァンたちの石棺、ロゼッタ・ストーン、巨大な拳といった収集品は、たちまちのうちに色褪せていった。

さまざまな書き手が「ナイルの略奪」として採り上げるこうした事態の少なくとも一部は、サヴァンの報告と人々の好奇心をかきたてる彼らの本の美しい画像に誘発されたと見てまず間違いないだろう。もっともそれは、ヨーロッパの植民地拡大の副産物という形で、いつかは起こったはずだった。サヴァンたち自身は、多くの戦利品を持ち帰らなかった。むろん持ち帰ろうと努力しなかったわけではない。今は大英博物館にあるラムセス二世の七トンのトルソーは、胸部に穴が穿たれているが、これはフランスの学者たちが動かそうと努力したすえあきらめた形跡である。

古代エジプト遺物の大がかりな略奪は、サヴァンが去ってから数年後に本格的に始まった。フランス、イギリス、トルコが去ったあと国を支配した独裁者ムハンマド・アリがそれを指揮した。ムハンマド・アリはマケドニア出身の孤児で、フランス軍と闘うために派遣されたオスマン軍に加わってエジプトに入った。彼はマムルークと村人たちからなる勢力基盤を作り上げ、一八〇五年から一八四九年までエジプトに圧政を敷いた。名目上エジプトはオスマン帝国の内部にとどまっていたものの、ここではじめてトルコとは行動をべつにする事実上の独立国となった。この新生の独立は一八八二年、イギリスがエジプトに侵入し、占領の時代を開いたときに終わりを告げた。だがナポレオンによってこの国に植え付けられ、当時も支配的だったフランスの文化的影響は、イギリスの占領をもってしても消し去ることはできなかった。

ムハンマド・アリは国の行政を集権化し、医者、将兵、技術者、教育者をヨーロッパ諸国（フランスが多かった）に送って、訓練を受けさせた。さらに綿花の栽培を奨励し、灌漑用水路を延ばし、新しい農業基盤を作り上げた。彼はエジプトの勢力拡大に努め、スーダン、シリア、そしてアラビアにまで支配を拡げたが、ヨーロッパ諸国からの横槍でシリアとアラビアを手放さざるを得なかった。

十九世紀前半を通じて、新しいパシャと世襲の後継者たちは、ヨーロッパのテクノロジーと資本をエジプトにもたらそうと努力した。彼らは貿易ルートを開き、ヨーロッパが原材料を入手できるようにし、原綿を輸出した。それだけではない。彼らはまた親切にも、ヨーロッパ人が何トンもの古代の人工遺物を母国に持ち帰るのを見逃してやった。産業革命が進むにつれて、それらの輸送はますます容易になった。

ナポレオン侵略のあと最初に赴任したフランスとイギリスの駐エジプト領事たち、ベルナルディノ・ドロヴェッティとヘンリー・ソルトの二人は、ヨーロッパの国家間競争の枠組のなかで発展した新しい古代遺物貿易に熱心だった。一八二〇年ごろになると、ナイル渓谷はギザからフィラエまでの主要な遺跡で発掘に従事する穴掘人たちで一杯だった。遺物を発見し、取得権を主張し、ヨーロッパの首都に持ち帰るレースが進行していた。

「最大の略奪者」のタイトルは、当初はイタリアの重量挙げ選手で俳優のジョヴァンニ・バッティスタ・ベルツォーニという名前の人物に与えられた。ベルツォーニは六フィート六インチもあるイタリアの大男で、最初は人間の逆ピラミッド芸の支え役としてロンドンの舞台に立ち、一度に二〇人を支えて見物人を沸かせた。ヨーロッパでの巡業中、ベルツォーニはムハンマド・アリのエージェントと親しくなった。どのようにしてそのエジプト人を信用させたのかはわからないが、結局彼はナイル川沿岸の農業を増進させる目的できわめて効率的な揚水機を作ることができると説得するのに成功した。まもなくベルツォーニは、エジプトの古代遺物ビジネスに深く関わるようになっていた。最初の仕事は、持ち前の獣のような怪力と、それなりの機械仕事の技術を使って、巨大な頭部をテーベの砂から掘り出して川上に運び、海を越えてヨーロッパへ、そして最後の休息地である大英博物館のエジプト室へと持ちこむことだった。これを始まりとして、ナイル川全域に広がる遺跡からの遺物の砂を払って運び出すという、ベルツォーニの長期にわたる金儲け商売が始まった。

ソルト、ベルツォーニ、そしてドロヴェッティは、テーベなどの遺跡から動かせる遺物ならどんなものでも引き剥がしてヨーロッパに送ろうと、三者のあいだで競いあっていたが、そのすべてをパシャとそのエージェントたちは賄賂とひきかえに見逃していた。三人が生きているあいだにも

（ドロヴェッティは精神病院で死んだ。ベルツォーニは西アフリカで赤痢で倒れ、ソルトは腸の感染症で命を落とした）、商人、収集者、観光客、そしてアマチュアを含めて、彼らの模倣者が何千人も生まれていた。こうした人々の手によって十九世紀半ばに始まった「巨大規模の略奪」は、以来一〇〇年以上ものあいだつづくことになる。「いまやヨーロッパの博物館はエジプトの古代遺物を入手するのにきわめて熱心であり、一部屋全部、あるいはフリーズ〔列柱で支えられる水平帯の中心をなす帯状装飾〕や墓などをまるごと船に積みこむほどの勢いだった」と、『ナイルの略奪』の著者、ブライアン・フェイガンは書いている。

こうした奮闘の結果、ニューヨーク、ロンドン、あるいはパリの一般の市民たちにとって、デンデラの黄道図（一八二一年にダイナマイトを使って神殿から取り外され、ルーヴルへ送られた）やクレオパトラの針（フランス国民からニューヨーク市に贈られ、現在はセントラルパークに立っている）、コンコルド広場にあるルクソール神殿のオベリスク、さらには大英博物館やニューヨークのメトロポリタン美術館、ルーヴル美術館などの夥しい部屋のミイラや宝物はごく見なれたものとなったのだった。

これらの略奪行為は古代エジプトの遺跡を冒瀆しつづけたが、一種の学術的発掘も始まりつつあった。エジプト人自身は、まだ歴史的保存に関心がなかった。村人たちは外国人による略奪を手伝い、エジプト政府は遺跡を完全に非歴史的な自然資源と見なした。エスナの遺跡では、巨大な神殿の列柱は、ほとんどロータス文様のコーニス〔フリーズの上部〕のところまで砂に埋まっていた。ムハン

とを問わず、帝国主義者とヨーロッパの列強、そして彼らの「東方プロジェクト」の手先と見ている。批判の対象となっているのはもちろん、一八六七年のパリ万博のカタログに鮮やかに描かれたような考え方である。カタログでは、砂、ゴミ、そして時間から古代の文化を「救い出した」ヨーロッパ人たちを称賛していた。

フランスの学者たちに対しては、いくらかプラスの評価が与えられて然るべきである。彼らが去ったあと、エジプトは手押し車と印刷機を持った。外国語と専門教育が重視されるようになり、ヨーロッパ志向の新しいパシャはこの専門教育を強く奨励した。フランス人はまた、フランス語への根強い愛をエジプトに残した。一九八〇年代をだいぶ過ぎても、エジプトのエリートのなかには、フランス語に堪能であることを教養人の条件と考える人々がいた。ごく最近までカイロの町の標識は、アラビア語とフランス語で書かれていた。

さまざまな政治的、地理学的見方をもつ学者たちが長年にわたって議論してきた問題がある――現代の世界をこれほどまでに悩ませているイスラムと西欧世界のあいだの不信を増すうえで、あるいは改善するうえで、サヴァンたちはなんらかの役割を果たしたのだろうか？　はたしてサヴァンたちは、エジプトが中世から抜け出すのを助けたのだろうか（それとも、まったくなんの効果もなかったか）？　彼らの本は二つの文化をつなぐ橋だったか、それともたんに、西側による東方領土の文化的支配を記念するスタンプだったのだろうか？

『エジプト誌』の巨大な麻のページは、学者たちが十九世紀はじめの知識と文化的感性の限界のなかで、エジプトを正当に評価すべく最善を尽くしたことを証明している。三年に及ぶ飢えと、困難と、不安と、病気の歳月ののちに、フランスに戻ってきた彼らは、それまで自分たちが取り残されていたエジプトの地への強い尊敬と、ときには真の愛情を抱いていた。彼らの偉大な本は、巨大な人工遺物をヨーロッパに運ぶことを容易にした産業革命と時期を同じくしていたために、その後につづいた文化的略奪の元凶として不当に非難されてきた。ナポレオンの科学者たちは、視力や健康を、そして何人かは思考プロセスさえ永久に害われた状態でヨーロッパに戻ってきた。それでもなお、彼らは自分たちが一時流亡の日々を送ったこの土地を心から讃えた。それゆえにこそ、のちの時代の人々はみずからそれを模し、手で触れ、目にしたいと衝き動かされてきたのである。

＊　原文は"Egyptian operatic festival"だが、一八〇〇年にドルリー・レーン劇場でチャールズ・H・フローリオ作の*Egyptian Festival*というオペラが上演されたという記録もあるので、あるいはこれを指しているのかも知れない。

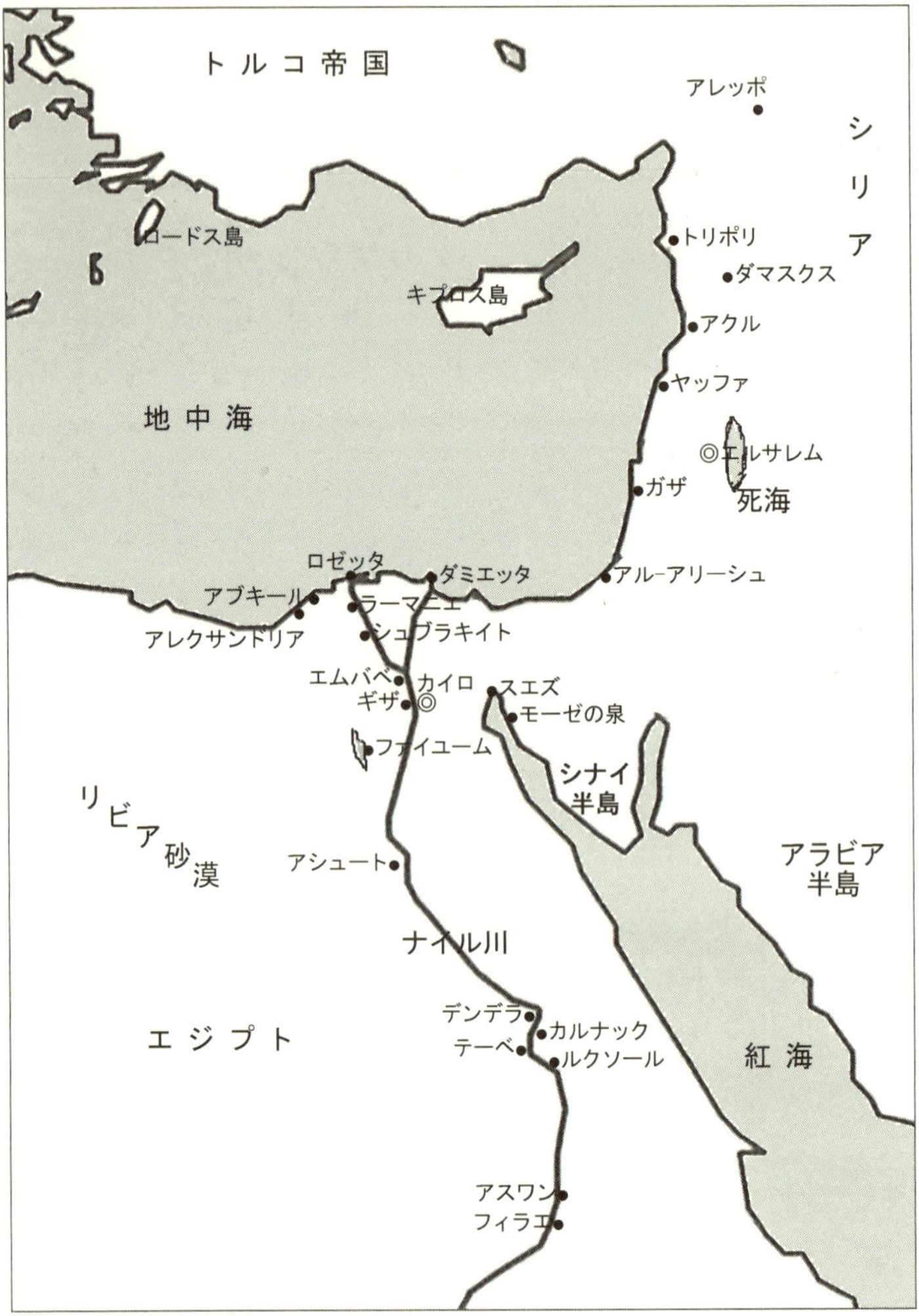

トルコ帝国
アレッポ
シリア
ロードス島
トリポリ
ダマスクス
キプロス島
アクル
ヤッファ
地中海
◎エルサレム
ガザ
死海
ロゼッタ
ダミエッタ
アル-アリーシュ
アブキール
ラーマニエ
アレクサンドリア
シュブラキイト
エムバベ
カイロ
スエズ
ギザ
モーゼの泉
ファイユーム
シナイ
半島
リビア砂漠
アシュート
アラビア
半島
ナイル川
デンデラ
カルナック
エジプト
テーベ
ルクソール
紅海
アスワン
フィラエ

訳者あとがき

本書はニナ・バーリー著 *Mirage: Napoleon's Scientists and the Unveiling of Egypt*（HarperCollins Publishers, 2007）の全訳である。

「ナポレオンのエジプト遠征には、多くの奇妙な、異常とさえ言えるような側面があった……軍隊に同行すべく組織された一五一人からなるパリの画家と科学者の集団もまた、この冒険にからむもうひとつの現実離れした要素だった……パリのもっとも優秀な知性の一団が、自分たちの安全な研究室、スタジオ、教室を後にして、船に乗りこんだ。天文学者、数学者、博物学者、物理学者、医者、化学者、エンジニア、植物学者、そして画家たち――詩人や音楽学者さえいた――は、彼らの机に鍵をかけ、書物を荷造りし、友人や家族に別れを告げ、大部分のメンバーにとっては文字どおり未知の航海へと旅立ったのである。」（本文より）

一七九八年に始まり、一八〇一年にイギリスに降伏して終わったナポレオンのエジプト遠征が惨憺たる軍事的失敗だったことは、よく知られている。本書はこの遠征の軍事的側面を背景に、これに同行した学者たちの活動に焦点を合わせたノンフィクションである。原題の「ミラージュ――蜃気楼」が象徴しているのは、ナポレオンのこの現実離れした東洋征服の夢だけではない。遠征に学者集団を同行させるというのもまた、彼が自らをアレクサンドロス大王に擬して作り上げた途方もないミラージュの一部だった。だが結果的にこの学術調査団の活動が、悲惨なエジプト遠征に唯一の意味をもたせることになる。(ちなみにこの民間人たちはサヴァン(学識者・学者の意)と呼ばれ、本書でもこの呼び方が使われている。)

歴史の教科書では、ナポレオンのエジプト遠征の学術探検がもたらした成果として、ロゼッタ・ストーンの発見やフランス史上最大の出版プロジェクト『エジプト誌』の刊行を挙げ、ここからエジプト熱が起こり、さらにエジプト学が始まったことを述べている(列強による植民地進出のさきがけと解釈しているものもある)。だが、サヴァン自身が現実にエジプトという土地で何を見たのか、何をしたのか、ましてその心情まで探ったのは本書が初めてではないだろうか。

彼らのなかには科学史に名をとどめる人物も多い。フーリエ、モンジュ、ベルトレ、コンテ、ドロミュー、マリュス、サンティレール……。画家のドノンもルーブルのドノン翼にその名を残している。だがほとんどは無名であり、幾人かは二度と故国の土を踏まなかった。彼らは果たしてどういう人たちだったのか。十六歳の学生から功成り名遂げた超一流の学者にいたるまで、革命によって形成され、ナポレオンへの英雄崇拝と未知の国を探る冒険への興奮に駆られたこれらの「エキセントリック」で、悲劇的で、不運だった」男たちは、「知ること」への強迫的なまでの献身と執着に取り憑かれていた。夥しい日記や書簡の引用から、著者は彼らの興奮と苦悩、そして人間性を生き生きと描きだしている。戦争、ペスト、軍隊や現地の人々との軋轢、窮乏（海軍の全滅により退路を断たれ、研究器具や設備が失われた）、一年後にはナポレオンにまで見捨てられながらも、「間に合わせの道具を手に、燃える頭を布で被って」、ひたすら計測し、描き、収集し、分類し、それぞれの専門分野からエジプトという土地を知ろうとしたサヴァンたちの姿は、感動を喚ばずにはおかない。

本書の構成はユニークである。遠征全体をいくつかの時間枠に分け、時系列に沿って流れを追いながら、その時期に関わりの深かったサヴァンの一人もしくは複数の人々の活動に焦点を合わせるという、いわば二重構造をとっている。ジャーナリストである著者の文体は生き生きとしてスピード感にあふれ、従軍記者が刻一刻の戦場レポートを送ってくるような臨場感のなかで、個性あふれるサヴァンたちのプロフィールをいっそう際立たせている。

ただその反面、読み物として統一性をもたせるために、背景となる軍事的状況は、ある程度無視せざるを得なかったようだ。戦役だけに絞っても、アレクサンドリア上陸直後の戦闘、さらにナポレオンがエジプトを離れる直前のアブキールでのトルコとの陸戦の勝利について一切言及されていない。カイロの会戦とその前哨戦であるシュブラキイトの戦いを一緒にするなど、誤解を招く箇所もあるため、気がついた範囲で註を入れ、あるいは加筆補整したことをお断りしておく。

著者のニナ・バーリーはジャーナリスト。母方がイラク出身のアッシリア人であり、中東に関心と造詣が深い。イラク戦争前夜の一九九〇年代には、タイム誌の特派員としてイラク国内の情勢について報告を行っていた。西洋とイスラム世界の交流に注ぐ著者の思いが、本書を書かせた動機のひとつだったたかもしれない。

本書の訳出にあたっては、多岐にわたる分野の専門用語等についてたくさんの方々にご教示いただいた。深くお礼を申し上げたい。最後に本書との出会いを作ってくださり、細部まで貴重な指摘やアドバイスをいただいた白揚社の鷹尾和彦氏に感謝する次第である。

1999. **第3,4,7章**

Sadoun-Goupil, Michelle. *Le Chimiste Claude-Louis Berthollet(1748-1822): Sa Vie, Son Œuvre.* Paris: Librairie Philosophique J. Vrin, 1977.　**第1,5,12章**

Said, Edward W. *Reflections on Exile and Other Essays.* Cambridge, MA: Harvard University Press, 2000.［エドワード・W・サイード『故国喪失についての省察』大橋洋一他訳　みすず書房 , 2006. 2009］ **第4章**

Volney, C.-F. *Travels Through Syria and Egypt, in the Years 1783, 1784 and 1785, Containing the Present Natural and Political State of Those Countries, Their Productions, Arts, Manufactures and Commerce; with Observations on the Manners, Customs, and Governments of the TURKS and ARABS*. London: G.G.J. and J. Robinson, 1787.　**第1,2,7章**

＊

Bonaparte's Proclamations as Recorded by Abd Al-Rahman Al-Jabarti. Cairo: Dar Al-Maaref, n.d.　**第1章**

Description de l'Égypte, ou Recueil des observations et des recherches qui ont été faites en Egypte pendant l'Expédition de l'Armée Française. Deuxieme(Panckoucke) édition. All Volumes. Paris, Imprimerie de C.L.F. Panckoucke, 1821-1829.

Description de l'Égypte, Vol.18　**第4,5章**

Description de l'Égypte, Vol.15　**第7章**

Description de l'Égypte, Vol.11　**第9章**

Paris: Librairie Arithème Fayard, 1998. **第2,3,4,6,7,8,9章**

Las Cases, Emmanuel-Auguste-Dieudonné, comte de. *The Life, Exile, and Conversations of the Emperor Napoleon.* London: H. Colburn, 1835.［ラス・カーズ編『セント・ヘレナ日記抄』小宮正弘訳　潮出版社 , 1999］**第3,4,5,6,12章**

Lyons, Martyn. *France Under the Directory.* New York: Cambridge University Press, 1975. **第2章**

Malus, Étienne. *L'Agenda de Malus: Souvenirs de l'expéditions d'Egypte. 1798-1801.* Publié et annoté par Général Thoumas. Paris: Honoré Champion Librairie, 1892. **第3, 6章**

Moiret, Captain Joseph-Marie. *Memoirs of Napoleon's Egyptian Expedition, 1798-1801.* Trans. and ed. by Rosemary Brindle. London: Greenhill Books, 2001. **第7章**

Nowinski, Judith. *Baron Dominique Vivant Denon(1747-1825): Hedonist and Scholar in a Period of Transition.* Rutherford, NJ: Fairleigh Dickinson University Press, 1970. **第8,12章**

Otter,William. *The Life and Remains of Edward Daniel Clarke, Professor of Mineralogy in the University of Cambridge.* London: G. Cowie and Co., 1825. **第11章**

Pallary,Paul. "Marie Jules-César Savigny: Sa vie et son œuvre. Première partie.—La vie de Savigny." Mémoires présentés à l'Institut d'Égypte et publiés sous les auspices de sa Majesté Fouad 1er, Roi d'Égypte. Vol.17. Le Caire:Imprimerie de l'Institut français d'archéologie orientale, 1931. **第9章**

Parkinson, Richard B., et al. *Cracking Codes: The Rosetta Stone and Decipherment.* London: British Museum Press, 1999. **第11章**

Raymond, André. *Cairo.* Trans. Willard Wood. Cambridge, MA: Harvard University Press, 2000. **第3,4章**

Reybaud, Louis, et al. *Histoire scientifique et militaire de l'expédition française en Egypte,* Tome 3. Paris: A.-J. Dénain, libraire-éditeur, 1830-1836. **第11章**

Richardson, Robert G. *Larrey: Surgeon to Napoleon's Imperial Guard.* London: Murray, 1974. **第2,6章**

Rodenbeck, Max. *Cairo: The City Victorious.* First Amer. ed. New York: Knopf, *d'histoire égyptienne*. Série III, fasc.3, mars 1951. **第5章**

Godlewska, Anne. *Geography Unbound: French Geographic Science from Cassini to Humboldt*. Chicago: University of Chicago Press, 1999. **第5章**

Herivel, John. *Joseph Fourier: The Man and the Physicist*. Oxford: Clarendon Press, 1975. **第7,12章**

Herold, J. Christopher. *Bonaparte in Egypt*. London: H. Hamilton, 1962. **第1,2,3,4,5,6,7,8,11,12章**

Hourani, Albert Habib. *A History of the Arab Peoples*. Cambridge, MA: Belknap Press of Harvard University Press, 1991. **第3,4,7章**

Jabarti, Abd al-Rahman, Louis Antoine Fauvelet de Bourrienne, and Edward W. Said. *Napoleon in Egypt: Al-Jabarti's Chronicle of the French Occupation, 1798*. Trans., Shmuel Moreh. Princeton, NJ: Markus Wiener Publishers, 1993. **第2,3,4章**

Jasanoff, Maya. *Edge of Empire: Lives, Culture and Conquest in the East 1750-1850*. New York; Knopf, 2005. **第1章**

Jollois, Prosper. *Journal d'un ingénieur: Attaché à l'expédition d'Égypte: 1798-1802*. Publié par P. Lefèvre-Pontalis. Ernest Leroux, éditeur, Paris, 1904. **第3,5,6,7.9,10章**

Jomard, Edme-François. *Conté*. Paris: E. Thunot et Cie, 1849. **第3,4,5章**

Kinross,Baron Patrick Balfour. *Between Two Seas: The Creation of the Suez Canal*. New York: Morrow, 1969. **第5,6章**

Kinross, Lord. *The Ottoman Centuries: The Rise and Fall of the Turkish Empire*. New York: Morrow, 1977. **第1章**

La Sabretache. "La mission d'Ernest Coquebert de Montbret", *Carnet de La Sabretache: Revue d'histoire militaire*. Publiée par la société La Sabretache. Number 414, juin 1956. **第5章**

Lacroix, A., and Daressy, G. *Dolomieu en Egypte(30 juin 1798-10 mars 1799): Mémoires présentés à l'Institut d'Égypte et publiés sous les auspices de sa Majesté Fouad Ier, Roi d'Egypte*. Volume 3. Le Caire: Imprimerie de l'nstitut français d'archéologie orientale, 1922. **第7章**

Laissus, Yues. *L'Égypte, une aventure savante avec Bonaparte, Kléber, Menou 1798-1801*.

Curl, James Stevens. *Egyptomania: The Egyptian Revival: A Recurring Theme in the History of Taste.* Manchester(England) and New York: Manchester University Press, 1994. ***Epilogue***

Denon, Vivant, and Edward Augustus Kendall. *Travels in Upper and Lower Egypt: During the Campaigns of General Bonaparte.* Second corrected ed. London: Cundee, 1803. **第1,2,3,7,8,9,12章**

Desgenettes, René. *Histoire médicale de l'armée d'Orient.* 1802. **第6,10章**

Devilliers du Terrage, E. *Journal et Souvenirs sur l'Expédition d'Egypte(1798-1801). Mis en ordre et publiés par le Baron Marc Devilliers du Terrage.* Paris: Plon, 1899. **第3,5,7,8,10,11,12章**

Dible, James Henry. *Napoleon's Surgeon.* London: Heinemann Medical, 1970. **第2章**

Fagan, Brian M. *The Rape of the Nile: Tomb Robbers, Tourists, and Archaeologists in Egypt.* Boulder, CO: Westview Press, 2004.［B.M. フェイガン『ナイルの略奪：墓盗人とエジプト考古学』兼井連訳　法政大学出版局 , 1988］ **Epilogue**

Gazel, Louis. *Le baron DesGenettes(1762-1837): Notes biographiques.* Paris: Henry Paulin & Cie, Éditeurs, 1912. **第6,12章**

Geoffroy Saint-Hilaire, Étienne. *Lettres écrites d'Égypte à Cuvier, Jussieu, Lacépède, Monge, Desgenettes, Redouté jeune, Norry, etc., aux professeurs du Muséum et à sa famille.* Paris: Librairie Hachette et Cie, 1901. **第1,3,4,5,6,7,9,10,11,12章**

Geoffroy Saint-Hilaire, Isidore. *Vie, travaux et doctrine scientifique d'Étienne Geoffroy Saint-Hilaire.* Paris: P. Bertrand, Éditeur, 1847. Electronic version(BNF), 1995. **第9,10,11,12章**

Gillispie, Charles Coulston. *Science and Polity in France: The Revolutionary and Napoleonic Years.* Princeton: Princeton University Press, 2004. **第2,9章**

Gillispie, Charles Coulston, and Michel Dewachter, eds. *Monuments of Egypt: The Napoleonic Edition: the Complete Archaeological Plates from La Description de l'Egypt.* Priceton, NJ: Princeton Architectural Press in association with the Architectural League of New York, the Jean Paul Getty Trust, 1987. **第5,6章**

Goby, Jean-Edouard. *Un compagnon de Bonaparte en Egypte: Dubois-Aymé. Cahiers*

参照文献

Anderson, Robert, and Ibrahim Fawzy, eds. *Egypt in 1800: Scenes from Napoleon's Description de l'Egypte.* London: Barrie & Jenkins, 1988. **第3,4,5章**

Appel,Toby A. *The Cuvier-Geoffroy Debate: French Biology in the Decades Before Darwin.* New York: Oxford University Press, 1987.［T.A. アペル『アカデミー論争：革命前後のパリを揺がせたナチュラリストたち』西村顕治訳　時空出版, 1990］ **第10,12章**

Arago,François. *Œuvres complètes de François Arago, secrétaire perpétuel de l'academie des sciences. Notices biographiques. Malus.* Tome 3, Volume 3. Paris: Gide Éditeur, 1855. **第7,12章**

Ayalon, David. *Outsiders in the Lands of Islam: Mamluks, Mongols, and Eunuchs.* London: Variorum Reprint, 1988. **第2章**

Bell, Eric Temple. *Men of Mathematics.* New York: Simon and Schuster, 1937.［E・T・ベル『数学をつくった人びと』田中勇　銀林浩訳　早川書房, 2003］ **第1,2,7,12章**

Bernoyer, François. *Avec Bonaparte en Égypte et en Syrie: 1798-1800.* Editions Curandera, 1981. **第1,2,3,4,7章**

Bourrienne, Louis Antoine Fauvelet de, and W.C. Armstrong, eds. *Bourrienne's Memoirs of Napoleon Bonaparte.* Hartford: Silas Andrus & son, 1851.［ブーリエンヌ『奈翁實傳』栗原古城譯　玄黄社, 1929］ **第2,3,4,6章**

Bruce, James. *Travels to Discover the Source of the Nile, in the Years 1768, 1769, 1770, 1771,1772 and 1773.* Edinburgh: J.Ruthven, 1790. **第2章**

Cahn, Théophile. *La Vie et l'Œuvre d'Étienne Geoffroy Saint-Hilaire.* Paris:Presses universitaires de France, 1962. **第10章**

Ceram, C.W. *Gods, Graves, and Scholars: The Story of Archaeology.* Second rev. ed. New York: Knopf, 1967. ［C.W. ツェーラム『神・墓・学者：考古学の物語』村田数之亮訳　中央公論新社, 1984］ **第8章**

著訳者紹介

ニナ・バーリー（Nina Burleigh）

中東に関心の深い著名なジャーナリスト。タイム、ワシントンポスト、ニューヨークタイムズ、シカゴトリビューン、ピープル、エルなど多くの新聞・雑誌に寄稿。現在はコロンビア大学大学院でジャーナリズムの非常勤教授を務めている。1990年代にはタイムの特派員としてイラク国内からレポートを発信した。著書には本書をはじめ、*A Very Private Woman*（1998）、*The Stranger and the Statesman*（2003）、*Unholy Business*（2008　鳥見真生訳『神々の捏造』東京書籍）の４冊があり、本年８月には *The Fatal Gift of Beauty* の刊行が予定されている。

竹内和世（たけうち　かずよ）

翻訳家。東京外国語大学スペイン語科卒業。
主な訳書にクエスタ＝ドミンゴ『図説探検と航海の世界史』（原書房）、コーディングリ『図説海賊大全』（東洋書林）、マークス『ビーグル号の３人』、アーヴァイン『欲望について』（白揚社）、D.モリス『ドッグ・ウォッチング』（平凡社）、C.W.ニコル『北極探険十二回』（新潮社）、マクフィー『森からの使者』（東京書籍）などがある。

ISBN 978-4-8269-0162-8

ナポレオンのエジプト

二〇一一年七月二十五日　第一版第一刷発行

著　者　ニナ・バーリー
訳　者　竹内《たけうち》和世《かずよ》
発行者　中村　浩
発行所　株式会社　白揚社　©2011 in Japan by Hakuyosha
東京都千代田区神田駿河台一—七　郵便番号一〇一—〇〇六二
電話＝(03)五二八一—九七七二　振替〇〇一三〇—一—二五四〇〇
装　幀　岩崎寿文
印刷所　奥村印刷株式会社
製本所　株式会社ブックアート

ストラディヴァリウス

トビー・フェイバー著　中島伸子訳

5挺のヴァイオリンと1挺のチェロと天才の物語

歴代の偉大な音楽家たちに熱狂的に愛され、破格の取引が行われている銘器ストラディヴァリウス。華麗なヴィルトゥオーゾ対決から、ディーラーによる真贋鑑定、パトロンとその愛人まで、知られざるエピソードを満載。　四六判　320ページ　本体価格2800円

錬金術とストラディヴァリ

トマス・レヴェンソン著　中島伸子訳

歴史のなかの科学と音楽装置

古代ギリシャに自然哲学が花開き、ピュタゴラスが音階を発見して以来、科学と音楽の思考法はどう展開してきたのか？　斬新な切り口で知の本質を描き出し、最前線の科学と音楽の限界に迫るスリリングな物語。　四六判　432ページ　本体価格3600円

写真な建築［新装版］

増田彰久著

三〇数年、五万件を超える近代建築を撮り続け、絢爛豪華、魅力あふれる数々の洋館写真集で近代化建築遺産ブームの火付け役になった写真家・増田彰久が、建築、写真についての思いを語り尽くす。半自伝的建築写真論。　B6判　280ページ　本体価格2200円

欲望について

ウィリアム・アーヴァイン著　竹内和世訳

日々の生活に大きな役割を果たす欲望。その欲望がどのように形作られ、なぜ存在するのかといった疑問に、進化心理学・脳神経科学などを援用して取り組み、思想家や哲学者が残した欲望の考え方、対し方も紹介する。　A5判　300ページ　本体価格3500円

音楽好きな脳

ダニエル・J・レヴィティン著　西田美緒子訳

人はなぜ音楽に夢中になるのか

音楽を聞く、楽器を演奏する…そのとき、あなたの脳には何が起きているのか？　レコード・プロデューサーから神経科学者に転身した著者が、言葉以上にヒトという種の根底をなす音楽と脳の関係を論じる。　四六判　376ページ　本体価格2800円

経済情勢により、価格に多少の変更があることもありますのでご了承ください。
表示の価格に別途消費税がかかります。